东北亚语言生活状况报告 第二辑

LANGUAGE SITUATION IN NORTHEAST ASIA

主　编 / 刘　宏
副主编 / 彭文钊

#《东北亚语言生活状况报告》(第二辑)

编　委　会

前　言

在全球化的浪潮中，语言不仅是沟通的工具，更是文化传承与交流的桥梁。东北亚地区，因其独特的地缘政治位置和丰富的语言资源，一直是语言政策与规划研究的热点区域。本书综合语言学、社会学、政治学、教育学等学科理论与视角，紧密对接新时代国家语言战略和语言文字事业发展需求，聚焦东北亚区域国家语言生活新状况、语言政策新变化，结合多学科的研究方法，力图为国内学界提供具有动态性、权威性、多样性的东北亚语言生活状况研究报告。

继第一辑《东北亚语言生活状况报告》(以下简称《报告》)成功出版之后，国家语委研究型基地中国东北亚语言研究中心积极编写和出版第二辑《报告》，继续深入探讨东北亚各国的语言政策、语言规划、国际中文教育以及语言生活的现状与发展趋势。

本书呈现了俄罗斯、日本、韩国、蒙古国四个国家的语言政策和语言生活实践，主要内容包括以下四个方面：

1. 语言政策与语言规划

深入探讨日本、韩国、俄罗斯和蒙古国四个国家在语言政策和语言规划方面的具体实践。如《日本多文化共生视域下的在日外国人灾害支援政策》《韩国公共语言规划的现状、存在问题及应对策略》《俄罗斯联邦的语言状况与语言政策》以及《蒙古国外语政策》等文章，揭示了各国语言政策制定的社会、文化和政治因素，以及在实施过程中所面临的困境和应对策略。另外，如《俄罗斯官方语言法》《蒙古国文字改革现状、举措及问题》等文章进一步展示了语言政策在维护国家统一和文化多样性中的关键作用。

2．语言动态与语言生活

关注语言在社会生活中的动态变化及新的语言现象。如《日本公共交通标识的多语规范》《日本多文化共生社会中的语音翻译服务》《二十大报告概念隐喻的日语翻译情况》等文章，展示了日本在多语言环境中的语言适应和创新状况。另外，如《韩国人工智能语言数字化发展概况》，揭示了语言技术在促进语言学习和交流中的巨大潜力。又如《俄罗斯移民语言生活图景》《20世纪俄罗斯远东与中国东北地区斯拉夫语言参与的语言情境动态研究》等文章，展现了语言在社会融合和文化交流中的重要作用。

3．语言教育与教育政策

聚焦语言教育的政策、实践和人才培养模式。如《日本文化厅发布〈日语教育专业人才培养、研修模式的相关报告（修订版）〉》《韩国英语教育政策的问题与思考》等文章，反映了各国在语言教育方面的努力和创新。而《蒙古国英语教育政策研究》强调了语言教育在提升国民素质和促进经济发展中的重要性。此外，有关《日本外语教育政策“高大衔接”改革动态》《韩国非通用语教育振兴计划及实施状况调查》《俄罗斯英语教育国际化的发展与反思》等议题的探讨，展示了各国在语言教育领域的多元化和国际化趋势。

4．国际中文教育

集中呈现东北亚各国国际中文教育的现状、挑战和前景。如《日本留学生汉语学习风格现状及提升策略分析》《日、韩初级汉语学习者汉字学习策略调查研究》等，展示了日、韩学生学习中文的策略和风格。而《俄罗斯中文教育发展现状与前景》关注中文教育在俄罗斯的发展和影响。此外，《新西伯利亚国立技术大学孔子学院中文教学情况调查》《蒙古国立大学孔子学院中文教学研究》等文章，揭示了中文教育在促进文化交流和国际理解中的关键作用。

第二辑《报告》的特色是增加了“各国英语政策”和“各国国际中文教育状况”两方面内容。随着全球化的加速发展，英语作为国际交流的通用语言，其重要性在东北亚国家日益凸显。东北亚国家，包括日本、韩国、俄罗斯和蒙古国等，都在积极推动英语教育，以适应全球化的需求和提升国际竞争力。例如，日本在教育体系中加强了英语教学，旨在培养具有国际视野和沟通能力的人才。韩国也通过各种政策和项目，如英语村建设，来提高国民的英语水平。与此同时，随着中国经济高速发展和文化影响力的扩大，东北亚各国也越来越重视国际中文教育，许多学校和教育机构开设了中文课程，以满足日益增长的学习需求。学习中文不仅被视为了解中国文化的途径，也成为促进经济交流和合作的重要工具。在这样的背景下，第二辑《报告》特别增加各国英语政策和国际中文教育状况的相关内容，具有重要的时代意义和指导意义。这两部分内容不仅提供了一个全面了解东北亚国家语言教育政策变化的窗口，也为理解东北亚地区语言生活的复杂性和多样性提供了新的视角和深刻的见解。

第二辑《报告》不仅延续了第一辑研究内容的深度和广度，还特别强调了随着中国影响力的扩大，国际中文教育在东北亚的重要性，反映了英语在该区域的使用和教育情况，呈现了全球化时代语言政策、教育、服务和技术的新趋势。这些内容的增加，无疑为深入探讨语言教育与国家发展战略之间的关系提供了宝贵的视角。东北亚的语言生活状况是一个复杂而多维的议题，涉及政策、教育、文化、社会、科技等多个层面。通过这一系列文章的深入研究，希望本书能够为语言教育工作者、学者以及广大读者提供有价值的参考和启示。

本书文章大都基于官方文件、一手资料和实地调研，对语言政策、语言事件的描写分析秉持客观中立立场，供学界同仁有选择性地使用与参考。本书为连续出版物，计划每年出版一辑。本书的编辑、出版得到了教育部语言文字信息管理司、国家语委科研机构秘书处、相关国家语委研究型基地和商务印书馆各位领导专家的大力支持，在此一并表示衷心感谢。

刘　宏

2024 年 5 月于大外

目　录

语言政策与语言规划

语言动态与语言生活

语言教育与教育政策

国际中文教育

日本多文化共生视域下的在日外国人灾害支援政策

赵彦民*

截至2022年12月，根据日本出入国在留管理厅的统计，在日生活的外国人有307万5000余人，占日本人口的2%左右。随着定居日本各地的外国人不断增加，在地震、海啸等自然灾害发生时，遭受灾害的在日外国人也不断增加。因此，在日本多文化共生社会的构建过程中，发生灾害时如何对在日生活的外国人进行灾害救援是一个亟须解决的重要课题。在地域社会为外国灾民提供多语种语言支援，迅速、有效地传达灾害信息，设置“灾害多语种支援中心”是日本构建多文化共生社会的重要内容之一。

一　在日外国人多语种、多文化救灾政策制定的背景

1995年的阪神·淡路大地震，是对在日外国人开展多语种、多文

* 赵彦民，大连外国语大学日本语学院副院长，教授，中国东北亚语言研究中心兼职研究员、博士生导师，主要研究方向为历史社会学、民俗学。

化救援工作的开端。1990 年，日本政府修改了入国管理法，创设了“定住者”在留资格，此后，来日定居生活的日裔南美人等外国人急速增加。1993 年，日本政府又实施了“技能实习制度”，有更多的外国人通过这一制度，赴日研修工作。在上述背景下，从 1994 年至 2004 年的十年时间里，在日外国人登记人数从 135 人增加至 197 万人。[①] 在阪神・淡路地震发生前，地方自治体对在日外国人的生活还没有制定更多的多语种信息支援对策。

在阪神・淡路地震发生后，在日韩国人、越南人开设了多语种广播电台热线，用母语和英语向不懂日语的外国灾民传递灾害信息，相互确认平安与否。1996 年，这些韩语广播和越南语广播统合到一起，获取放送许可后，开设了多语种广播 FMYY。在阪神・淡路地震时，自治体社区出现的这种对在日外国人的“多语种”“多文化”救助形式得到了广泛的关注，为日本地方社会摸索多文化共生建设提供了参考。

阪神・淡路地震后，2004 年 10 月，新潟中越地区又发生了震度七级的地震。在地震发生后，长冈市与来自日本全国各地的救援人员开始协同合作，走访市内避难场所，在确认外国居民安否的同时，翻译必要的灾害信息反馈给各个避难场所。基于阪神地震和新潟中越地震后对当地外国人的救助经验，2005 年，日本总务省的下设组织“自治体国际化协会”开发了“发生灾害时多语种信息支援工具”，并且制定了培养同声传译和翻译人才的计划。同年，日本总务省国际室成立了“促进地域多文化共生研究会”。2006 年，日本总务省为了指导都道府县及市町村推进拟定的多文化共生方针、计划，制定并发布了《促进地域多文化共生计划》。[②]

① 见《促进多文化共生研究会报告书》，日本总务省官网，https：//www. soumu. go. jp/kokusai/pdf/sonota_b5. pdf。

② 2020 年，受在日外国居民的增加、多国籍化、新在留资格“特定技能”的增设、建设多样性和包容性社会理念的推广、数字化技术的日新月异、气候和灾害的剧烈变动等这些社会经济局势变化的影响，总务省对 2006 年制定的《促进地域多文化共生计划》政策进行了全面修改。

在日本总务省制定的《促进地域多文化共生计划》中，对外国居民推出了四个方面的支援政策：①沟通援助（地区信息的多语种化、日语及有关日本社会的学习援助）；②生活援助（居住、教育、劳动环境、医疗保健和福利、防灾等）；③多文化共生的地区建设（区域社会的意识培养、外国居民的自立与社会参与）；④完善推进体制。其中，灾害发生时，对在日外国人的具体支援政策涵盖在生活援助政策之内。

在日外国人在灾害发生时，通常面临如下五个方面的问题：（1）语言障碍，不掌握灾害用语、行政用语；（2）心理障碍，受到偏见、歧视，没有可以商量的对象；（3）文化障碍，宗教上的差异、丧葬方式的差异；（4）经验障碍，灾害经验不足；（5）制度障碍，对日本法律、福祉以及税收制度了解不足。针对上述在日外国人在遭遇灾害时遇到的问题，根据《促进多文化共生研究会的报告书》，在国家和地方自治体层面制定了如下的相应制度和政策。

二　在日外国人的灾害支援体制和政策

（一）灾害发生时对在日外国人的救援体制

日本是一个灾害频发的国家。如前所述，2022 年 12 月止，在日本生活的外国人达 307 万余人。在灾害发生时，越来越多的外国人成为受灾者，在避难场所等待援助。例如，2018 年 9 月的北海道胆振东部地震中，三天内共有 3000 多人次被疏散到札幌市设立的游客疏散中心避难，其中约 60% 是外国人。

在援助外国灾民方面，区域国际化协会具有在灾害发生时提供国际交流渠道、日常生活咨询的实践经验，该协会与地方公共团体联合协作，实施各种应对措施，如建立“多语种灾害支援中心”等。为了确保灾害发生之时，都道府县或指定城市的区域国际化协会与地方公共团体的针对外国人的联合援助机制生效，除了缔结协议外，区域防灾计划中明确规定：在发生灾害时，地方公共团体和区域国际化协会务必联合起来向外国人提供援助。

此外，为了在重大灾害发生时，顺利实施对外国人的救灾应急措施和防灾预报措施，区域国际化协会之间建立了一个广域的互助框架。具体而言，日本全国划分为六大区域板块，各大区域板块内的各个协会之间已分别缔结相互援助协定，而各大区域板块之间也已各自缔结广域援助协定（参考图 1）。

灾害发生时援助外国人的区域国际化协会间的广泛互援框架 ～区域国际化协会间的灾害时广域支援协定～

日本各大区域板块内部的协会成员之间缔结了《区域板块内部协定》，规定灾害发生时首先是区域板块内部相互支援。此外，日本全国6大区域板块之间缔结了《全国6大区域板块间全体协定》，规定各区域板块内部无法充分应对灾害时，其他区域板块施以援手。

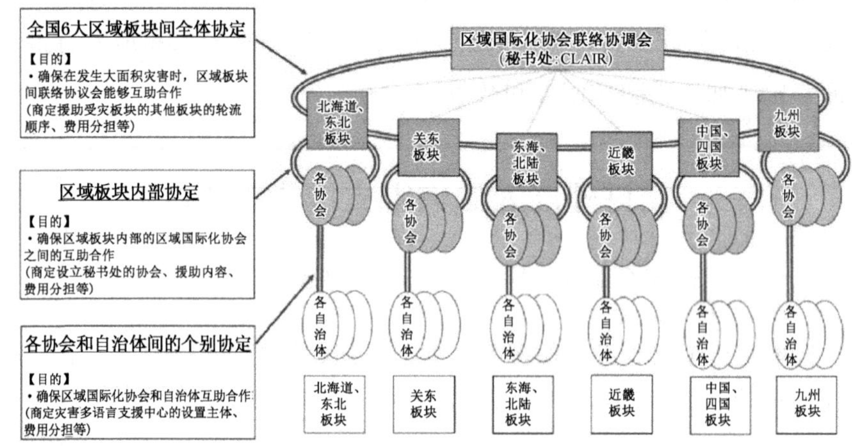

图 1 发生灾害时区域国际化协会间的广域支援协定①

（二）灾害发生时针对在日外国人制定的日本国家政策

为了方便在日外国人获得防灾和气象信息，日本消防厅和气象厅制作了关于防灾和气象信息的多语种词典（14 种语言），并对气象厅网

① 此图源于《促进多文化共生研究会报告书》，日本总务省官网，https：//www. soumu. go. jp/kokusai/pdf/sonota_ b5. pdf。

站实施了多语种化。与此同时，日本观光厅也相应制作了多语种软件“安全小助手”（safety tips）[①]。

2019 年 3 月，日本内阁府修订了《关于避难建议等的指导方针》。该方针明确指出，提供多语种防灾信息非常重要，需充分使用“安全小助手”，以及对市区町村的防灾信息网站进行多语种化等。

日本消防厅正在不断完善以电话口译中心为媒介的同声传译系统，以便能够迅速、准确回应外国人的 119 求救，应对急救现场外国人的需求。此外，消防厅也正在推动向消防部门引进多语种语音翻译应用程序，以便与伤病的外国人沟通，从而能够迅速、准确地应对外国人在急救现场的突发情况。

日本总务省正在努力提高用于发布灾害信息之类的紧急警报邮件的外语显示功能。

此外，日本总务省整理了灾害发生时行政等方面提供的灾害和生活援助等信息，并从 2018 年开始培训“灾害时外国人援助信息协调员”，以协调避难所等地外籍受灾者的需求。2019 年，受训学员达 129 人。另外，《防灾基本计划》（2020 年 5 月 29 日中央防灾会议修订）中明确指出，总务省将通过举办研修活动，培训一批在灾难发生时援助外国人的救灾信息协调员。

关于在发生灾害时各都道府县和市町村向外国人传达灾害信息以及为外国人采取防灾措施时所需的费用，2020 年度开始，由日本总务省采取新的地方财政措施。

（三）地方公共团体面临的任务

1. 推进外国人相关的防灾措施

随着访日外国人和外国居民的增加，灾害发生时受灾的外国人数

① 日本观光厅监修下开发的包括紧急地震速报、海啸警报、火山喷发速报、气象特别警报、国民保护信息、避难建议等的应用程序。

也越来越多。因此，地方公共团体平时就需要向外国人提供防灾信息，并在灾害发生时提供灾害援助、受灾者生活援助以及相关气象信息，其重要性愈发显著。由此，地方公共团体需依据防灾基本计划和防灾工作计划，将有关外国人的防灾对策定位到各自的区域防灾计划当中，并不断推进。

2. 建立多语种支持系统

为了确保在发生灾害时迅速向在日外国灾民提供多语种支持的必要制度，应完善区域国际化协会和地方公共团体之间的合作制度，并根据外国居民人数的增加、国籍的多样化等情况以及自然灾害的频发程度和严重程度，重新确认合作内容，考虑把建立多语种支持体制所需的人才派遣问题纳入到地方公共团体之间缔结的相互支援协定之中。还应考虑制定超越地方公共团体框架的广域援助协定，其中包括 NPO 和其他民间团体。

此外，出于防止传染病扩散的考虑，在依据援助协定选择受援事项时，应注意分析该援助事项远程对接的可行性等，防止远距离之间各类疫病的扩散。

3. 掌握外国居民的居住信息

了解被援助者位置信息，对实施防灾措施至关重要。因此，地方公共团体平时就应准确把握外国居民的居住信息。

4. 促进外国居民参与自主防灾组织等

随着人口老龄化的空前加剧，对外国居民的定位更显重要。外国居民不仅仅是灾害发生时的援助对象，也是灾害发生时实施援助的重要力量之一。鉴于这种情况，地方公共团体应在防灾训练内容上多加斟酌，便于外国居民参与其中，与行政部门合作，培养外籍防灾带头人，带领外国居民进行自救和互助。由此，促进外国居民参与防灾训练，加入自主防灾组织。

5. 利用各种信息传递手段向外籍受灾者传递信息

为了向外籍受灾者顺利提供信息，地方公共团体应在平时生活中，通过多语种防灾地图等方法广泛传播防灾信息。并且，在发生灾害时，充分利用(一般财团法人)自治体国际化协会提供的“灾害时多语种显示表”和“灾害时专用象形图”。另外，还可以借助网页和社交网络服务等实施多语种的信息传播。

此外，在翻译志愿者的培训、援助和合作、协同方面，需寻求与 NPO 及区域自主防灾组织等多种民间团体的协同合作，特别是地方公共团体的防灾部门和多文化共生政策负责部门之间的合作。

6. 为外籍受灾者建立有效的信息传达体制

需建立一个能够向外国人高效传递信息的体制。比如，设置“多语种灾害支援中心”，把它作为向外籍受灾者提供多语种援助的活动基地，以便发生大规模灾害时充分发挥“灾害时外国人援助信息协调员”的作用。

此外，为了促进“灾害时外国人援助信息协调员”充分发挥其作用，地方公共团体需探讨确定总务省共享参训者名单的方式，以及参训者在灾害发生时能够作为“外国人援助信息协调员”在广泛区域内开展工作的方案。

7. 避难所中外籍受灾者的防疫措施

灾害发生需建立避难所时，采取一切可能的措施预防传染病变得尤为重要。2020 年 4 月，日本内阁府、消防厅和厚生劳动省就避难所的防疫措施，向地方公共团体发布了通知。此通知要求地方公共团体为外籍受灾者避难做好准备工作，需通过更新多语种防灾地图等方式更加迅速地广泛告知外国居民，以前发布给外国居民的防灾信息内容已发生变更(避开人群密集地的避难方法、避难场所的分散分布等)。

此外，地方公共团体还需采取措施，为外籍受灾者在避难所感染病毒的情况做好准备，如准确把握那些具备多语种就医条件的、可以接诊传染病患者的医院信息，确保建立远程医疗翻译体系等。

（四）防灾支援体系与多语种信息传达机制

随着来日的外国游客和外国居民的增加，发生灾害时受影响的外国人也越来越多。因此，在平时向外国居民告知防灾信息、建立对受灾者的生活支援体系、提供天气状况等信息变得越来越重要，根据防灾基本计划及防灾业务计划，应将外国人的防灾政策置于地域社会的防灾计划当中来开展。为了确保在发生灾害时迅速实施对外国受灾者的多语种语言应对，将制定自治体和地域国际化协会之间的合作制度，并根据外国住民增加的人数、国籍的多样化以及自然灾害的频率和强度，重新确认合作的细节。此外，还要把发展多语种支援体系所需派遣的人员置于自治体间缔结的相互合作协议中。

日本政府在具体支援体系和多语种信息传达机制方面，主要做了以下三点应对：

第一，详细把握在日外国人居住信息。通过对在日外国人居住信息的管理与把握，将其作为灾害发生时的支援对象，以便在灾害发生时采取有效的防灾措施。同时，将在日外国人作为地域社会的一员，缓解老龄化社会带来的人口不足问题，即外国公民不仅是灾害发生时的援助对象，还应该是灾害发生时的救援者。根据这一定位，在政府的具体措施中，要求地域社会设计适合外国公民参与的防灾演习、培训外国公民成为与地方政府合作的防灾负责人。

第二，为在日外国人提供多样化信息发布平台。具体实施路径包括多语种防灾地图等多样化平台建设、加大志愿者翻译和支援培训的力度、提升跨部门及民间组织的协同合作能力。

第三，提升信息传达的准确性和迅速控制传染类疾病的时效性。这一点要求地域社会在发生灾害时要向在日外国公民传达准确有效的信息，遭遇社会性传染类疾病时要制定完备的防控措施，同时提供远程医疗翻译服务。

如上，在日本多文化共生社会构建的总体框架中，发生灾害时，对在日外国人从多语种、多文化视角下的救援是生活支援中的一个重要内容。因此，在针对外国人居民的灾害救援方面制定了国家层面的政策，确立了区域国际化协会和地方公共团体的联动机制、地方公共团体需要承担的具体举措和灾害信息的传达机制。

韩国公共语言规划的现状、存在问题及应对策略

郑　杰*

公共语言规划是韩国语言政策与规划工作的重要组成部分。根据韩国国立国语院出版的《公共语言监修专家指南》(2020)，公共语言被定义为政府和公共机关用来向社会成员传递信息的具有公共性质的语言。而在后出版的《正确使用公共语言》(2022)一书中则将公共语言定义为以普通民众为对象，公共机关出于公共目的使用的语言。

广义上看，韩国公共语言规划的起点可以追溯到日占时期朝鲜语协会在 1948 年提出的《韩文拼写法统一案》以及同年发布的《韩文专用法》。从狭义的角度来看，韩国的公共语言规划工作始于 2005 年国立国语院发布的《国语基本法》。随后，2009 年 5 月国立国语院成立了“公共语言服务团”，正式开始使用“公共语言”这一术语并全面展开公共语言规划工作。在 2013 年，这个团队改制为“公共语言服务科”。

韩国的公共语言规范政策以《国语基本法》为基础，由文化体育观

* 郑杰，大连外国语大学韩国语学院副教授，中国东北亚语言研究中心兼职研究员，主要研究方向为韩国语语言学、语言政策与规划。

光部主管，国立国语院负责执行。

公共语言可以分为：国家公共机关使用的语言和民间团体、民间企业、公众人物使用的语言两大类。按照口语和书面语还可以继续分类，如表1：

表1　公共语言的分类

<table>
<tr><th rowspan="2">主体</th><th rowspan="2">对象</th><th colspan="2">种类</th></tr>
<tr><th>书面语形式</th><th>口语形式</th></tr>
<tr><td>国家机关</td><td rowspan="2">国民</td><td>政府文件、信访文件、报道资料、法令、判决文书、公告、介绍/说明/宣传文件</td><td>政策发布、全国讲话、电话咨询</td></tr>
<tr><td>民间团体、民间企业、公众人物</td><td>（报纸、网络等）新闻报道、旅行保险证券的条款、使用说明书、宣传海报、广告、街头牌匾、条幅、剧本、字幕等</td><td>广播语言、条款或使用说明、公演台词等</td></tr>
<tr><td>国家机关</td><td>国家机关</td><td>内部文件、报告等</td><td>国政报告、国会发言等</td></tr>
</table>

公共语言具有规范性和交际性两个重要特征，见表2。

表2　公共语言的特征

<table>
<tr><td rowspan="5">规范性</td><td rowspan="2">标记的规范性</td><td>拼写是否规范</td></tr>
<tr><td>外来语和罗马字标记是否准确</td></tr>
<tr><td rowspan="3">表达的规范性</td><td>选择使用的词语意义是否正确</td></tr>
<tr><td>句子是否符合语法规范</td></tr>
<tr><td>段落结构是否有条理</td></tr>
<tr><td rowspan="9">交际性</td><td rowspan="3">公共性</td><td>是否具备公共语言的文体风格</td></tr>
<tr><td>是否存在高压式、权威式的表达</td></tr>
<tr><td>是否存在差异化表达（如在性别、地区、人种、残障等方面）</td></tr>
<tr><td rowspan="3">信息性</td><td>传递信息的方式是否合适</td></tr>
<tr><td>信息量是否适度</td></tr>
<tr><td>信息排列顺序是否合适</td></tr>
<tr><td rowspan="3">简易性</td><td>句子长度是否合适</td></tr>
<tr><td>是否使用了简单易懂的词语及亲切的语气</td></tr>
<tr><td>是否考虑到阅读的便利性</td></tr>
</table>

一　韩国公共语言规划的现状

根据韩国国立国语院公布的《第三次国语发展基本计划（2017—2021）》①显示，截至目前，韩国政府在改善公共语言方面已经开展了大量的工作，主要集中在四个方面：

（一）提升国民的公共语言能力

公共语言能力不仅包括对公共语言的理解力，也包括公共语言的使用能力。韩国开展的工作包括：实施公共机构语言专项整治活动，实行国语责任官制度，对公共机构语言进行全面评估，改进大众媒体语言，成立“语言规范委员会”。这些工作旨在促进公共机构与国民之间的信息沟通，使公共语言更加准确、易懂和规范。各项工作的具体内容如下：

第一，韩国加大力度提升和改进公共机关的语言。韩国国立国语院为公共机关提供修改公文的服务，以公务员为对象开展公共语言教育课程，审校行政机关的信访文件，审校《民法修正案入门》等法律类书籍，以及通过开展巡回讲座改进公共机关的语言。

第二，韩国国立国语院持续推进和完善国语责任官制度。国语责任官负责提升国家公职人员的国语使用能力，负责统筹推进国语发展和保护工作。由于公共机关使用的语言对国民的语言生活影响较大，为使法律政策得到很好的制定、理解和执行，公共机关需要用简单、正确的语言进行写作。韩国每年对国语责任官业务进行考评，每年举行一次国语责任官研修会，出版了《国语责任官工作手册》等书籍。各地区国语文化院和国语责任官深入合作，共同推进当地语言事业。韩

---

① 韩国国立国语院：《第三次国语发展基本计划（2017—2021）》，2018 年 11 月 26 日，https://www.korean.go.kr/front/etcData/etcDataView.do?mn_id=208&etc_seq=624。

国自2005年开始实行该制度，截至2016年国语责任官的人数达到739名，实行该政策后机关公职人员的国语能力有所提高，醇化了晦涩的行政用语，并重点关注到语言能力薄弱的人群。该制度促进了新居民、移民等群体的融入，带动了整个社会的发展。

第三，定期对公共机构语言进行全面评估。韩国政府持续推进中央行政机构“使用简单规范的公共语言”项目，随时对日常报道、资料进行检查和评估，对专业术语进行改进；相关机构组织编写了公共语言使用指南，如《新闻记者语言指南(2012年)》《公共语言基础写作指南(2014年)》《灾难报道语言指南(2015年)》《文化遗产简介写作(2016年)》等对公共语言进行规范。

第四，改进大众媒体语言。为改进大众媒体语言，韩国对广播中的低俗语言现状进行调查，并在留言中公布结果和建议；通过张贴海报宣传正确的广播语言；进行了《广播中低俗语言使用现状调查》《媒体语言现状调查及改进意见》《灾难广播语言使用现状分析及改进方案研究》等调查；为营造健康的青少年网络语言文化，推动开展“善意回帖运动”；制作企划节目，改进广播及媒体语言；举行广播语言共同研究发布会；制定《广播语言指南》，调查研究受众、制片人对广播语言的认识。开展“美丽的网络世界”活动，以青少年为对象连载网络伦理漫画；以全国初、高中生为对象，在学校开设健康语言文化教育课程和网络伦理教育课程；开发面向学生和教师的与语言暴力、网络暴力相关的教育项目。

第五，国立国语院成立“语言规范委员会”，定期发布规范用语，并提供规范用语搜索服务。语言规范委员会旨在积极维护国语的标准性和简易性，鼓励民众使用清晰、简单的国语。该委员会负责选定需要醇化的语言，并定期发布规范用语，协调民众在使用语言中产生的争议和矛盾。

（二）注重术语的完善和标准化

韩国在各领域全面推进专业术语的标准化工作，统一主要韩食名称的外语翻译及书写形式，制定公共用语翻译及标记的基本规则。各项工作的具体内容如下：

第一，通过行政机构“专业术语标准化协会”推进各领域专业术语标准化工作，该协会及时向社会公示各部门专业术语标准化情况。国立国语院常设专门的咨询部门，为行政机关提供专业术语的咨询服务。

第二，统一了主要韩食名称的英文、中文、日语等外文名称的翻译和书写，文化体育观光部、农林畜产食品部制定了协议案。

第三，文化体育观光部、国土交通部、国防部、文化财厅、首尔市政府共同参与制定了《公共用语的英语翻译及标记指南》。

（三）推进语言文化改革

韩国建立了由市民主导的语言文化运动体系，支持开展语言文化活动。如：政府指定韩文日为全国公休日；制定全国国民语言文化改革推进计划；为营造良好的语言文化环境，推进公共语言、青少年语言、广播语言、网络语言的改革；支持政府、语言类团体、民间机构、大众媒体联合开展语言文化改革运动；建立和运营韩语醇化志愿团体，引导同龄人语言发展等。

（四）建立公共语言服务机制

韩国还建立了常态化的公共语言服务机制，如修编字典、开设公共语言服务网站、设立国语综合咨询室、开设国语文化学校等等。

第一，国立国语院编纂的在线《标准国语大字典》[①]可以提供最权威的语义解释，并且每个季度都会定期更新词典，予以公布。

第二，国立国语院的《国语词源》[②]是由使用者参与编辑的在线词典，包含了国语词汇、一般词汇、半岛北部词汇、新词、方言、古语，由国立国语院从2016年开始运营。

第三，国立国语院开设了公共语言服务的专业网站[③]，该网站挂靠在国立国语院主页的“语言改善”板块，服务内容主要有：醇化词语、标准专业术语、公共用语国民举报、公共用语咨询、公共用语监修申请、公共用语翻译等。该网站建成后，为国民提供政策名、制度名、企业名命名指导，接受修改公文的申请，接受公共用语翻译的咨询，可以查询外来语标记、罗马字母标记等。

第四，设立了国语生活咨询室，国民可以通过公布的咨询电话或线上咨询方式咨询国语表达、文章符号使用、公告等语言使用相关内容。

第五，政府开设国语文化学校，国民可以在该学校学习国语专业课程，提升国语使用能力。

二　韩国公共语言存在问题及应对策略

根据韩国国立国语院公布的《第三次国语发展基本计划(2017—2021)》[④]显示，韩国经过近几年的整治，在公共语言规划方面开展了很多工作，取得了部分成效，也面临较多问题，集中在以下四个方面：

---

① 标准国语大词典(표준국어대사전)，https://www.korean.go.kr。

② 国语词源(우리말샘)，https://opendict.korean.go.kr/main。

③ 见韩国公共语言服务网站，https://malteo.korean.go.kr/。

④ 韩国国立国语院：《第三次国语发展基本计划(2017—2021)》，2018年11月26日，https://www.korean.go.kr/front/etcData/etcDataView.do?mn_id=208&etc_seq=624。

（一）积极改善公共语言

1. 存在问题

（1）尽管政府努力改善公共语言，但国民对改善公共语言的体验感低。60%的韩国成年人表示很难理解公共语言。

（2）公务员对公共语言服务体系的认知不足，改善效果不到位。公务员虽然意识到改善公共语言的必要性（87.9%），但多数人尚不知道公共语言的服务系统（79.4%）。尽管使用韩语固有词代替了较多的外来语，语句简化也取得一定成效，但在政策名称等方面仍然存在过度使用外来语的现象。

（3）各行业专家对于词语规范工作的参与度低，国民关注度低，规范词语没有得到积极的宣传。

（4）中央部门及各地方自治团体指定了国语责任官，但专业性及实效性低。

（5）主要韩食名称等文化用语的译文和标记仍存在不统一的现象。

2. 应对策略

（1）为了使用简单、规范的公共语言，应加强服务体系建设及扩大公共语言评估范围。具体措施包括：调查与国民生活密切相关的公共语言及公共机关的网页、社交网络（SNS）等媒体的公共语言使用情况；评估行政机关的报道资料，并根据评估结果，制作有针对性的指南、授课视频，出台评估行政机关报道资料的标准，提供改善方案和开发相应的教育资料。

（2）提高各行业专家对于词语规范化工作的参与度，积极宣传规范后的词语。具体措施包括：加强词语规范委员会的运营；通过委任各领域的咨询委员增加参与的专家人数；分领域、分主题（如生活、家电、通信、文化、体育等）召开专家会议；为确保词汇规范性，增加不定期会议。

（3）强化国语责任官制度的法律基础，确保国语责任官的专业性。具体措施包括：修订《国语基本法》强化国语责任官制度；出台辅佐国语责任官的国语专门官制度；增加国语责任官研修活动及教育活动以确保其专业性；鼓励各地方自治团体制定“国语振兴条例”及增订“国语振兴计划”。

（4）建立国家公共用语翻译资源平台，扩大对需求机构的编审支持。具体措施包括：收集各公共机构已有的公共用语翻译资源，制定公共用语修改方案，将公共用语进行标准化处理之后，为译者、行政机关、国民提供公共用语翻译综合检索服务；制定并推广文化用语（如韩国饮食、跆拳道等）的标准化翻译方案；推进英、中、日公共用语翻译使用现状调查；加强对公共用语翻译机构的监督；支持专业术语的研究及阶段性标准化。

（5）为营造良好的语言生态环境，建立专门的教材审校机构。具体措施包括：增加教科书审校专业人员的数量，提升审校质量；确保国语文化院、校阅记者等一部分外部专家参与审校工作；为确保审校质量，对审校人员进行系统的培训；不断完善审校指南和编修资料。

（二）夯实语言文化基础

1. 存在问题

（1）在广播、网络中广泛存在低俗语言，青少年中也存在恶俗语言，这些导致国民缺少正确的国语意识，造成语言生活持续贫乏。调查显示，88.0%的成年人认为“韩国社会语言问题严重”，92.1%的成年人认为“需要开展泛国民语言文化改善运动”，96.6%的普通成年人、82.0%的高中生认为“青少年中严重存在使用暴力语言和过度使用隐语等问题”。

（2）随着广播频道的增加及收视率竞争的加剧，广播中低俗语言、外来语、暴力语言的使用呈现增长趋势。

（3）新媒体语言对国民生活的影响力增强。移动通信、网络、社交网络（SNS）等多种媒体中出现了差别化表达方式，妨碍了理解和沟通。

2. 应对策略

（1）持续推进全国性的国民语言文化运动，形成规范、高雅的语言文化。具体措施包括：加强政府部门间的合作，支持以民间力量为中心的“泛国民联合”活动；持续挖掘改革语言文化的相关课题，推进青少年、民间团体自发组织和参与语言文化改善活动；与媒体合作制作广播节目及开展活动。

（2）开展青少年语言研究，开发改善青少年语言的教育项目及活动。具体措施包括：进行青少年语言使用情况调查；以调查结果为基础开发教育项目，如通过语言进行沟通和解决矛盾、语言礼仪等；开发青少年可体验的互动型教育项目；开发与自由学期制①相配合的教育项目；支持青少年语言文化运动及相关的活动，如支持在家庭、学校内开展语言活动；持续推进面向青少年的“国语教师校园巡回演讲”；培养青少年语言人才引导同龄群体使用规范用语。

（3）制定对策监测和改善广播语言、网络语言。具体措施包括：对移动通信、网络、社交网络（SNS）等多种媒体进行语言使用情况调查；通过与广播、媒体的联合调查改善广播语言；对媒体人进行定期培训；以广播责任人为对象，实施广播语言教育；制作广播语言指南及定期评估执行情况；集中审议广播语言，颁发“规范广播语言奖”；为净化网络语言，开发应用程序及提供语言教育；与国内网络游戏公司合作，开发改善网络语言暴力的网络语言文化项目；开发和实行网络语言礼仪教育项目；开展健康网络文化宣传活动。

---

① 自由学期制，是指在初中阶段由学校指定一个学期，取消该学期的期中和期末考试，实施弹性的教育课程，开展讨论、实习等学生参与型教学以及多样化的体验活动，从而帮助学生提升素质，培养才能。

（三）不断提升国民国语能力

1. 存在问题

（1）学校对国语文化教育需求持续增加，需求呈现多样化。

（2）媒体的多元化导致国语生活咨询需求剧增。

（3）缺乏测定国民国语能力的客观方案。

2. 应对策略

（1）开办国语主题的讲座，编写教材，通过线上线下教育相结合的方式，进行国语教育，提高国语教育的时效性。具体措施包括：以公共机关及各领域从业人员为对象开展需求调查；根据需求调查的结果，开发适合各职业人群的教育课程及教材；按年龄、职业开设有针对性的教育讲座；引入严格的授课评价系统，维持高质量的授课水平；讲座内容不再局限于以语言文字规范为主的讲座，增开以提高综合国语能力为重点的讲座；扩大国语教育的基础，多形式开设并推广在线讲座；开办15分钟左右的名人演讲视频、网络漫画形式的生活国语讲座；提高在线教育环境的稳定性，以便使用便携式设备进行教育，优化学习管理系统（LMS）；与各地区公务员、人才开发院、国语文化院、公共机关研修院、学校等联合，根据需求扩大国语文化学校规模。

（2）为应对国语咨询需求的激增，需要大力推进咨询体系建设，最大限度地减少国民语言生活中的疑问和不便，通过主动提供语言信息增进语言便利性。具体措施包括：优化国语生活咨询室的运营，如提升语言文字规范、国语语法、语言礼仪等语言生活领域咨询的专业性；为缓解咨询人员的工作压力，为他们提供心理咨询；为加强咨询人员的专业性，定期举办研讨会；每年进行咨询室用户满意度调查；分析和利用国语生活咨询资料，提高对国民的服务水平，如筛选经常询问的内容，整理成附有详细说明的资料，在线提供；通过统计、分析咨询资料，发掘国民在语言生活中的不便之处，作为制定语言文字规范、改善公共语言、开发国语文化学校教材等的参考资料。

（3）测定和评估国民的国语能力。具体措施包括：定期面向全国成年人实施国语能力评估，评估领域包括听、说、读、写和语法。

（四）激活以地方语言文化为基础的国语文化院

1. 存在问题

（1）地方居民接受国语教育的机会不足，政府对地区国语教育的支援体系不完善。

（2）缺乏保护和宣传地方语言文化资源的力量。

（3）部分地方存在使用难以理解的公共语言、滥用外来语等现象，妨碍了居民的知情权。

2. 应对策略

（1）开发反映地方特色的国语教育项目，以国语文化院为依托，宣传和保护地方语言文化。具体措施包括：增设满足地区居民需求的国语教育课程；对语言弱势群体进行国语教育，如以多文化家庭、外国劳动者为对象实施国语教育；发展和保留方言文化，如整理、保存方言资料，举办方言大会；举办世宗大王诞辰日活动、韩文周活动、作文大赛等；发挥泛国民语言文化改革运动对地方语言文化的引领作用。

（2）地方自治团体与国语责任官进一步加强合作，改善地方自治团体的公共语言环境。具体措施包括：掌握地方自治团体的公共语言现状，提出改善建议，如对公文、报道资料、公共设施语言等进行调查；与国语责任官合作，共同推进公共语言的改善，如地方自治团体的政策名称醇化等；为地方自治团体公务员提供国语咨询，提升其国语能力，如实施公文、报道资料写作教育；举办国语责任官、国语文化院共同研修会，构建国语责任官和国语文化院合作体系。

俄罗斯联邦的语言状况与语言政策

〔俄〕V. Y. 米哈尔琴科　安利红*

俄罗斯联邦是一个多民族国家，有 100 多个民族。根据俄罗斯科学院语言学研究所的最新数据，在俄罗斯使用的语言有 155 种。俄联邦 70% 以上的人口是俄罗斯族，近 30% 的人口是其他民族。俄罗斯多民族国家的语言生活由俄联邦语言政策调控。

一　俄罗斯联邦的语言状况

俄罗斯联邦的官方语言俄语是多民族国家语言统一的手段。俄罗斯联邦的语言统一率很高，98. 2% 的人口会讲俄语，23% 的人口主要讲另外 38 种语言，而剩下的 100 多种语言只有 1% 的人口使用。使用者人数最多的几种语言大多是各共和国的国语。在俄罗斯，一方面，俄语的语

* 维达 · 尤欧佐夫娜 · 米哈尔琴科（Vida Yuozovna Mikhalchenko），俄罗斯科学院语言研究所民族语言关系研究中心首席研究员、俄罗斯自然科学院院士、俄罗斯语言科学院院士，语文学博士，教授，研究领域：句法类型学、社会语言学、俄语学、波罗的海语言；安利红，中国东北亚语言研究中心专职研究员、教授，主要研究方向为俄语语言学。

言主导地位确保了语言的统一性，另一方面，文化和语言具有巨大的多样性。[①] 语言多样性是因为存在众多民族，这些民族在不同程度上培育了自己的文化和语言，并构成了语言群体。语言群体包含的人口数量及其类型各不相同。多民族俄罗斯的所有人口分为土著人口和非土著人口。

国家对不同类型人口的义务不同。土著居民中有一些少数民族，他们的语言与文化面临灭绝的危险，现在对他们进行全面支持具有极大的迫切性。此外，国内侨民（哈萨克族、爱沙尼亚族、拉脱维亚族等）已经好几代生活在俄罗斯，是俄罗斯的正式公民，也有权得到来自国家的关注。

俄罗斯的语言状况在很大程度上受到国家的复杂结构影响：俄罗斯有民族国家（共和国）、民族领土（区）和领土行政实体（边疆区、州）。1993 年《宪法》规定列出了 89 个俄罗斯联邦主体，并指出俄罗斯联邦由共和国、边疆区、州、联邦直辖市、自治州、自治区组成，它们都是平等的俄罗斯联邦主体。共和国（民族国家实体）有自己的宪法和立法。边疆区、州、联邦直辖市、自治区、自治州有自己的章程和立法。[②]

俄罗斯联邦各州的语言状况比较单一：俄罗斯族居民是各州的主要人口（占各州人口的 90%—99%），使用俄语及其方言等各种形式。而人们掌握世界上其他语言的程度加深，主要是为了满足职业和旅行需求。这些地区占俄罗斯领土的很大一部分，由于人口主要是单一民族，不存在语言冲突的条件。

在俄罗斯联邦的共和国，发展民族语言的问题相当尖锐，因为共和国国语与领土、国旗和国徽一样，是共和国国家的重要标志。将冠

---

① Михальченко В. Ю. Языковая ситуация и языковая политика в Российской Федерации. В кн.: Национальные языки в эпоху глобализации. Отв. ред. А. Н. Биткеева, В. Ю. Михальченко М., 2011, р. 462.

② 见《俄罗斯联邦宪法》，1993 年，第 5 条第 1 款、第 2 款、第 3 款。

名民族的语言宣布为国家语言当然会为其发展创造先决条件，但也为出于政治目的使用该语言创造了机会，有时导致语言冲突。[①]

俄罗斯有150多种不同语系的语言——斯拉夫语、突厥语、芬兰乌戈尔语、蒙古语、北高加索语等。一些共和国冠名语言是突厥语（阿尔泰语，巴什基尔语，鞑靼语、图瓦语、哈卡斯语、楚瓦什语、雅库茨克语等），另外一些共和国冠名语言是芬兰-乌戈尔族语（卡雷利阿语、科米语、马里语、莫尔多瓦语、乌德穆尔特语），或者蒙古语（布里亚特语、卡尔梅克语），北高加索语（阿瓦尔语、阿巴津语、阿古尔语、阿迪格语等），以及伊朗分支的印欧语言（奥塞梯语、塔特语）。这些语言为各共和国的国语，但对于履行国语的功能来说，并不是所有语言都足够发达。

俄罗斯各民族语言的文字大多很年轻，因为它们是在苏联时期才确定的。在一些共和国，有两种或两种以上的语言作为主要语言，例如在莫尔多瓦共和国和马里埃尔共和国，都有两种标准语。达吉斯坦有好几种标准语，如：阿瓦尔语、列兹金语、达尔金语、库梅克语、拉克语等。

从文字传统的历史而言，俄罗斯联邦的语言呈现出一幅非常复杂的图景。它包括用于俄罗斯民族间交流、功能发达的、有文字的语言（鞑靼语、巴什基尔语、楚瓦什语、雅库特语等），20世纪30年代开始有文字的年轻语言（如阿巴津语、塔巴萨兰语等）、20世纪90年代开始有文字的新语言（如阿留申语、萨米语、韦普斯语、阿古尔语、鲁图尔语）、恢复文字的语言（卡累利阿语、查胡尔语）和无文字语言（如卡拉廷语、阿赫瓦赫语、廷丁语等）。

---

① Сулейманов Р. Р. Этнолингвистический конфликт в современном Татарстане: борьба за русский язык в школах национальной республики. В кн.: Языковая политика и языковые конфликты в современном мире. Международная конференция (отв. редактор А. Н. Биткеева, В. Ю. Михальченко). Москва, 16－19 сентября 2014 г. М., 2014, р. 637.

各种语言在功能发展方面也是多种多样的。俄罗斯联邦语言功能发展的不同水平取决于一系列社会因素：(1)母语人口数量；(2)母语者的定居方式；(3)是否有文字；(4)在不同交际领域语言的使用传统；(5)母语者民族语言意识的发达程度；(6)民族语言的社会需要；(7)在不同交际领域培养其他语言的需要(双语或多语言)。

判断一种语言成功与否的重要参数是其使用者的数量和他们的定居方式。除俄罗斯族以外，俄罗斯联邦人口最多的民族是鞑靼族、楚瓦什族和车臣族。

民族语言的活力与其在社会现实交际领域的使用强度与广度有关。研究人员认为，语言的人口力量，即使用这种语言的人数与相应民族群体的人数比例，是衡量民族语言活力的一个重要指标。例如，达吉斯坦达尔金语的活力高于莫尔多瓦语，达尔金族有 83.4% 的人掌握达尔金语，莫尔多瓦族掌握莫尔多瓦语的只有 57.4%。

衡量语言功能发展的另一个重要参数是民族群体定居的紧凑性或分散性，母语者紧凑聚居最有利于其语言社会功能的扩展。俄罗斯有不同的地区类型，它们发展成为国家语言的冠名语言需要不同的客观条件：有些共和国，冠名民族占共和国人口的绝大多数(如车臣共和国为 95.3%)；另一些共和国冠名民族占一半以上(如楚瓦什为 65.1%，卡尔梅克为 56.2%，鞑靼斯坦为 53.2%)；还有一些共和国这一比例不到 40%(如莫尔多瓦为 39.9%，阿尔泰为 33.4%，巴什科尔托斯坦为 28.8%)；某些共和国，冠名民族群体的比例很低(如卡累利阿为 7.1%，哈卡斯为 12.0%)。

在冠名民族占地区人口比例不大的条件下，民族语言的功能发展面临显著的困难。这些语言虽然被宣布为国家语言，但很难扩大其职能，因为多民族居民主要使用联邦官方语言俄语，社会对该地区语言统一的另一种手段——共和国国家语言的使用需求有限。在人们对民族语言掌握程度较低的情况下，这一趋势尤其明显。

俄罗斯联邦官方语言(俄语)社会功能的发展成功解决了整个多民族国家和个别语言群体的语言统一这一问题。除此之外，全球化进程中不同民族群体的语言整合问题开始变得非常紧迫。当然，俄语作为一种世界语言和联合国官方语言，履行着一系列的社会职能。然而，因工作或休闲目的在世界各地的旅行也需要了解世界其他语言。在俄罗斯已形成了不同程度掌握外语(英语、德语等)的语言群体。

少数民族语言在俄罗斯联邦的语言中占有特殊地位。对这些语言来说，支持现有的社会职能(往往仅限于家庭交流)，对其加以研究和记录特别必要，因为这些语言群体的同化程度最高，语言灭绝的风险很大。俄罗斯联邦境内有 54 个少数民族：在北部边区和西伯利亚有 20 多个少数民族，在高加索有 30 多个少数民族。根据人种学标准，少数民族是指生活在其传统居住地、人数少于 5 万人的民族群体。一些少数民族使用方言，例如，乌德穆尔特语(芬兰-乌戈尔族语)的一种方言贝塞米扬语。另一方面，一些语言可能被语言学家视为独立的语言或方言，例如凯塔格语。与方言相比，语言在使用者的数量和使用范围方面往往更广泛。

俄罗斯有 54 种少数民族语言。语言学家不仅研究这些语言，而且还致力于为它们创造文字。在创造文字之前，必须对相关语言群体进行社会语言调查，以确定他们是否有使用新创造文字的愿望、是否对此做好准备。只有外部的、文字创造者向语言群体推广文字的崇高愿望和努力显然是不够的。某些客观因素是必要的，如：文字推广实施的手段、人们定居的方式、对民族文化的高度重视等。作为对经济全球化趋势、美国大众文化传播和英语功能的压力的回应，学者们对少数民族文化和语言、濒危语言以及维护世界文化和语言多样性的关注显然有所增加。这让我们注意到，俄罗斯联邦的俄语，在一定程度上承担了上述现象的后果，同时在很大程度上保护了俄罗斯其他民族的语言和文化免受这些进程的影响。俄语仍然是对俄罗斯联邦少数民族语言具有重大影响的发达语言之一。[①]

对具有不同社会功能发展水平的语言，包括少数民族语言（有文字和无文字的）的研究提出了对其功能发展水平的总体评估、建立每种语言的社会语言面貌及功能分类的问题。在俄罗斯联邦，语言群体和语言情境类型多种多样，十分复杂。

二　俄罗斯联邦的语言政策

语言政策是国家、政党、阶级、社会团体为维护或改变语言和语言子系统的现有功能分布，强调新的语言规范或保留其使用的语言规范而制定和采取的一系列措施。这些规范是总体政策的一部分，符合相应目标。[②] 因此，语言政策的对象主要是官方的、受规管的交际领域中使用的语言，无定型交际领域（朋友、家庭、日常、个人）的交流不受管制。国家可以通过民族语言政策，用间接的方式支持那些只在无定型领域使用的语言（即无文字语言）。例如，通过某种方式保护语言群体本身、语言的载体民族及其文化。

在任何一个民族和语言多样化的国家，其社会有两个趋势。一个是国家语言的统一，这一趋势是由现实生活决定的：要求该国居民在参与物质和精神价值的生产过程中保持联系。另一个趋势是不同语言群体希望保持和发展本民族的语言和文化。一个成功的、无冲突的语言政策必须考虑到这两种相反的趋势，并有意识地在社会影响语言的过程中促进这两种趋势的发展。苏联的语言政策是将这两种相反趋势结合起来的最鲜明的例子：俄语在没有国家语言地位的情况下，作为

---

① Михальченко В. Ю. Функциональное развитие языков Росси как часть социолингвистической классификации языков мира. В кн. Язык как национальное достояние: проблемы сохранения лингвистического разнообразия. Улан-Удэ, Издательство БНЦ СО РАН, 2009, pp. 38-40.

② Словарь социолингвистических терминов. /Отв. ред. В. Ю. Михальченко. М., 2006, с. 312.

民族间交流的语言和多民族人民团结的手段，实现了前一种趋势；而加盟共和国的主要语言的使用，保持和发展了当地的民族语言和文化，实现了后一种趋势。但这并不意味着苏联实现了理想的语言共识。在各共和国，特别是在知识分子之中，存在着对民族语言的社会功能发展水平、在不同交际领域应用情况的不满，他们认为在地方民族语言完全可以发挥作用的情况下俄语不应占优势。当时，产生语言竞争和对抗的语言立法机制已经启动，实际上为这种对抗提供了法律基础。显然，苏联所有加盟共和国以及后来的俄罗斯都经历了这种以单一成分模式为法律观念基础的语言立法。这一模式的理论基础是：(1)社会希望使用一种语言；(2)双语有害；(3)语言必须具有所有社会功能。加拿大法语区魁北克省的学者为抵制英语提出的这个模式在多民族、多语言的俄罗斯及苏联的各共和国中是无法被接受的。1989 年爱沙尼亚苏维埃社会主义共和国的《语言法》贯彻了这一观念，后来在所有其他共和国，包括俄罗斯，引发了语言冲突(在摩尔多瓦公开的，在爱沙尼亚、拉脱维亚、立陶宛、乌克兰和苏联其他加盟共和国中潜在的民族语言冲突)。在俄罗斯，通过了一项关于将俄语作为俄联邦统一的共同手段——国家语言的法律[①]，即《俄罗斯联邦国家语言》，消除了《语言法》的对抗性。

从社会语言学的角度来看，每个国家都应该有自己的语言发展和使用的模式，以适应本国语言情况的特殊性。语言政策的功能模式是国家(或确定的阶级)在某一民族群体居住的领土上规划和支持的语言及其存在形式的总和。因此，要确定语言政策的模式，就必须弄清人口的民族构成、不同民族群体的定居方式、对其母语的忠诚度和价值取向以及其他个人、社会因素。所有这些都应在通过语言立法时进行考虑。

获得国家语言这一法律地位的语言，其发达程度也是一个重要因

① Государственные и титульные языки России. Энциклопедический словарь-справочник. М.: Academia, 2002.

素。在社会语言学中，与法律地位这一概念并存的还有语言的实际（功能、交际）地位，指语言的发展水平及其为不同交际领域服务的能力。在俄罗斯联邦，具有国家语言地位的民族语言往往在功能上发展不足，无法承担所有的功能。“语言的法律地位/功能交际（事实）地位”的对分法正反映了这一状况。学术界有一种说法认为，“赋予某些语言特殊权利不应意味着在国家内部对某些‘民族’或少数民族产生优惠”[①]。然而，获得国家语言地位的语言有专门的发展方案，并有用于语言改进和推广的资金。国家语言本身是由于某一民族居民最大程度的集中而获得的地位，从而为其功能发展创造了最有利的条件。各共和国地位的提高提出了通过《语言法》的问题，《语言法》的通过巩固了俄罗斯联邦各共和国的语言政策模式。

现代俄罗斯联邦国家语言政策是多组成部分的模式。在全国范围内使用俄罗斯联邦的国家语言——俄语；在各共和国还有地方共和国的国家语言，从而建立了一个有 37 个组成部分的国家语言政策模式。各共和国为“双国语”甚至“多国语”建立了法律基础，这有时导致在执行语言法时出现不同形式的实际竞争（如俄语或地区语言课时数量的增加/减少、关于共和国总统是否应懂共和国国语的辩论等等）。[②]

多元、民主的语言政策的实施在俄罗斯联邦产生了国家功能性主导语言——俄语与具有区域意义功能优势的共和国语言的结合。因此，多语言国家语言统一的目标与居住在一起的民族在各种交际领域培养其民族语言的愿望结合在一起。将一种具有支配地位的全国通用优势语言（俄语）与区域优势语言（共和国国家语言）民主地结合起来，可以将俄罗斯联邦语言政策分为以下区域模式（参考表 1）：

---

① Степанов В. В. Поддержка языкового разнообразия в Российской Федерации. Этнографическое обозрение-2010-№4. pp. 102-115.

② Михальченко В. Ю. Языковой конфликт в полиэтническом государстве//Языковая политика и языковые конфликты в современном мире/Отв. ред. А. Н. Биткеева, В. Ю. Михальченко. М., 2014, pp. 209-213.

1．语言政策的单一成分模式：俄语以不同形式存在的语言政策。

2．语言政策的双成分模式：双主导语言政策（俄语+共和国国家语言）。

3．语言政策的三成分模式：三种主导语言的语言政策（俄语+两种共和国国家语言或国家语言的两个变体）。

4．语言政策的多元模式：四种、五种及以上主导语言的语言政策（如俄语+达吉斯坦的语言）。

5．语言政策区分模式：少数民族语言使用区的语言政策。

与全联邦国家语言俄语相比，地区国家语言的使用受到一定限制。例如，在科学领域和高等教育领域，一些国家语言实际上很少使用，某些国家语言仅限于人文领域的使用等。同一模式的地区国家语言情况也不尽相同——交际领域数量和强度都不相同。例如，功能发达的鞑靼语的使用领域和使用强度将大大超过卡累利阿语，二者都属于双成分模式。①

表 1　俄罗斯联邦语言政策的区域模式

语言政策模式名称	联邦主体	社会交际系统的优势成分
单一成分（单语）模式	俄罗斯联邦各州	俄语及其所有存在形式（标准语方言、俗语等）
双成分（双语）模式	俄罗斯联邦共和国：阿尔泰、阿迪格、布里亚特、巴什科尔托斯坦、卡尔梅克、卡累利阿、印古什、北奥塞梯、鞑靼斯坦、乌德穆尔特、哈卡斯、车臣、楚瓦什、图瓦、雅库特	作为俄罗斯联邦国家语言的俄语与共和国国家语言

① Михальченко В. Ю. Региональные модели языковой политики в Российской Федерации. //В кн.: Язык. Общество. История науки. К 70-летию члена-корреспондента РАН В. М. Алпатова. Тезисы докладов международной научной конференции 22－23 апреля 2015, М., 2015, pp. 81－83.

（续表）

语言政策模式名称	联邦主体	社会交际系统的优势成分
三成分（三语）模式	莫尔多瓦、马里艾尔、科米、卡巴尔达-巴尔卡尔	作为俄罗斯联邦国家语言的俄语与获得共和国国家语言地位的两种标准语言或一种标准语言的两个变体
多成分（多语种）模式	达吉斯坦、卡拉恰耶-切尔克斯	作为俄罗斯联邦国家语言的俄语与其他具有共和国国家语言地位的有文字的语言
区分（超地域）模式	俄罗斯联邦不同主体	作为俄罗斯联邦国家语言的俄语与相邻大民族语言配合使用的少数民族语言

语言政策模式的划分考虑到，共和国的主导语言与其他语言群体使用的非主导语言实际上相结合，构成了语言状况的基础与核心——社会交际系统。这种分类符合俄罗斯联邦语言政策的现状，并指出了国家地位语言扩大社会功能和进一步推广的途径。当然，这种社会功能的扩大需要许多条件和社会因素（经济福祉、民族自觉意识、语言使用者的价值取向、在不同交际领域扩大其功能的物质条件）方向一致的正面行动。应当指出，反映国家结构及其民族构成（整个国家的国家语言+共和国具有国家语言地位的语言）的俄罗斯语言政策模式完全符合保障多民族国家民主和居民语言权利的基本原则。由于许多土著民族集中居住在一片区域（例如达吉斯坦），在拥有 4 种、5 种或更多主要语言的多民族共和国情况比较复杂。在达吉斯坦成为共和国国语的所有语言是否能够同样广泛地发挥作用？显然不是。俄罗斯联邦的国语俄语在该共和国发挥着统一语言的作用。共和国的所有语言理论上都可以被视为具有国语地位，因为法律地位可以在不同的范围内实现，例如象征功能（隆重会议的开幕、国歌演唱、重要的铭文书写，或仅在家庭和人际交往中使用）。这种特定语言的象征性存在使人们对它更加尊重，对相关语言群体更加关注。即使是少数民族的语言也可以具有国家语言的地位。例如，在瑞士，只有 1% 的人口说罗曼什语，而罗曼什语是瑞士四种国家语言之一。在这种情况下，国语地位意味着国家

的支持，优先考虑其作为小语言群体的语言的使用。当然，这种语言不能成为官方语言，因为它没有适用于不同书面交流领域的功能语体体系。“国家语言”的概念比“官方语言”的概念要广泛得多：国家语言是在社会交际的所有领域发挥作用的文化、政治和科学的语言，而官方语言是国家机构、办公和法庭审判的语言。①

在划分语言政策的子类型区域模式时，不仅考虑了国家地位语言（功能优势语言）的数量，而且还考虑了它们的特殊性。语言政策的三成分模式被划分为一个单独的子类型，尽管可以归入多成分子类型。问题在于，除俄语外，该模型还包括同一民族语言的两个变体（莫尔多瓦语—埃尔齐亚语和莫克沙语，马里语—山地马里语和草原马里语）或两种不同民族语言（卡巴尔达语和巴尔卡尔语）。第五个亚类的划分是因为许多少数民族语言是濒危语言，需要对每一种语言给予特别和单独的关注。

因此，我们认为，在全俄罗斯模式（俄语+共和国国家语言）中存在着语言政策的一般原则，俄罗斯联邦各地区的语言政策分为五种亚类，能适应不同语言状况。这种民族语言政策为多民族国家语言生活的民主和多元机制创造了法律先决条件。民族语言政策的原则是语言立法观念的基础，语言立法的执行保障了俄罗斯语言功能的顺利实施。

---

① Словарь социолингвистических терминов. /Отв. ред. В. Ю. Михальченко. М., 2006, pp. 47-48, 159-160.

俄罗斯官方语言法

岳　雪*

俄罗斯总统普京签署官方语言法，规范外国词汇的使用。新法规定，将俄语作为官方语言使用时，不得使用外国词汇，标准字典中记录的俄语中无类似通用词汇的外国词汇除外。该法旨在提高俄语作为全国官方语言的地位，加强监督公职人员和公民对其规范的遵守。文件引入了“标准字典”“标准语法”“标准参考书”等概念，将确立当代俄罗斯文学语言的标准规范。文件规定了俄语必须作为官方语言使用的一些领域，包括教育领域，国家和市政信息系统以及面向商品、工作和服务的消费者的信息。如有外语文本，译文应保持字体的大小、类型和颜色一致。将俄语作为官方语言使用时，不得使用不符合现代文学规范的词汇和表达，如粗言秽语。俄罗斯官方语言法是《俄罗斯联邦国家语言法》的修订和更新，旨在进一步明确俄语的官方语言地位，规范俄语使用标准，形成规定领域内的俄罗斯国家通用语言文字。目前，官方语言法已经通过俄罗斯联邦国家杜马二读和三读审议，具体

* 岳雪，大连外国语大学俄语学院讲师，中国东北亚语言研究中心兼职研究员，主要研究方向为政治语言学、区域国别学。

标准文件将在2025年前正式出台，这也意味着官方语言法将在2025年前正式落地。

一　出台背景

1991年10月，《俄罗斯联邦民族语言法》首次提出俄语作为全国性语言的必要社会功能。该法第3条规定："俄语是俄罗斯联邦各民族族际交际工具，在俄罗斯具有国语地位。"第6条规定："保证俄语发挥俄罗斯联邦国语的作用。"同时依法确保联邦主体国国语的法律地位和职能。1993年俄语作为俄罗斯联邦国语被写入《俄罗斯联邦宪法》，作为国家语言的俄语具有了法律依据和保障。进入21世纪，随着国家综合国力的增强，俄罗斯进一步巩固俄语作为国家语言的法律地位。2004年成立"俄语世界基金会"。2005年6月1日，俄罗斯联邦颁布《俄罗斯联邦国家语言法》(以下简称《国语法》)，旨在保障俄语在俄罗斯全境的使用，保障公民使用联邦国语的权利，保护和发展语言文化。该法强调了俄语作为俄罗斯联邦国语的重要作用和意义，对国语的使用领域、保护和支持国语的措施、保障俄罗斯公民使用国语的权利和违反国语法应承担的责任等作出了明确规定。《国语法》的颁布标志着俄语作为国家保护对象具有法律地位，目前仍在生效实施当中。《国语法》草案第1条第6项明确指出："依照法律规定，在使用作为国语的俄语时，不允许使用粗俗的、侮辱性的、骂人的话和词语，也不允许滥用在俄语中已有同类相应表达形式的外来词。"此外，俄罗斯以政府令形式在全国推行俄语发展五年规划纲要《俄罗斯联邦俄语规划纲要》。2011年6月6日，签署总统令批准现代俄语奠基人普希金生日这一天为"俄语日"，以此促进俄语发展以及发挥俄语的文化交流作用。虽然俄罗斯联邦政府采取一系列措施以保护和发展俄语，但近些年在法律规范的范围内未采取积极有效的措施以应对俄语遭受的外来冲击，主要体现在以下两个方面。

（一）俄语受到外来冲击

苏联时期，俄语在各加盟共和国当中占据十分重要的地位。苏联解体以来，俄语作为国家语言和官方语言受到国内外综合因素影响，其现代化发展进程面临着一系列危机与挑战。俄语虽然在独联体及波罗的海国家当中仍被广泛使用，但伴随着各国相继立法明确国家语言，俄语的地位相较之前有明显削弱迹象。随着全球化进程的迅速发展与文化交融，俄罗斯受“英国主义”等外来文化影响较大，为摆脱外来词对俄语的影响，亟待立法规范国家语言标准。根据相关研究预测：排除俄罗斯人口数量下降因素，未来若干年后俄罗斯使用俄语的人数将有所缩减。新法的修订可以看作是俄语净化运动的具体体现。俄国著名作家屠格涅夫称俄语是“伟大的、有力的、真实的、自由的俄罗斯语言”，是“在疑惑不安的日子里，在痛苦地担心着祖国命运的日子里”的“唯一的依靠和支持”，而外来词的无节制使用，低俗俚语的大量涌现等使俄语受到极大的外来冲击。因此，国家层面出发的立法亟待出台。外来词体现出一个特定时期的文化属性，是文化融合发展的阶段性产物。俄语受到的外来冲击主要体现在以下三个方面：一是俄语空间被挤占，主要体现为随着苏联解体俄语地位不断下降，同时俄语的使用范围在不断缩小。二是“拉丁化”排挤俄语，“早在 1992 年，俄罗斯科学院俄语研究所副所长曾在《消息报》上谈到当今俄语患有‘重病’时就曾指出，俄语的‘重病’之一就是外来词过多”[①]。三是俄语的非标准语冲击标准语，语言混杂现象丛生。“必须清醒认识到保护国语和维护国家利益与民族统一的重要性。俄语中出现的语言混杂现象不仅影响俄罗斯社会道德规范和社会风尚，而且妨碍国语的有

① 侯昌丽：《浅析俄罗斯的语言问题》，《文理导航》2011 年第 5 期。

效推广和健康发展，不利于保持国语的严肃性和纯洁性，特别是对于俄罗斯这样一个多语言、多民族国家。”[①] 因此，俄语净化问题日益凸显。

（二）俄语标准亟待规范

“俄语作为联合国六大官方语言之一，广泛使用于原苏联地区成员国和东欧地区，使用人数约 2.4 亿，是俄罗斯、吉尔吉斯斯坦、塔吉克斯坦、白俄罗斯、哈萨克斯坦、土库曼斯坦、乌兹别克斯坦以及未获国际承认的德涅斯特河沿岸共和国、南奥塞梯、阿布哈兹等原苏联加盟共和国地域的官方语言。”[②] 由此可见，俄语在国际社会上具有一定的权威性与普适性。关于俄语，亟待在国家层面和法律层面进一步补充修订并形成具有系统性和规范性的标准。新法的出台在一定程度上填补了俄语标准的空白，俄语标准的法律规范主要体现在民族平等和民族团结、立法保护国家语言、标准词典及参考书等方面。此外，全球化发展时代正在深刻地影响着传统文学规范，语言本身也正在发生变化，文化缺失成为影响俄语标准规范的主要根源。2001 年初，俄罗斯为保护俄语作为国家语言的权威性和纯洁性，开展俄语净化运动。随后相继出台法律法规，实质上都是俄语净化运动的延续与发展，旨在保护俄语纯洁性，抵制外来词文化入侵。“一方面外来词的发展演变反映着俄罗斯社会生活的变迁，外来词也是俄语重要的组成部分，文化的包容性使得语言和语言间相互接触、相互影响、相互渗透，既有利于文化的传播交流，又丰富了俄语的内涵。”[③] 另一方面，外来词在一定程度上干扰了俄语的纯洁性。因此，全国范围内的俄语语言标准

---

① 侯昌丽：《浅析俄罗斯的语言问题》，《文理导航》2011 年第 5 期。

② Bookey：《俄语在世界上的地位如何，今天带你一探究竟!》，沪江俄语，2022-04-01，https：//ru. hujiang. com/new/p1372124/[2023-08-31]。

③ 李查苏娜：《浅析俄语外来词》，《赤峰学院学报》(汉文哲学社会科学版)2014 年第 2 期。

和规范亟待出台，以确保全球化文化融合发展背景下俄语的纯洁性与丰富性。

现代俄罗斯文学语言规范被理解为使用语言手段的规则，固定在规范性词典、参考书和语法中。俄语作为国家语言的一系列相关法律法规陆续出台，标志着俄语被纳入法律框架内进行保护和发展。近年来，随着全球化发展变革和俄罗斯在国际社会中地位的变化影响，俄语作为俄罗斯联邦国家主权的象征，亟待保持其纯洁性与权威性，因此官方语言法适时而生，这是塑造国家战略语言，提升国家认同的有效实践，具有十分深刻的政治意义。

二　新法内容

（一）主要内容

官方语言法主要是针对2005年6月1日《俄罗斯联邦国家语言法》进行修订，在其基础上进一步补充与完善，保护俄语的纯洁性与权威性，规定外来词使用范围，具体表现如下：

俄语是俄罗斯联邦维护多民族团结和民族平等的国家语言，在现行联邦法律、其他联邦法律和1991年10月25日第1807-1号《俄罗斯联邦民族语言法》的法律所规定领域内必须使用俄语。俄罗斯联邦国家确保国家语言受保护和支持，以及俄罗斯联邦公民使用国家语言的权利。俄语作为俄罗斯联邦国家语言必须遵守现代俄罗斯文学语言的规范，现代俄罗斯文学语言的规范被理解为规范性词典、参考书和语法中固定的语言手段使用规则。俄罗斯联邦政府根据俄语委员会的建议，批准形成词典、工具书和语法清单的程序，以及规定了规范性词典汇编和出版周期要求。俄罗斯联邦政府批准关于俄语委员会及其组成和决策程序的条例。俄语作为俄罗斯联邦国家语言，不得使用不符合现代俄罗斯文学语言规范（包括污秽语言）的词语和表达方式，但俄语中不存在类似表述的外来词除外，具体清单参见规定性词典。此规定的适用范围是在联邦国家当局、俄罗斯联邦主体国家当局、其他国家机构、地方自治机构的关系中，以及在各种形式的所有权组织与俄罗斯联邦公民、外国公民、无国籍人士的官方关系和正式信件中。根据2012年12月29日《俄罗斯联邦教育法》建立的国家登记证书形式，教育文件登记和(或)资格证书、样本以及其他文件，根据俄罗斯联邦立法以俄罗斯联邦官方语言进行登记。制定和通过俄罗斯联邦的联邦法律和其他监管法律行为，制定和实施俄罗斯联邦旨在保护和支持国家语言的国家计划。必要情况下，在专家的参与下利用信息技术、语言专门知识和(或)编辑法规草案的文本，使其符合现代俄罗斯文学语言的规范。保证俄罗斯公民自由学习俄语，为外国公民和在俄罗斯联邦境内及国外的无国籍人士学习俄语创造条件，并支持居住在国外的同胞获取和传播信息，以及使用俄罗斯同胞居住国领土上的信息。俄罗斯国家支持出版俄语词典、参考书和语法规范，创建包含现代俄罗斯文学语言规范的信息资源平台。2025年前将推出俄语及外来词使用规范词典和手册。根据修正案，向消费者提供符合《消费者权益保护法》的信息时必须遵守现代俄语标准语规范的领域，包括教育、大众传媒、公开表演、国家和市政系统、广告等。此外，修正案进一步明确俄语及其他语言文本等同的标准。官方语言法将于2025年1月1日起生效。

（二）新法变化

新法变化主要体现出当前阶段下鲜明的时代特征，同时也反映了俄语作为国家语言和官方语言的最新动向。新法的最主要变化在于强调俄语的国家语言地位，立法明确俄语规范。此外，新法提出禁止外来词使用，间接体现出对俄罗斯本土文化的保护。随着俄乌局势升级，俄政府官员开始考虑“普希金语言”在国内、国际上的影响力问题。

俄语的独特与美丽应该在立法层面加以强调，有责任保护“普希金语言”，阻止不合时宜的外来词汇，此规定将于2025年前正式生效。俄罗斯明确规定俄语作为国家语言的法律地位，并建立对使用俄语作为国家语言时不使用外来词的监管措施。当俄语中未见类似匹配词汇时例外，将在规范词典中列出。新法旨在提高俄语作为俄罗斯国家语言的地位，并加强对公务员和普通公民遵守其规范的监管。新法明确规定了俄语作为国家语言的使用范围：在政府和地方自治的活动中；在所有形式所有权组织的活动中；在法律程序中；书写地理名称时；邮寄服务；处理身份证明文件时；大众媒体产品；为购买商品和服务的消费者提供信息；电影放映；通过戏剧等形式公开表演文学和艺术作品；广告；等等。简言之，该法律仅适用于官方文件、官员公开演讲、大众媒体、文化和艺术领域。其中，在广告、文化和艺术领域国家语言的使用结合开展活动的具体情况而定。新法核心要义在于将俄语规范置于监管和法制化轨道之中。新法的变化主要体现在以下几个方面：一是文件引入“标准字典”“标准语法”“标准参考书”等概念。二是禁止使用外来词。总理米舒斯京于2020年10月批准成立政府俄语委员会，新法将批准规范性词典列表的权力转移到该委员会执行。

新法的变化引起俄罗斯国内各界人士广泛关注，俄罗斯的一些语言学家并不赞成用法律来强行净化俄语。俄罗斯语言学家科斯托马罗夫（В. Г. Костомаров）说：“语言文字的改革是有必要的，只要这种变化是在尊重本国文化、宗教、地理特征的基础上，并遵循这种语言的内部规律，就是可行的。而且这种情况在各国都会发生。”还有一些语言学家表示，外来词的侵入不见得就会削弱本国语言文字的影响力，因为本国文字中的精髓会经得起时间的考验，而一些该淘汰的东西就应该让它自然淘汰。例如科斯托马罗夫就认为：“俄语已经经受住了好几次外来语的侵袭。18世纪是法语，19世纪是德语，现在是英语。我相信该保留的一定会被保留下来。”

三　实施影响

新法的出台引发俄罗斯社会各界广泛关注与讨论。新法将有助于保护俄语不再过度使用外来词，并允许官员和普通公民监督“遵守现代俄罗斯文学语言规范”。在媒体上，该法案被称为“禁止外来词”和“将俄罗斯从英国主义中拯救出来”的文件。新法引发了一系列影响与讨论，主要体现为以下四个方面：

一是文学及艺术作品无法摒弃传统俚语等。在讨论国家杜马的草案时，一些代表指出，在文艺作品中不可能放弃俚语，借用外来词和其他偏离规范的行为充斥在几乎所有艺术作品当中，甚至包括生活的其他领域。语言学家经常将语言描述为活的互相影响、渗透的有机体。

二是品牌标志有了相关规定。新法中对品牌名称以及商标和服务标志进行具体规定。

三是违反法规者应受到处罚及承担责任。目前暂未规定违反法规的责任，正式立法后可具体出台相关举措。新法并不适用于普通人的日常口语交流。

四是关于完全禁止外来词质疑。新法规定除俄罗斯国家语言中没有类似替代词情况外，不得使用外来词。新法将明确规定具体使用范围和领域。

国家杜马相关政府官员指出，语言支持被提升至国家层面，新法将有助于维护和加强传统的俄罗斯精神和道德价值观。新法强调俄语作为国家语言在统一的多民族国家中的重要作用，扩大并规定了强制使用俄罗斯联邦国家语言的领域。新法出台并不意味着完全摒弃外来词，而是立法层面明确规范其使用范围，“面对外来词的渗透要恪守民族语言的纯洁性，杜绝滥用乱用；而面对国际通用的外来语应吸收、融合，使得民族语言具有时代性，让民族语言在更大范围内传播、使用，以正确的、客观冷静的心态对待外来词，规范使用语言，既使俄语充满生机与活力，又不破坏民族文化的载体，使俄语不断蓬勃发展"[①]。

语言不仅关乎着国家的交际与文化，而且与国家安全和国家意识息息相关。新法的实施必将带来多方面影响，主要体现如下：

一是开启俄语标准化发展进程。新法有利于俄语的规范化和标准化发展，其中"标准字典""标准语法""标准参考书"都将作为俄语使用的标尺。俄语的标准化发展一方面推动俄语作为国家通用语言文字的健康发展，另一方面也促进语言文字在社会生活中更好地发挥作用。

二是发挥俄语的国家战略作用。语言在一国的国家安全中具有至关重要的作用，俄语作为俄罗斯的官方语言，以国家安全和国家发展为目标，以促进国家利益为价值取向，承载着提升国家形象和国际影响力的重要任务，是俄罗斯发展的文化软实力。

三是提升俄语的民族认同地位。语言是民族认同的基石。俄罗斯是统一的多民族国家，俄语作为官方语言的普及率很高，苏联时期俄语是通用语言，苏联解体以后俄语仍是中亚国家各民族通用语言。可见，俄语在维系民族认同方面一直起着不可替代的重要作用。

四　实施意义

俄语作为官方语言是构建国家的基本要素，是俄罗斯国家文化的基本载体和象征符号，是俄罗斯国家认同的纽带和民族团结的基础。新法的实施有利于推动俄语的规范化、标准化进程，其实施意义主要体现为以下三个方面：一是进一步明确俄语作为官方语言的法律地位；

① 李查苏娜：《浅析俄语外来词》，《赤峰学院学报》（汉文哲学社会科学版）2014 年第 2 期。

二是促进社会各领域的交流与建设；三是增强民族凝聚力，实现语言认同，从而实现文化认同和国家认同。

新法的实施具有十分重要的战略意义。一方面对内通过立法加强俄语作为国家语言和官方语言的地位及其发展；另一方面对外抵御其他语言包括外来词对俄语的冲击，同时逐渐扩大俄语在世界范围内的传播力和影响力。新法的实施在一段时间内还需经历社会的过渡期和适应期，在具体的实施过程中得以磨合和淬炼，从而形成更加系统完善的俄罗斯官方语言标准和规范，其未来的发展任重而道远。

蒙古国外语政策

孟根仓　秀　云*

外语政策是语言政策的有机组成部分，一个国家制定何种外语政策是由其特定的国情及语情所决定的。当前蒙古国的外语政策主要表现为：在教育层面，国家鼓励外语教育，加强外语教育逐渐多元化趋势，同时注重外语教育中英语的独特地位，培养复合型语言人才；在使用层面，国家支持在具备使用母语进行写作和表达能力的前提下有序使用外语；在服务层面，国家结合多支点平衡外交思想提供外语服务，开辟多层次语言文化交流渠道，推动拓展双边和多边语言政策与文化交流合作。

一　颁布背景

时至今日，蒙古国还未推出全国统一的外语政策。但是，蒙古国

* 孟根仓，内蒙古大学中华民族共同体研究中心副研究员，大连外国语大学东北亚语言研究中心兼职研究员，主要研究方向为区域与国别研究（蒙古国）、北方民族社会文化；秀云，大连外国语大学中国东北亚语言研究中心研究员，副教授，主要研究方向为蒙古国国别研究、少数民族文献研究。

自20世纪90年代初开始关注外语在国家培养和储备复合型语言人才与高校教育质量评估中的重要性。因此，蒙古国将继续学习其他发达国家和地区的外语政策，加强规划外语教育政策，支持外语有序使用，提供外语服务，把制定关键外语计划等问题提升为国家语言政策的重要组成部分。

蒙古国多支点平衡外交理念为国家实施多语种外语政策提供了强有力的支撑。蒙古国自20世纪90年代开始奉行不结盟、多支点平衡外交，制定了中俄“等距离”均衡外交，同时发展与欧美等西方大国以及日韩等亚太国家的“第三邻国”政治经济关系。在此背景之下，蒙古国需要更加重视多语种外语教育，继续培养更多双语或多语种人才。除英语外，俄语对蒙古国而言是一种科技语言，也是巩固传统合作的交际语言，而汉语、日语和韩语是区域经济一体化的交际语言，德语和法语是欧盟和欧洲多国的通用语言，更是蒙古国实施“第三邻国”外交政策的交际语言。

20世纪90年代是蒙古国外语教育的分水岭，之前因其被视为苏联“第16个加盟共和国”而奉行“一边倒”的外交政策，外语主要以俄语为主，而之后蒙古国进入市场经济，开始实施多支点平衡外交政策，外语教育逐渐有了多元化趋势。随着蒙古国加快进入世界经济市场，英语的社会应用迅速超越俄语，成为外语教学的主要对象。

二　相关政策内容

蒙古国自1992—1993年开始在国家基础教育中推行教授英语，1997—1998年全国各个教育机构开始推广教授英语。1997年，蒙古国教育部长签批第208号《关于外语教学方面采取的措施》，作出从1997—1998学年开始全学段教育机构外语教学中首先教英语的决议，表明蒙古国为根据社会经济发展需求而调整了之前俄语为主要外语的外语政策理念，将英语视为外语教育中的主要对象。[①]

蒙古国 2002 年颁布的《小学、初中教育法》第 4.2 条规定，从小学开始教授外语。显然，该教育法中并没有明确外语指的是哪种语言。同时，该法 6.1.1 条明确强调，学生应“在具备使用母语进行写作和表达的能力后，获得适当的外语知识”[②]。

后来，在科学调节外语教育与母语教育关系方面，蒙古国深受欧盟和联合国教科文组织推出的研究成果影响。根据欧洲学者的研究结果，学龄儿童 13 岁后才能基本掌握母语技能。故而，欧盟议会认为 14—18 岁学生应至少学习掌握两种外语。基于此，蒙古国语言学家认为，14 岁开始学习外语是最佳年龄。联合国教科文组织也呼吁爱护、学习母语外，每位世界公民应学习掌握多边（国）语言。为此，蒙古国学界表示，国家应提供多语种教育支持，加强外语教育整体规划。

2002 年颁布的《教育法修正案》规定，在未来 11 年教学计划中，从小学阶段开始开设外语课，具体而言，四年级开始教英语，七年级开始教俄语。显然，在外语教育实践中，蒙古国初中不只教授一种外语，还同时教俄语等外语。另外，该修正案还强调，在 2008—2012 年之间实施“英语为第二个官方语言行动”。这充分体现了蒙古国在外语教育中对英语教学的重视。[③]

蒙古国鼓励教育的同时，将外语提升为高校教育质量评估的一种指标，也用来衡量国家公务人员的工作能力。蒙古国教育、文化和科学部于 2002 年推出“蒙古国本科教育标准”规定，本科生“应在日常和专业领域学会利用至少一种外语”，但并未明确是哪种语言。到了 2006 年，有关部门将上述内容进行了修改，并明确规定本科教育外语

① G. Bat-Uchral，“Гадаад хэлний бодлого，стандарт，хэрэгжилтийн асуудалд”，Гадаад хэл соёл судлал，Vol. 24 No. 528，2020，pp. 6-23.

② Монгол Улсын Үндсэн Хууль，Эрх Зүйн Мэдээллийн Нэгдсэн Систем，2002 оны 5 дүгээр сарын 3-ны өдөр，https：//legalinfo. mn/mn/detail/72［2023-10-12］.

③ 乌日雅：《蒙古国语言政策研究》，内蒙古大学硕士学位论文，2021，第 108 页。

教学的主要语言定为英语，英语授课时间不少于 8 节，而关于第二外语教育以及多种语言教育，大学以及高校根据学生的吸收能力而定。[①]

根据蒙古国大呼拉尔(即议会)于 2008 年颁布的《基于蒙古国千禧发展计划的国家根本构想》，以学生和社会的需求来完善教育标准和纲要，“到 2015 年将英语设定为全社会主要外语，提高英语教学质量，受高等教育者应具备工作和专业中需要掌握的英语能力”。到 2021 年，国家公务人员应具备以英语工作的能力。[②]

另外，蒙古国十分注重外语教育政策的国际接轨和科学调节外语教育与母语教育关系。2010 年“教育基本纲要 2010—2021”规定，规范完善英语教育标准，与国际英语教育大纲接轨，为学习者提供优质的外语学习环境，提高教师教学质量。《国家教育政策》(2014—2024)第 4. 7 条规定，外语教学应在完全掌握母语基本技能之后安排，并且学校所教授的主要外语应为英语。这首先表明了外语教育与母语教育的关系，同时也充分肯定了在外语教育中英语的独特地位。[③]

蒙古国加强外语教育的多元化趋势。蒙古国最新颁布的《教育综合法》(2023 年 7 月 7 日颁布)第 6. 1 条规定，“蒙古国教育语言为国家官方语言(即蒙古语)”，“英语为外语教学的主要语言”，但这“不能侵犯学习母语和学习其他外语的权利”。此外，第 6. 2 条规定，“经授权和符合本法要求的教育机构可以以外语授课”[④]。

具体而言，作为蒙古国最高学府的蒙古国立大学自 1942 年开始开课教俄语，1956 年开始教英语，1957 年开始教汉语，1963 年开始教

① Д. Сайнбилэгт, *Гадаад хэлний сургалтын агуулгын зөвламж.* амжгын ззгуулгын ззлгын ззлг.

② G. Bat-Uchral, “Гадаад хэлний бодлого, стандарт, хэрэгжилтийн асуудалд”, Гадаад хэл соёл судлал, Vol. 24 No. 528, 2020, pp. 6–23.

③ Монгол Улсын Үндсэн Хууль, Эрх Зүйн Мэдээллийн Нэгдсэн Систем, 2015 оны 1 дүгээр сарын 29-ны өдөр, https://legalinfo. mn/mn/detail/10935/2/206661 [2023-10-12].

④ Монгол Улсын Үндсэн Хууль, Эрх Зүйн Мэдээллийн Нэгдсэн Систем, 2023 оны 7 дүгээр сарын 7-ны өдөр, https://legalinfo. mn/mn/detail? lawId=16759958962301 [2023-10-16].

法语，1968 年开始教德语，1975 年开始教日语，1991 年开始教朝鲜语（韩语），1992 年开始教保加利亚语、捷克语和波兰语，2002 年开始教土耳其语，2003 年开始教西班牙语，2004 年开始教意大利语，2010 年开始教阿拉伯语。显然，蒙古国立大学的外语教学语种和教师队伍不断扩大，呈现外语教育逐渐多元化趋势。但是，时至今日，蒙古国还未推出针对大学和高等院校的统一外语教育政策和标准。

蒙古国国家层面支持有序使用外语和提供外语服务。2003 年颁布的《官方语言法》第 3.2 条规定，“本法不侵犯蒙古国境内除官方语言外使用其他语言的权利”，而第 5.13 条规定，“各级教育应以官方语言进行教学”，但“这一规定不适用于使用外语进行基础教育和专业培训的机构”。[①] 2015 年颁布的《蒙古语言法》第 6.3 条规定，“除国家许可的外语培训和持有外语教学许可证的基础学校教育外，基础教育学校应从五年级开始教授外语”[②]。该法规定的外语并未明确指哪种外语。2023 年 7 月颁布的《教育综合法》第 9.5 条规定，“教育机构应对应蒙古国学位和学历证书，承认国外学历和学位证书认证”[③]。

为方便国际事务的开展，《蒙古语言法》规定以下活动和公务可以使用外语或提供外语服务：由地方自治机构与国家语言政策委员会指定的主管部门协商解决地名、街道、公路和广场的外文名称；驻蒙古国外交使团或国际组织对蒙古国公民或法人可使用外语，但应附蒙古语译文。国家语言政策委员会有权讨论并审批授权研究机构制定的外文术语翻译和纳入蒙古语词汇的新术语；就地名、街道、公路和广场指定外文名称提出建议。蒙古国科学院蒙古语言研究所在相关专业机

① Монгол Улсын Үндсэн Хууль, Эрх Зүйн Мэдээллийн Нэгдсэн Систем, 2003 оны 5 дугээр сарын 15-ны өдөр, https://legalinfo.mn/mn/detail/486 [2023-10-18].

② Монгол Улсын Үндсэн Хууль, Эрх Зүйн Мэдээллийн Нэгдсэн Систем, 2015 оны 2 дугээр сарын 2-ны өдөр, https://legalinfo.mn/mn/detail?lawId=10932 [2023-10-18].

③ Монгол Улсын Үндсэн Хууль, Эрх Зүйн Мэдээллийн Нэгдсэн Систем, 2023 оны 7 дугээр сарын 7-ны өдөр, https://legalinfo.mn/mn/detail?lawId=16759958962301 [2023-10-24].

构的协助之下，将外文术语翻译为蒙古语。[①]

结 语

蒙古国的外语政策主要表现在外语教育层面。自 20 世纪 90 年代初，蒙古国鼓励外语教育，加强外语教育多元化趋势，同时注重外语教育中英语的独特地位，培养复合型语言人才，英语迅速代替俄语成为最重要的外语。外语教育政策的变化呈现出蒙古国政治、经济以及外交政策的调整，外语教育政策服务于国家发展战略。

蒙古国多支点平衡外交理念为国家实施多语种外语政策提供了强有力的支撑。虽然蒙古国外语教育中设定了英语的独特地位，但外语教育逐渐多元化趋势日益明显。蒙古国是一个内陆国家，只有中俄两个邻国。为此，自 20 世纪 90 年代，蒙古国制定了中俄“等距离”均衡外交政策，外语教育政策中汉语和俄语的地位一直保持稳定。尤其是近期“中蒙俄经济走廊”推出，随着三国经贸往来的深入，蒙古国掀起了一股“汉语热”，而俄语作为传统外语一直保持相对稳定的态势。同时，蒙古国在对外关系中秉持“第三邻国”政策，加强与欧美等西方大国以及日韩等亚太国家的“第三邻国”政治经济关系。因此，除了英语，日语、韩语、德语、法语等多语言教学在蒙古国的外语教育战略中占据一定的比重。

与此同时，蒙古国在鼓励进行外语教育的同时，十分注重科学调节外语教育与母语教育的关系。在基本掌握母语技能的前提下，蒙古国根据欧盟和联合国教科文组织的建议，在基础教育中从小学开始教授外语。

---

① Монгол Улсын Үндсэн Хууль, Эрх Зүйн Мэдээллийн Нэгдсэн Систем, 2015 оны 2 дүгээр сарын 2-ны өдөр, https://legalinfo.mn/mn/detail?lawId=10932［2023-10-24］.

蒙古国文字改革现状、举措及问题

孟根仓　秀　云*

自 20 世纪 80 年代末，随着苏联、东欧国家的剧变，蒙古国提倡恢复使用回鹘式蒙古文的步伐几乎从未停止过。尤其是，巴特图拉嘎于 2017 年 7 月 10 日宣誓就职蒙古国总统以来，以各种形式强烈推行恢复使用蒙古文。[①] 在他的倡议之下，蒙古国大呼拉尔于 2020 年 3 月 18 日正式通过《蒙古文字国家大纲 III》(以下简称“大纲 III”)，决定从 2025 年起全面恢复使用蒙古文。蒙古国有了明确的恢复使用蒙古文的国家规划，确定了目标，规定了详细的时间节点。

一　蒙古国文字改革的历程

回鹘式蒙古文是蒙古民族传统文化的象征符号，更是蒙古国建构

---

* 孟根仓，内蒙古大学中华民族共同体研究中心副研究员，大连外国语大学东北亚语言研究中心兼职研究员，主要研究方向为区域与国别研究(蒙古国)、北方民族社会文化；秀云，大连外国语大学中国东北亚语言研究中心研究员，副教授，主要研究方向为蒙古国国别研究，少数民族文献研究。

① 本文所述的“蒙古文”指回鹘式蒙古文，又称传统蒙古文或胡都木蒙古文。目前，蒙古国普遍称为“蒙古文”(монгол бичиг)或“传统蒙古文”，较少称“老蒙古文”(因为“老蒙古文”具有落后之隐喻，含有苏联意识形态色彩)。

民族国家的必要组成部分。蒙古国自20世纪80年代末开始提倡恢复使用回鹘式蒙古文，虽然实际效果并不如意，但是不可否认已取得了部分成就，在规定的时间节点内落实了恢复蒙古文使用的相关政策。过去30年间，蒙古国所推行实施的恢复使用蒙古文之策大体可以分为以下四个阶段：

第一阶段为1989年至1995年。随着苏联、东欧国家的剧变，蒙古国掀起"去苏联化"民族主义思潮，试图废除作为苏联象征的西里尔蒙古文，恢复使用拥有几百年历史的传统蒙古民族文字。自1989年以来，蒙古国开始着手恢复使用回鹘式蒙古文字，并在中学教授回鹘式蒙古文字。[①] 随着20世纪90年代初蒙古国以相对和平方式进行"民主改革"，苏联模式的社会主义政治体制被西方多党议会民主制所取代，原蒙古人民共和国更改为蒙古国。在重新建构民族国家的思潮之下，蒙古国民间于1990年成立了恢复使用蒙古文字协会，并针对小学一年级的学生教授回鹘式蒙古文。[②] 此外，1991年国家小呼拉尔决定自1994年开始恢复使用回鹘式蒙古文，1992年大呼拉尔决定逐步恢复使用回鹘式蒙古文，但因资金、技术、师资等原因，上述决定未能得到实际落实。[③]

第二阶段为1995年至2010年。1995年，蒙古国大呼拉尔通过了《蒙古文字国家大纲 I》，并启动了恢复使用回鹘式蒙古文10年计划。2007年，根据蒙古国政府提出的第196条例意见，大呼拉尔批准了《蒙古文字国家大纲 II》，并实施了恢复使用回鹘式蒙古文2008年至2015年的计划，规定中学开始学习蒙古文，公共、教育文件以双文（指西里尔蒙古文和回鹘式蒙古文）书写，向公众提供以蒙古文转写的

① 图门其其格：《蒙古国的语言文字及文字改革》，《语言与翻译》1995年第2期。
② 图门其其格：《蒙古国的语言文字及文字改革》，《语言与翻译》1995年第2期。
③ 王浩、郭艺华：《蒙古国提倡恢复回鹘蒙古文的意味》，《世界知识》2020年第2期。

历史文化作品。[①] 因种种原因《蒙古文字国家大纲 I、II》并未能贯彻实施，实际效果并不理想，但不可否认一定程度上取得了成就。

第三阶段为 2010 年至 2020 年。2010 年蒙古国正式颁发《蒙古国国家安全构想》，并规定“保护和发展民族历史、语言、文化遗产和风俗习惯是蒙古民族生存的根基和至关重要的免疫力”；故而，应继续加强“保护并发展蒙古语言文字，扩大传统蒙古文字的学习和使用范围”[②]。这意味着蒙古国将语言文化纳入蒙古民族文化传承以及国家安全构想之中。此外，2015 年蒙古国大呼拉尔通过《蒙古语言法》，根据其第 4. 1. 3 条，回鹘式蒙古文或传统蒙古文以法律形式被赋予“国家文字”（үндэсний бичиг）的正统地位，并且规定蒙古国将在专业术语中使用该法定义的“国家文字”一词。[③]

第四阶段为 2020 年至今。在巴特图拉嘎总统的大力倡议之下，蒙古国于 2020 年 3 月 18 日正式通过“大纲 III”，决定从 2025 年起全面恢复使用回鹘式蒙古文，并且明确规定了实施方针、任务和举措。“大纲 III”具体实施方案包括：1. 国家通信技术部门着手解决互联网环境中无障碍使用蒙古文国际编码标准问题；2. 国家标准计量部门通过实施国家公务时使用西里尔蒙古文与蒙古文的标准；3. 科学院、语言文学院等机构加快建设针对公民及实体法人代表的蒙古文与西里尔蒙古文数据库；4. 新闻出版部门至 2024 年必须同时以双文形式出版发行相关信息内容；5. 所有国家机关创造双文网络环境，并且所有国家公务人员将参加蒙古文培训，为最终完全恢复使用蒙古文做准备。[④] 这意

① “Монгол бичгийн үндэсний хөтөлбөр III”, 2020 оны 5 дугаар сарын 6 ны өдөр, https：//www. montsame. mn/mn/read/224500［2023-12-3］.

② Үндэсний Аюулгүй Байдлын Тухай, Эрх Зүйн Мэдээллийн Нэгдсэн Систем, 2010 оны 12 дугаар сарын 27-ны өдөр, https：//legalinfo. mn/mn/detail/18［2023-12-3］.

③ 见 Монгол Хэлний Тухай, Эрх Зүйн Мэдээллийн Нэгдсэн Систем, 2015 оны 2 дугаар сарын 12-ны өдөр, https：//legalinfo. mn/mn/detail/10932［2023-12-5］。

④ “Монгол бичгийн үндэсний хөтөлбөр III”, 2020 оны 5 дугаар сарын 6 ны өдөр, https：//www. montsame. mn/mn/read/224500［2023-12-5］.

味着被赋予蒙古国国家文字地位的回鹘式蒙古文从象征文字开始转向应用文字。不过，到目前为止蒙古国“一语三文”[①] 的使用现状并未彻底改变，西里尔蒙古文和拉丁蒙古文依然承载着不同的功能，具有无可替代的位置。

综上所述，自 20 世纪 80 年代末，蒙古国推行实施恢复使用蒙古文的步伐几乎从未停止过，并且以各种法律形式推行全面恢复使用蒙古文的进程。其中，最重要的恢复使用蒙古文的文件为 2010 年颁发的《蒙古国国家安全构想》、2015 年批准的《蒙古语言法》和 2020 年 3 月 18 日通过的“大纲 III”。

另外，蒙古国恢复使用蒙古文的缘由可归结为：1. 随着苏联解体、东欧国家的剧变，蒙古国掀起了“去苏联化”民族主义思潮；2. “民主改革”后重新建构民族国家的需求；3. 蒙古民族文化传承以及国家安全构想的需求；4. 扩大蒙古民族以及国家文化的国际影响力。

二　蒙古国文字改革现状

（一）蒙古文国际编码持续更新

“大纲 III”明确提出到 2022 年将蒙古文的编码和标准达到国际编码标准并获得批准。[②] 自 1996 年，蒙古国开始着手处理统一蒙古文的国际编码标准相关工作，并根据 1999 年与中国组成的联合工作组所完

① “一语三文”指蒙古国目前主要以回鹘式蒙古文、西里尔蒙古文和拉丁蒙古文记录、书写蒙古语，即“一种语言，三种文字”。其中，回鹘式蒙古文是以回鹘文书写蒙古语，普遍使用的元音有 5 个，辅音有 24 个，共 29 个字母，拼写时以词为单位上下连书，行款从左向右。而西里尔蒙古文是以西里尔字母作为蒙古语标记的文字，元音有 7 个，辅音有 28 个，共 35 个字母。拉丁蒙古文是以拉丁字母书写蒙古语的非官方文字，普遍使用的字母有 22—24 个，因输入便捷被广泛应用于蒙古国社交媒体和通信网络领域，但常有书写不规范问题。

② “Монгол бичгийн үндэсний хөтөлбөр III”, 2020 оны 5 дугаар сарын 6 ны өдөр, https：//www. montsame. mn/mn/read/224500［2023-12-12］.

成的多项研究报告，在 2000 年基于 Unicode 3.0 和 ISO/IEC 10646-1 的蒙古文国际编码标准首次获得批准。[①] 这为电子网络环境中使用蒙古文开创了崭新的一页。

随后，2018 年，通信和信息技术部、蒙古国科学院语言研究所、国家语言政策委员会以及标准计量局开始共同研发改进蒙古文国际编码标准。[②] 此外，Болорсофт 电子有限责任公司已经研发出在 Windows 操作系统中输入蒙古文手写体和五种字体的方式。[③]

目前，蒙古文国际编码标准还在不断地协商、更新阶段。2019 年 4 月 5 日，蒙古国总统巴特图拉嘎亲自邀请并接见国际编码标准协会负责人，就蒙古文语音编码模型达成了共识。[④]

（二）媒体报刊业领域中的蒙古文使用增多

目前，蒙古国媒体报刊业以双文出版发行的比例只占该行业的 0.3%，而根据“大纲 III”的目标，到 2022 年应将其比例增加至 20%，到 2024 年增加至 30%。其中，蒙古国蒙通社旗下的《直立的文字》(Хүмүүн бичиг，字面意思为“人的文字”，隐含意为竖着写的蒙古文，寓意蒙古民族不败之精神) 报纸是最重要的官方出版发行的蒙古文周报。自 1992 年 5 月 10 日出版第一期以来，持续关注蒙古民族语言文字以及文化相关内容，并且与蒙通社代理商合作，连续 23 年成功举办了“蒙古国书法家大赛”。[⑤]

---

① Монгол бичгийн юникод, 2019 оны 2 дугаар сарын 20 ны өдөр, https://wiki.mngl.net/index.php/Монгол_бичгийн_юникод [2023-12-12].

② Монгол бичгийн юникод стандартыг сайжруулж энгийн хялбар болгоно, 2018 оны 5 дугаар сарын 17 ны өдөр, https://www.trends.mn/n/8046 [2023-12-12].

③ Цахим орчинд монгол бичгээр бичих боломжтой боллоо, 2019 оны 2 дугаар сарын 13 ны өдөр, https://ikon.mn/n/1i0i [2023-12-12].

④ Meeting with the delegation of the Unicode Consortium, April 05, 2019, https://president.mn/en/2019/04/05/meeting-with-delegation-of-the-unicode-consortium/ [2023-12-15].

⑤ 详见蒙通社旗下的《直立的文字》官方网址，http://khumuunbichig.montsame.mn/。

此外，目前在蒙古国出版发行的、以蒙古文书写的各类报纸杂志还有：不定期报纸《民主》(Ардчилал)、月刊《传统》(Уламжлал)以及由蒙古国语言协会和蒙古国科学院共同出版发行的季刊《母语》(Эх хэл бичиг)杂志等。

近期，蒙古国政府开始鼓励在线电子版新闻报刊，并取得一定的效果，如《新闻》(*News*)①、《时代的颜色》(Цагийн өнгө)②等在线电子版报纸和杂志相继问世。最后，蒙古国官方倡导在国家机构的官网、媒体中使用蒙古文，如蒙古国总统官方网以西里尔蒙古文、英文和传统蒙古文共同发布官方信息，国家电视台于 2020 年 9 月 24 日开始添加蒙古文电视字幕，蒙古国家统计局与国家语言政策委员会于 2020 年 9 月 23 日共同发布了以蒙古文书写的“2020 年度蒙古国人口与住房情况统计简报”等。

（三）教育科研领域中的蒙古文得到重视

教育科研是蒙古国恢复、推行蒙古文的重点领域。目前，蒙古国教育与科技部规定，学校六年级开始讲授蒙古文，每周安排 2 个小时的课程，一个学年 33 周内一共讲授 66 个小时的蒙古文课程。

此外，根据教育评估中心发布的《2020 年统一入学考试蒙古语课程蓝图》，此考试中蒙古文占总分的 25.0%，是该科目考试中所占比例最高的一项。显然，蒙古国通过教育手段恢复、推广蒙古文的力度正在加大，并且在蒙古文科目考试中的所占比例最高。③

另外，蒙古国科学院语言研究所研究开发了在电子网络环境中使用的在线《蒙古语大辞典》④，并向公众免费开放使用。此外，在线字

① 详见《新闻》官方网址，https://news.mn/sedev/Монгол-бичиг/。

② 详见《时代的颜色》官方网址，http://sonin.mongol-bichig.com/。

③ Монгол хэл бичгийн шалгалт，2019 оны 12 дугаар сарын 1 ны өдөр，http://www.eec.mn/article453 [2023-12-15].

④ 详见在线《蒙古语大辞典》官方网址，https://mongoltoli.mn/dictionary/。

典《水晶字典》（Болор толь）[①]附带蒙古文功能。这些新增加的电子教科书、词典现在已广泛使用于日常学习生活当中。这充分表明蒙古文电子教科书、辞典和字典等学习工具的使用频率正在增加。

（四）社会公共领域内的蒙古文

2011 年开始，蒙古国每年的“国家自豪日”都会举办“长生天的文字”蒙古文书法大赛。巴特图拉嘎当选总统以来每年都参加该书法大赛，呼吁蒙古国各界致力于恢复使用传统蒙古文。

另外，蒙古国将每年 5 月份的第一个周日定为“国家文字节日”。在此节日期间，蒙古国立大学、蒙古国教育大学、语言与文明研究所等高校组织开展蒙古文文化竞赛和文化遗产传播、宣传、展览等活动。此外，蒙古国佛教中心甘丹寺每年举办一次以“我们蒙古民族文字”为主题的全国蒙古文竞赛，并鼓励蒙古国民众学习、珍惜蒙古文。此举对于促进、传播蒙古文的使用具有积极意义。

（五）面向国际的蒙古文

蒙古国政府十分重视与国外蒙古学研究中心积极开展各项合作，试图提高蒙古国文化的国际影响力。其中，蒙古国极力支持美国的“蒙古学会”、“蒙古文化中心”、“美国蒙古研究中心”和“蒙古国—美国文化协会”等非政府组织，积极推广蒙古文、蒙古学以及蒙古文化。

自 2006 年以来，位于美国弗吉尼亚州的“蒙古文化中心”已连续 14 年举办一年一度的蒙古文夏令营，在美国民众以及旅居美国的蒙古裔学生中推广蒙古文。这些非政府组织是今后蒙古国面向国际推广蒙古文的重要具体实施通道。

---

① 详见在线字典《水晶字典》官方网址，http://www.bolor-toli.com/。

综上所述，蒙古国目前依据“大纲 III”的实施方针、任务和举措，正有序地进行恢复使用传统蒙古文，其中，国际编码、媒体报刊、教育科研、社会公共以及国际合作等领域已经取得相当可观的成就。

三 蒙古国文字改革举措及影响

根据“大纲 III”，蒙古国明确规划制定 2020 年至 2024 年间实施完成的 4 个目标以及 56 项具体举措；其中，国家教育、行政管理部门将承担统筹执行计划目标，而文化、艺术、科学、媒体以及各级政府部门全力配合完成具体实施目标。[①] 具体实施目标与举措如下：

通讯和信息技术部将保障国际编码标准，实现蒙古语在电子环境中的无障碍通信；而标准计量局则保障国家公文的双文记录标准。国家统计局、语言研究所、国家注册处承担建立蒙古国公民的姓氏和实体法人的数据库，将其录入到电子注册系统，并定期更新。各级政府将创建蒙古文电子书写环境，并培训、提高国家公务员的蒙古文掌握能力；与此同时，各级政府领导负有全国范围内传播国家文学和民族文化的责任，开展各项活动，激发民众学习蒙古文的热情。各级教育部门和相关机构被要求增加蒙古文的学习时间，改进教学方法，推广电子教科书、字典及电子学习设备。公务员理事会在公务员申请表和国家公务员考试中增加蒙古文能力测试项目，并在实际工作中要求加强学习蒙古文。

此外，计划到 2024 年，出版、媒体部门将完成以双文形式出版、刊发文章和信息的具体目标。民间和社会团体将开展蒙古文培训，推广电子蒙古文作品，发展基于蒙古文的创新文化产品，而文化、科技部门和国外蒙古学研究中心将致力于保护、研究蒙古文字遗产，发展

---

① “Монгол бичгийн үндэсний хөтөлбөр III”, 2020 оны 5 дугаар сарын 6 ны өдөр, https://www.montsame.mn/mn/read/224500［2023-12-18］.

创新文化产业，并举办特色文化展览和学术会议。

蒙古国通过颁布各种法律，推行全面恢复使用传统蒙古文。但这并非意味着传统蒙古文开始全面取代西里尔蒙古文。换言之，传统蒙古文虽被赋予了蒙古国国家文字的象征意义，但西里尔蒙古文的通用文字地位并未改变。最后，根据 2019 年蒙古国政府颁布的《蒙古国 2050 年长远发展计划》，“每个（蒙古国）公民应熟练掌握、使用作为国家价值观组成部分的蒙古语”，并且在蒙古国国家层面“鼓励并支持国内外传播蒙古文的组织、教师和学生”，“增加针对外国公民教授蒙古文的学校和部门的数量”。[①] 这意味着恢复使用蒙古文不仅会加深蒙古国国内民众的文化认同，而且通过传播传统蒙古文，可以扩大蒙古民族以及国家文化的国际影响力。

虽然上述举措对恢复使用传统蒙古文具有积极的作用，但是不可否认蒙古国民众日常生活中依然习惯使用西里尔蒙古文或拉丁蒙古文。为此，蒙古国总统巴特图拉嘎发布增加蒙古文使用率的命令。根据该命令第三条内容：

> 如果我们在日常生活中不使用蒙古文的话，我们的蒙古语会衰落。因此，我们应该在各级组织、企业、建筑物、街道、广场、产品标签和广告中积极使用蒙古文。并且，我要求各级部门必须提倡蒙古文的日常使用，同时全面督促依法实施该举措。[②]

此外，值得一提的是，蒙古国家语言政策委员会和国家统计局已于 2020 年 10 月份联合启动针对 16 万国家公职人员的传统蒙古文能力

① “Алсын хараа-2050” Монгол Улсын урт хугацааны хөгжлийн бодлого, 2020 оны 5 дугаар сарын 13 ны өдөр, https://www.legalinfo.mn/annex/details/11057? lawid = 15406［2023-12-18］.

② Монгол Улсын Ерөнхийлөгчийн “Эх хэлний өдөр зарлах тухай” зарлиг, 2017 оны 8 дугаар сарын 30-ны өдөр, https://president.mn/1883/［2023-12-18］.

及水平检验考核工作。

蒙古国目前主要根据“大纲 III”、《蒙古国 2050 年长远发展计划》以及各项政府法令极力推广恢复使用传统蒙古文，进一步强化在电子环境、媒体报刊、教育科研、社会公共以及国际合作领域中全面恢复使用传统蒙古文，故而具有一定的影响。

首先，蒙古国全面恢复使用蒙古文的政策旨在增加民族自豪感和凝聚力，并最终确保文化安全。蒙古国在 2015 年通过的《蒙古语言法》明确规定，蒙古语言和文字是蒙古民族宝贵的精神文化遗产，是民族自豪感和凝聚力的根基，更是蒙古国国家安全和独立的保证。①

与此同时，蒙古国学界充分挖掘、肯定蒙古文的文化价值，将恢复使用传统蒙古文视为“回归自我”的象征。关于蒙古文字的起源，学界普遍认为，蒙古语直接借用了回鹘文字体，而回鹘文字直接继承了粟特文字。② 对上述观点，蒙古国语言学家策·沙格达尔苏伦（Ц. Шагдарсүрэн）质疑并论证 13 世纪的蒙古人并未直接借用回鹘文字，而是 6 世纪至 7 世纪时期的蒙古人和回鹘人同时借用了粟特文字。③ 这一学说确定了回鹘式蒙古文的独创性和民族性。因此，与其说蒙古国恢复使用传统蒙古文旨在“去斯拉夫化”，不如说是“回归自我”，恢复使用本民族的传统文字，确保国家文化安全。

其次，全面恢复使用蒙古文政策的另一目的是进一步增强世界蒙古语族群的文字文化遗产认同。蒙古国一年一度的“国家自豪日”都会举办“长生天的文字”蒙古文书法大赛，并邀请中国内蒙古自治区、俄罗斯布里亚特共和国和卡尔梅克共和国等地区的蒙古裔书法家参赛。

---

① Монгол Хэлний Тухай, Эрх Зүйн Мэдээллийн Нэгдсэн Систем, 2015 оны 2 дугаар сарын 12-ны өдөр, https://legalinfo.mn/mn/detail/10932［2023-12-18］.

② 〔匈〕卡拉：《蒙古人的文字与书籍》，范丽君译，内蒙古人民出版社 2004 年版，第 9—13 页。

③ Шагдарсүрэн, Ц. 2001. Монголчуудын үсэг бичигийн товчоон. Улаанбаатар: Урлах Эрдэм хэвлэлийн газар.

虽然散居世界各地的蒙古语族群之间有明显的方言差异，但是回鹘式蒙古文具有极强的包容性，可以覆盖、超越方言的差异。

最后，蒙古国全面恢复使用传统蒙古文在短时间内可能带来一些现实的负面影响。根据“大纲 III”，到 2024 年为止在媒体报刊业、电子网络环境以及政府部门官方文件中全面使用双文，而具体实施举措将给蒙古国财政带来巨大的压力。另外，国家公务员以及学龄学生培训蒙古文急需大量的师资力量和财政补贴，这对近年经济发展不佳的蒙古国而言无疑增加财政负担。最后，蒙古国全面恢复使用传统蒙古文可能带来老一代和年轻一代之间的文字文化断裂。自 20 世纪 40 年代开始学习使用西里尔蒙古文的老一代蒙古国民众比年轻一代人更难掌握回鹘式蒙古文。因此，全面恢复使用传统蒙古文是一项长期而艰巨的任务。

四　蒙古国文字改革中存在的客观问题

到目前为止，蒙古国“一语三文”的使用现状并未改变，蒙古国民众日常生活中使用的西里尔蒙古文和拉丁蒙古文仍然承载着不同的功能，具有无可替代的位置。蒙古国目前仍然处于恢复使用传统蒙古文的初级阶段，并存在客观的现实问题。

首先，虽然蒙古文已经远超出记录语言的符号——文字本身的范畴，并被赋予“国家文字”的正统地位，但是目前蒙古国恢复使用蒙古文过程中仍然面临着客观问题。第一，蒙古文具有书面语与口语相脱离、同形异读现象，并且正字法中还有不太科学的习惯学法，故而学习蒙古文的难度相比学习西里尔蒙古文要大得多。第二，蒙古文是独特的竖写文字，从上到下、从左到右移行，并且不容易缩写，从而不易于在现代科技出版物上横排印刷。第三，蒙古文国际编码标准还存在问题，在网络使用中具有众多不便之处。

其次，目前西里尔蒙古文仍然是蒙古国官方文书、书籍报刊的正式文字，书面语与口语一致，相对比传统蒙古文使用更便捷，西里尔蒙古文“使蒙古国一跃成为世界上国民识字率最高的国家之一，由建国之初的不足 1% 上升至 90% 以上”①。而且，西里尔蒙古文易于缩写，广泛应用于现代化的名词术语。西里尔蒙古文还是横写文字，易于排版印刷。但是，对蒙古国民族主义者而言，西里尔蒙古文意味着“斯拉夫文字”，是苏联时期强加于蒙古国的文字书写系统，与蒙古民族传统文化相脱节。

最后，拉丁蒙古文是全球化和网络时代的非官方文字，因输入便捷被广泛应用于蒙古国社交媒体和通信网络领域。因此，有些蒙古国民众宣称蒙古国与国际接轨必须选择拉丁蒙古文。拉丁蒙古文是以拉丁字母书写蒙古语，普遍使用的字母有 22—24 个，但因其非官方文字，常有书写不规范问题。

综上所述，蒙古国“一语三文”的使用现状并未彻底改变，并且相关争论一直持续至今。在蒙古国民众日常生活中西里尔蒙古文和拉丁蒙古文各自的优势依然显著，而恢复使用传统蒙古文的过程中仍然存在众多客观现实问题。因此，蒙古国文字改革进程始终面临着四种选择：一、恢复使用回鹘式蒙古文；二、继续使用西里尔蒙古文；三、选择拉丁蒙古文；四、保持“一语三文”的使用现状。

五　总结及展望

本文主要分析了蒙古国文字改革的历程、现状、举措、影响以及问题，指出蒙古文已经成为蒙古国建构民族国家的必要组成部分，并被赋予“国家文字”的正统地位，但这并非意味着传统蒙古文已经或

① 王浩、郭艺华：《蒙古国提倡恢复回鹘蒙古文的意味》，《世界知识》2020 年第 2 期。

即将完全替代西里尔蒙古文。蒙古国目前仍然处于恢复使用“国家文字”的初级阶段。到目前为止，蒙古国“一语三文”的使用现状并未彻底改变，西里尔蒙古文和拉丁蒙古文仍然具有无可替代的位置。

关于蒙古国全面恢复使用传统蒙古文的未来发展趋势，图门其其格通过分析 20 世纪 90 年代的蒙古国语言文字及文字改革，认为因“印刷设备短缺、师资力量不足以及持反对意见人士的阻力”等原因，推测“在近期内恢复使用传统文字的前景不容乐观”[①]。事实已经证明此预测是正确的。但是，21 世纪的蒙古国已不再是 20 世纪 90 年代的蒙古国。笔者认为，如果蒙古国依然持续推行强劲的恢复使用回鹘式蒙古文的政策，未来全面使用双文的目标很可能实现，但全面恢复使用传统蒙古文仍然是一项长期而艰巨的任务。

① 图门其其格：《蒙古国的语言文字及文字改革》，《语言与翻译》1995 年第 2 期。

文字改革对蒙古国社会文化的影响

图门其其格*

有关文字改革的问题一直是学界关注的热点，蒙古国的文字改革及恢复使用传统蒙古文的相关问题近年也备受关注。本文所指的文字改革是指20世纪40年代蒙古启用西里尔蒙古文，对传统蒙古文字进行的改革。蒙古国在进行文字改革后的近80年间，政治、经济、社会、文化等均产生了翻天覆地的变化。在这样的变化当中，文字改革起到了什么样的作用？蒙古的文字与社会变迁有着什么样的联系，这是本文所要探讨的内容。

一　蒙古的文字改革

蒙古族在历史上曾经使用过多种文字，如回鹘体蒙古文、八思巴文（方形字）、阿里嘎里文字、索云宝文字、托忒蒙古文等，但到20世纪40年代为止，蒙古族使用的文字还是回鹘体蒙古文字，也就是我们

* 图门其其格，内蒙古大学蒙古国研究中心教授，大连外国语大学东北亚语言研究中心兼职研究员，主要研究方向为蒙古国国别研究、中蒙关系。

现在所称的传统蒙古文及西部蒙古族使用的托忒蒙古文。

1924 年蒙古人民共和国建立之初，即开始着手进行文字改革，当时提出文字改革的目的是改造所有封建、落后的东西，提高科学文化教育水平。[①] 受到苏联文字改革拉丁化的影响，1930 年 11 月，当时的政府决定推行蒙古文拉丁化方案，30 年代中期开始逐步培训拉丁蒙古文师资，并尝试在出版物中使用拉丁化蒙古文。但随着 1936 年苏联放弃拉丁化改革，蒙古国也随即叫停了文字拉丁化改革方案，蒙古文拉丁化最终未能成功。20 世纪 30 年代后期，苏联布里亚特、卡尔梅克等自治共和国改革了传统蒙古文，使用西里尔文字替代传统蒙古文字，受此影响，40 年代开始，蒙古也尝试以西里尔字母替代传统蒙古文，成立了文字改革委员会，汇集了一批著名语言学家，研究制定西里尔蒙古文的正字法，经过几年的研究与教学实践，于 1946 年开始全面推行以西里尔字母为基础创制的新文字，即西里尔蒙古文。西里尔蒙古文的使用给蒙古社会各个领域带来了深远的影响。西里尔蒙古文的推广使用加速了蒙古社会文化的改造进程，使一个亚洲佛教文化圈内的国家逐步融入斯拉夫文化圈，也从一个封闭落后的国家发展成为工业与畜牧业齐头并进的发展中国家。西里尔蒙古文的推广使用从某种程度上说是蒙古文字改革历程中较为成功的一次，它使蒙古一跃成为世界上国民识字率最高的国家之一，由人民革命之前识字率不足 1%（不包括喇嘛阶层）[②]上升至 1990 年的 90% 以上。

20 世纪 90 年代初，冷战结束，世界格局发生重大变化。受当时国际、国内形势的影响，蒙古国政治上实行多党制，经济上实行自由市场经济模式，在思想领域掀起了恢复民族传统文化的思潮，步入转轨时期。在此背景下，恢复使用传统回鹘体蒙文的呼声高涨。1990 年，蒙古国部长会议（政府）作出《关于组织全民学习传统文字的活动》的决

① 巴特赛罕等：《蒙古史 1911—2017》，乌兰巴托，2018 年，第 345 页。

② 巴特赛罕等：《蒙古史 1911—2017》，乌兰巴托，2018 年，第 345 页。

议。从1991年开始，蒙古国的中学单独设课，向学生教授传统蒙古文。1992年，蒙古国国家大呼拉尔(议会)作出政府部门逐步恢复使用回鹘体蒙文的决定。但由于资金、技术、师资力量的限制等诸多原因，此项工作进展缓慢。但蒙古国并没有放弃恢复传统蒙古文的努力，于1995年、2008年、2020年分别出台了三个《蒙古文字国家大纲》(Монгол бичгийн үндэсний хөтөлбөр)，2020年3月18日颁布的《蒙古文字国家大纲 III》，规定了蒙古国从2025年起同时使用西里尔蒙古文和传统蒙古文处理公务，为接下来全面使用传统蒙古文做准备。但蒙古国恢复使用传统文字的计划出现了“上热下冷”的局面，从1991年到现今的三十年间，蒙古国虽然不断出台政策，试图推进传统蒙古文的使用进程，但从文字使用现状来看，民间学习、使用传统蒙古文的积极性并不是很高，2025年起同时使用两种文字处理公务着实有困难。那么，为什么当时的文字改革那么容易被大众所接受？西里尔蒙古文在蒙古能够站得住脚，历经近80年的使用，得到了蒙古社会的广泛认可，而传统文字的恢复历经30年并没有很大的成效，原因是什么？这是一个需要研究的课题。

二　蒙古文字改革成功的原因

通常认为，语言规划立足于解决国家与社会中的语言问题，语言规划包括语言地位规划和语言本体规划。语言地位规划主要包括制定语言政策、确定国语或官方语言、协调语言关系等；而语言本体规划则包括标准语推广、文字改革、术语规范等。[①] 蒙古当时的文字改革属于语言本体规划，一般来说，语言规划的真正目的与政治、经济和社会文化有关，纯语言目的的规划较为罕见。蒙古当时的文字改革也是

① 祝畹瑾：《社会语言学概论》，湖南教育出版社1992年版，第233页。

受其国内外各方面因素综合影响的。

从大的外部环境看，有以下几方面的因素：

首先，苏联的文字改革对蒙古产生了直接影响。蒙古当时是继苏联之后的第二个社会主义国家，无论是在政治领域还是经济模式方面都以苏联为模板，在文字改革方面也不例外。先是追随苏联采用了拉丁化方案，但随着苏联放弃拉丁化，蒙古也放弃了拉丁化，最终转而采用斯拉夫化方案。这场文字改革与其说是文化领域的一次改革，不如说是一场政治运动，也可以说是运用行政命令进行的一场“文化革命”。虽然当时有些有识之士从保留传统文化的角度提出异议，但都抵不过政治、经济等因素的影响。

其次，蒙古的文字改革有可资借鉴的经验。20世纪30年代，苏联的加盟共和国——中亚五国及同样使用传统蒙古文的布里亚特、卡尔梅克等自治共和国后来都采用斯拉夫化方案成功进行了文字改革。所以，苏联各共和国的现成的经验及苏联在设备、资金方面的支持也是蒙古文字改革成功的保障条件。

从蒙古国内的情况分析，改革文字有其自身的优势：

1. 当时蒙古文盲率很高，普及新文字阻碍较小。蒙古在人民革命胜利之初平民阶层的识字率不到1%，只有王公贵族、喇嘛阶层等少数人有识字的机会，人民大众普遍是文盲。虽然在蒙古人民革命后，文化教育发展较快，但文化水平普遍低、文盲率较高仍是蒙古当时的现实。在这种情况下，进行文字改革有先天的优势，是比较容易成功的，简单易学的文字很快能够被大众接受，对于扫盲运动起到了至关重要的作用，到1969年时识字率占到了82.4%。[①]

2. 西里尔蒙古文较传统蒙古文更简单易学。传统蒙古文是借助回鹘文字在800多年前创制的，发展到现代，书写与口语有脱节，学习

① 巴特赛罕等：《蒙古史1911—2017》，乌兰巴托，2018年，第345页。

起来有一定的难度。但西里尔蒙古文是在现代喀尔喀方言的基础上创制的，书写与口语一致，学习起来相对容易，这激发了人民大众学习文字的热情。另一方面，西里尔蒙古文与世界上大多数文字一样是横着书写的，相较于竖着书写的传统蒙古文，更便于印刷自然科学方面的书籍，顺应了时代发展的需求，使蒙古的科学文化水平大幅提高。

3. 新文字的使用使得学习俄文更加容易，借词更便利。西里尔蒙古文是在 35 个俄文字母的基础上增加两个蒙古语发音需要的字母而构成的，即使是蒙古语中不需要用的字母和软、硬音符号也没有舍弃，所以，学习西里尔蒙古文之后再学习俄语就很容易。当时，二战刚刚结束，各国都在加快发展，科学技术突飞猛进，为学习和掌握苏联先进的科学技术、借用新的名词术语更加方便，蒙古改革传统文字的动力很强，新的名词术语不断增多，极大地满足了社会发展的需求，获得了民众的普遍支持。

从上述情况看，当时蒙古文字改革确有天时地利人和的优势条件，很快得到大众的认可并顺利推广也是必然的。

三　文字改革对蒙古社会文化的影响

任何事物的发展变化都有正反两个方面，从蒙古文字改革后的发展情况看，文字改革对蒙古社会文化发展产生了深刻的影响，积极的影响主要体现在以下几个方面：

1. 促进了现代教育的发展。1921 年人民革命胜利之前的蒙古，文化教育十分落后，只有寺院教育和少量的学校、私塾，几乎没有什么现代意义上的教育机构，识字率很低。蒙古人民革命胜利之后，文化教育得到快速发展。特别是 1946 年文字改革之后，蒙古进行了“文化革命”运动，加强乡村学校校舍、师资等方面的建设，文化教育事业迅猛发展，形成了从小学到大学完整的教育体系。随着文化教育体系的日趋完善，受教育的人数和学校的数量与日俱增。1940 年蒙古的各类学校有 338 所，到 1990 年达到了 928 所。学生人数从 1940 年的 25800 人，发展到了 1990 年的 516200 人。[①] 文化教育的普及为其他各行各业的发展奠定了良好的基础。

2. 加速了经济社会发展。随着人民大众文化教育水平的提高，培养了各行各业的知识分子。这对于蒙古粗放型畜牧业经济向工业、集约化牧业经济的转型起到了举足轻重的作用，使得工业从无到有。学习新文字之后再学习俄文较为便利，随着到苏联和东欧国家留学人员的增多及翻译事业的发展，科技、文化交流更加广泛。新文字为直接从俄文中借用国际上通用的名词术语创造了便利条件，加速了对外科技文化交流，加速了经济、社会的发展进步。

3. 对于更新传统文化，创立新时期文化创造了便利的条件。自 16 世纪蒙古族接受了格鲁派佛教以来，佛教的思想、文化对于蒙古族的影响很大，在蒙古族文化中佛教文化占据很重要的地位。废弃传统文字、使用新文字对于较快摆脱旧的“封建传统文化”（如宗教信仰、生产方式、生活习俗）中的不良影响，确立新时期的文化创造了条件，加快了社会的进步，蒙古一跃成为发展中国家中识字率最高、工业大幅发展、文明化程度较高的国家。

4. 丰富了蒙古语词汇。文化人类学家研究表明，文化的变异对于语言的变异有着极大的影响，而语言的变化在词汇中表现最突出。蒙古语的词汇在文字改革之后发生了很大的变化，随着文字的改革，在日常生活中使用较多的梵文、藏文宗教词汇在生活中逐渐失去活力，而产生了一大批科学技术、文化生活用语。这些词汇有些是给古老的词汇注入新的生命力，而有些词汇是直接借用俄语的词汇。此外，西里尔蒙古文使得缩略语的使用变得很方便。可以说，蒙古的文字改革

① 内蒙古社会科学院经济研究所编译：《蒙古国民经济 70 年》，内蒙古人民出版社 1993 年版，第 62—65 页。

促进了文化发展，而文化的发展又加快了语言变化，丰富了蒙古语的词汇。

蒙古的文字改革对其经济社会文化发展虽然产生了积极的影响，但也造成了一定的不良后果，如：

1. 阻断了书面语承载的传统文化的传承性和延续性。传统文化的传承方式一般有两种，一种是从祖辈起口口相传式传承，另一种是通过古籍文献记载而流传至今。通过历史文献，可以找到民族起源及发展的脉络，是传统文化的源泉，一旦失去这些记载着历史和传统的文字，就会越来越接触不到传统文化之精髓，出现传统文化的断层，从而使人产生失落感。前蒙古人民革命党中央委员会总书记贡·敖其尔巴特在党的特别代表大会上指出："拥有数百年历史的蒙古传统文化失去了扎根的土壤，几乎丧失了民族特点。"[①] 这正是蒙古急于进行文字改革而造成的负面影响。

2. 俄语借词过多、过滥。由于文字改革对于借用俄语词汇创造了便利条件，从而造成借用过多过滥的情况。本来蒙古语中有固有词汇，却偏要借用俄语词汇的情况屡见不鲜。例如，"作用"一词蒙古语中有"үйлдэл"，有些学者偏要用俄语的"роль"一词，再比如，"年级"一词，蒙古语中有"анги"，却喜欢用俄语的"курс"等。这样一来，使得蒙古语中固有的名词术语遭到冷落，使俄语基础差的人感到费解和不满，出现了语言使用中的混乱现象。

3. 加速了文化的变异。从文字文化圈的角度来说，新文字的使用使蒙古成为斯拉夫文化圈中的一员。这一变化对新一代蒙古人的心理产生了一定的影响，使他们对于大量的俄语借词没有反感，而且有了依赖性。对于与其历史文化有着千丝万缕联系的东亚文化圈反倒变得陌生。在长期大量翻译俄语文献的过程中，蒙古语的语音和语法也产

---

① 蒙古《真理报》，1990 年 4 月 23 日，第 1 版。

生了一些变化。斯拉夫文字文化圈的影响不仅使蒙古语言受到很大影响，而且对于蒙古人的文学艺术、思维方式、宗教信仰、价值观念、衣食住行、风俗习惯都产生了一定的影响。当然，促使文化变异的因素是多种多样的，文化变异也未必不是好事，但文字的改革确实能够加快文化的变异，使传统文化迅速被丢弃。

正因为存在上述的影响，为现今的恢复使用传统文字埋下了伏笔。

结　语

文字改革是语言规划的一部分，文字改革也一定是与当时的国内外背景条件息息相关的。蒙古国在 20 世纪 40 年代进行的文字改革，顺应了当时的社会发展潮流，对于提高全民的文化教育水平、加快经济社会文化的发展具有重大意义，发挥了积极的影响。在近八十年的使用过程中不断完善，被蒙古民众普遍认可。但事物总有正反两个方面，西里尔蒙古文虽然对蒙古社会文化的发展起到了积极的作用，但对传统文化的传承也造成了一定的阻碍，这也是现在努力恢复传统文字的原因所在。恢复传统文字虽然对于彰显蒙古传统文化是不可或缺的，但与 20 世纪 40 年代文字改革的社会背景、条件相比，情况已发生了翻天覆地的变化，恢复传统蒙古文的工作任重而道远。蒙古文字改革的经验教训对于需要进行文字改革的国家或民族来说都有一定的借鉴意义。

日本公共交通标识的多语规范

王潇潇　姚艳玲*

随着留学、工作、旅游等访日人员的增加，日本公共交通的服务能力面临全方位的考验，既要服务好本国各年龄层的国民，又要兼顾大量访日外国人，因此日本公共交通标识的规范设置显得尤为重要。随着《观光立国推进基本法》(観光立国推進基本法)的实施和日本成功申办2020年东京奥运会，日本政府以此为契机进行了一系列努力改善公共交通标识的举措，旨在为各类访日人员提供简单易懂、安全放心的交通指引。

一　日本公共交通标识概况

在大力发展旅游观光产业和借助东京夏季奥运会的举办提振日本经济的背景下，日本政府从多方面着手吸引外国游客访日，其中公共

* 王潇潇，大连外国语大学软件学院讲师，中国东北亚语言研究中心兼职研究员，主要研究方向为日本语言文化；姚艳玲，大连外国语大学日本语学院教授，中国东北亚语言研究中心研究员，博士生导师，主要研究方向为日语语言学、日语语言政策。

交通标识的改善就是重要的组成部分。日本公共交通的便利程度在发达国家中也是名列前茅的，形形色色的指示牌和林林总总的文字图形标识随处可见，一整套完整而高效的公共交通标识对于日本发展旅游业和对外服务业功不可没。

（一）日本公共交通标识组成机制

日本的公共交通主要由道路交通、轨道交通、海上交通和航空交通构成，其公共交通标识是根据国土交通省和地方自治体规定的准则来设立的。总体来讲，道路、铁路、公交和地铁等公共交通机构相关的标识都具有统一的设计和含义。其中，轨道交通、海上交通和航空交通的一些专业标识通常只有专业的相关人士才能够接触到，因此普通人日常能够接触到的公共交通标识主要包含公交、出租车、电车、地铁、港口、机场等地点或沿线的指示标识，主要存在于公共道路和公共交通设施的内部及其周边区域，因此日本公共交通标识主要指的是道路标识和公共交通设施内部及周边的指示牌。

道路标识主要包括主体标识和辅助标识，主体标识包括向导标识、警戒标识、限制标识、指示标识。向导标识是向道路使用者提供都道府县市町村的界线、通往目的地的方向和距离、著名景点的指引等信息的标识；警戒标识是对道路使用者关于道路状况、开车过程中的危险、值得注意的状态等进行警告提醒的标识；限制标识是表示道路交通上的禁止、限制、管制的标识；指示标识是对必要的地点进行指示，同时提示一些规定的标识；辅助标识起到辅助主体标识的作用，主要用来表示“车辆的种类”“时间”“区间”等内容。道路标识中的向导标识和警戒标识由国土交通省、都道府县、市町村等的道路管理者进行设置。根据1958年第164号《指定一般国道的制定区间的政令》（一般国道の指定区間を指定する政令）所规定的道路编号为2位数的直辖国道的向导标识和警戒标识由国土交通省设置，道路编号为3位数的辅助国道、主要地方道、一般都道府县道的向导标识和警戒标识由各辖区的道路管理者进行设置。限制标识和指示标识主要由各自的都道府县公安委员会进行设置。[①]

公共交通设施内部及周边的指示牌主要通过“指示”“显示名称”“图解”等方法向该公共交通设施使用者提供信息服务，例如：显示该设施的方向、距离；标明该设施的地点、名称、解说；图解该设施的内部构造图；等等。公共交通设施内部的指示牌由该设施的管理者设置，公共交通设施周边的机动车使用区域和步行者使用区域的指示牌由道路管理者设置，一部分供观光客使用的指示牌由该官方机构设置。[②]

（二）日本公共交通标识相关法规

日本国土交通省 2005 年 6 月发布了《充满活力的观光标识指南》（観光活性化標識ガイドライン），明确了无论日本人还是外国人在旅游观光使用公共交通时都应该能够通过道路标识和观光指示牌得到相应的出行信息，需要对相关标识加以完善。[③] 2007 年 1 月开始实施的《观光立国推进基本法》第十二条、第十四条规定，为了将日本建设成为具有国际竞争力的、有魅力的观光地，需要改进指示设施，也有必要对机场、港口、铁路、道路、停车场、客船等公共交通设施进行完善，使日本旅游观光变得容易、顺利、安全、放心，促进外国游客来访的同时，增进国际交流。[④] 在此基础之上，2023 年 5 月日本决定实

① 道路標識の基礎知識 https：//www. mlit. go. jp/road/sign/sign/douro/road-sign. htm［2024-7-10］。

② 観光に関する案内標識の現状と課題 https：//www. mlit. go. jp/sogoseisaku/region/sign/s106. pdf［2024-7-10］。

③ 観光活性化標識ガイドラインhttps：//www. mlit. go. jp/common/000233052. pdf［2024-7-10］。

④ 観光立国推進基本法 https：//www. mlit. go. jp/kankocho/content/000058547. pdf［2024-7-10］。

施《观光立国推进基本计划》（観光立国推進基本計画），该计划以“持续可发展的观光”“扩大消费额”“促进偏远地区吸引游客”为关键，旨在实现通过观光产业带动国家经济发展。关于公共交通标识方面，作出了如下规定：对铁路车站进行编号、对大城市公交线路运行系统用字母和数字进行编号、继续导入和推进能够提供公交车位置信息和延误信息的定位系统。改善和完善道路指示牌的英文标示，与旅游指南、手册等进行协作，将旅游地名称显示在交叉路口指示牌上，并确保与国土地理院制作的英文版地图相一致，以此来实现为包括访日外国游客在内的所有道路使用者提供简单易懂的导航信息。[①]

日本道路法以及道路交通法规定了道路标识的样式、道路设置者的区分、设置场所等内容，其他相关事项由《道路标识、区划线及道路标识相关命令》（道路標識・区画線及び道路標示に関する命令）来决定。[②] 此外，日本国土交通省还制定了《道路标识设置基准》（道路標識設置基準），2019 年 10 月发布了《〈道路标识设置基准〉修正案》（「道路標識設置基準」の改正），该修正案主要对高速公路编号以及 2015 年 3 月以后标识令中的修正内容进行补充，将 2019 年之前为了配合东京奥运会及残奥会的召开而开展的改善标识的行动向全国范围推广，扩大通往车站公交站观光地的地图标识设置范围，方便公共交通的换乘，对收费高速公路主要线路也设置“高速公路休息站”的指示标识。[③]

综上，日本很多法规细则都规定了完善和改进道路标识和公共交通设施内部及周边的指示牌的必要性。

① 観光立国推進基本計画 https：//www. mlit. go. jp/kankocho/content/001597357. pdf［2024-7-10］。

② 道路標識、区画線及び道路標示に関する命令 https：//elaws. egov. go. jp/document？lawid=335M50004002003［2024-7-10］。

③「道路標識設置基準」の改正 https：//www. mlit. go. jp/report/press/content/001312809. pdf［2024-7-10］。

二　日本公共交通标识改善的具体措施

根据《观光立国推进基本计划》、《道路标识、区划线及道路标识相关命令》和《〈道路标识设置基准〉修正案》，针对道路标识和公共交通设施内部及周边的指示牌中存在的问题，日本政府广泛采纳专家学者调查报告中提到的建议，从多语言标记、色彩学、图形符号学、材料学、数字英文缩写的应用等多方面入手，努力推动日本公共交通标识朝着通用无障碍化方向改善。

（一）多语言服务的应用

日本为了实现通过观光产业提振经济，不仅仅要依靠海外宣传来提高外国人赴日旅游的期待值，更要为外国游客提供舒适顺畅的公共交通环境，那么对公共交通标识进行多语种标记就显得尤为重要。

2014 年 3 月日本国土交通省观光厅发布的《面向实现观光立国的多语言对应改善和强化指南》(観光立国実現に向けた多言語対応の改善・強化のためのガイドライン)中，明确地将道路和公共交通列为多语言服务的对象，规定站名、线路图、停车站信息、公共交通设施名称以及站内构造图等原则上需要用日语和英语标记，根据实际使用情况也需要标记中文、韩文等其他语言。[①]

2019 年 4 月观光厅对 80 个全日本外国游客多的线路中交通枢纽站的公共交通标识的多语种标记情况等进行了调查，调查结果表明这 80 个线路的指示牌都进行了日语和英语的标记，在外国游客容易迷路的

① 多言語対応ガイドラインhttps://www.mlit.go.jp/kankocho/content/810003137.pdf［2024-7-10］。

岔路口一律设置了日语、英语、中文、韩文四种语言标记。[①] 由此可见日本在公共交通标识的多语言服务改善方面做到了很好的应用，在应用的过程中也发现了一些原有的英语标记方面的问题，又依据相关法规细则实现了有效的改进。例如地名“万世橋”（万世桥）之前的英文标记仅为罗马字发音的“Manseibashi”，改善后补充了“橋”的英语意思，标记成“Manseibashi Bridge”，使得日语地名的英语翻译让外国游客更容易理解。此外，道路标识改善委员会（道路標識適正化委員会）还参考国土地理院英语版地图，对公共交通标识进行调整，使道路相关设施以及山川等自然地名的英语标记实现统一化。

（二）色彩的应用

色彩是日本公共交通标识传达信息的重要因素，标识的设置会考虑到各种颜色所具备的意思，图文的配色尽可能选择多数人容易分辨的色彩进行搭配，并且还要让公共交通信息能够准确地传达给高龄者等辨色困难的人群，使他们也能够使用色彩的名称进行沟通交流。此外，色彩的过多使用也会造成信息读取困难的情况，应加以避免。

根据指示令，日本国土交通省对道路标识的颜色作出了具体规定，向导标识和指示标识以蓝色为背景色居多。例如道路设置“方向及指向预告”和“方向及指向”类的标识，文字、符号、箭头及边缘线使用白色，背景色为蓝色，当指示文字为高速公路编号或者高速公路通用名的时候，该部分的文字用白色，背景色用绿色，向导标识之所以大量使用蓝色或者绿色为背景色是希望使道路使用者心理放松，能够在平和稳定的情绪中获得相应道路信息。但是，表示高速公路的 ETC 通行车辆专用出口的文字用白色，背景色用紫色，表示出口编号的文

① 公共交通機関における多言語表記の現状 https：//www. mlit. go. jp/common/001221846. pdf［2024-7-10］。

字用紫色，背景色用白色，以此来起到提醒的作用。警戒标识多以黄色为背景色，边缘线、文字及符号用黑色，限制标识中的“车辆禁止进入”“停车观察”以红色为背景色，文字、符号、边缘线用白色，黄色和红色的背景色给人以事态紧急关乎生命的感觉，从而起到警示的作用。

此外，公共交通设施内部及周边的指示牌的色彩运用也得到了改善。轨道交通的各个线路、车厢厢体和指示牌上都有该线路的专属配色，使得乘坐该线路的乘客通过颜色即可快速找到自己要乘坐的路线。指示牌的配色考虑到高龄人群中有很多白内障患者，决定不再采用蓝色和黑色、黄色和白色的色彩组合。此外，增强指示牌的文字符号图形颜色和背景颜色的对比度，调整二者的明暗度、色泽度、饱和度，使之更加容易识别。再考虑到色觉异常的人群，严格按照指示令规定的标准进行配色，例如，不使用深红色而使用朱红色或者接近橙色的红色，在使用红色的时候，与其他颜色相交的临界处一定加入白色线条使内容显示更加突出。在使用带有颜色的标识时，彩色的周围一定留有余白，甚至再添加文字以示区别。例如，部分地方专门用文字对各线路专属配色的色彩名称进行了标注，方便色觉异常人群识别并同其他人群进行沟通交流。

（三）图形符号的应用

为了方便视力低下的老年人、残障人士以及外国游客等及时获得信息，日本公共交通标识中大量使用图形符号，让他们能够不依赖语言文字就可以获得目的地、对象物、概念或者状态等相关信息，提高了人们获得信息的效率。根据 2019 年 7 月 20 日公布的向导指示图形符号（JIS Z8210）的规定，以下交通设施会出现图形符号的应用：飞机、机场；铁路、车站；船舶、轮渡、港口；直升机、直升机机场；公交车、公交车站；出租车、出租车乘降站；租车处；自行车；索道；

缆车；停车场；出发；到达；换乘；行李领取处；海关、行李检查；出境手续、入境手续、检疫、文件审查；车站办公室、车站工作人员；普通车；租自行车、共享单车。[①] 同时，图形符号下方还标注了日语和英语两种语言，更加确保了人们对图形符号的理解。

此外，在道路标识的向导标识中也会增加公共一般设施、商业设施、观光文化体育设施、安全、禁止、提醒、指示、灾害洪水堤防提示等方面的图形符号应用，让人们快速获取相关位置信息。显示相关设施的时候直接采用该图形符号，如果到该设施还有一定距离的话，会在该设施的图形符号旁边再加上粗箭头等导引符号进行提示，并且显示设施位置的图形符号会尽可能设置得醒目一些，让人们从远处就能清楚地看到。

（四）新型显示材料和电子仪器的应用

2019 年《〈道路标识设置基准〉修正案》实施以来，道路标识的制作原则上要采用反射材料或者安装照明装置，这样在夜晚或者由天气等因素导致的自然光线较弱的环境下也能够获取相关道路交通信息。此外，在设置道路标识的时候，为了加强显示效果，一些路段还安装了画面显示装置，其图案、尺寸以及色彩等依旧要遵循指示令的规定，并且严格执行其作为道路标识的用途，绝对不可以显示该道路标识以外的文字及符号等内容。

在机场、公交枢纽站等公共交通设施内部，采用液晶显示仪、LED 显示仪等电子仪器对交通指示牌进行升级改造，使得显示内容更加及时准确、灵活性强。前文中提到的多语言显示、色彩应用、图形符号的应用等可以轻而易举地输入电子显示仪中，进行多画面反复循环播放。有突发信息的通知时显得尤为醒目、及时，传播效果突出。

---

① JIS Z8210 案内用図記号 https：//www. mlit. go. jp/sogoseisaku/barrierfree/content/001727468. pdf［2024-7-10］。

新型显示材料和电子仪器的应用，保障了日本公共交通标识信息的有效传达。

（五）数字英文缩写的应用

日本对可以导航的道路都进行了数字编号，在主要交叉路口的车行进方向的左侧路旁、车道上方、中央分离带或者交通岛上，设置带有国道编号或者都道府县编号的指示牌，用以标示道路的种类和路线编号，方便人们进行查询和确认。

此外，日本还用英文缩写和阿拉伯数字为主要铁路线路、车站名等编号，这样更加方便人们在出行的时候获取相关信息，对地名不熟悉的外国游客可以通过英文缩写以及阿拉伯数字快速准确地查询。与此同时，手机应用也极大满足了人们出行时对路线、换乘等相关信息的需求，一些重要交通枢纽的指示图或者地面导向图标上还印有二维码，通过扫码就能够确认位置和获取导航等相关信息。无论是哪种查询方式，英文缩写以及阿拉伯数字的应用都让人们更加轻松地获取信息。

综上所述，日本公共交通标识规范正在朝着更加人性化、便利化的方向不断改进，改善举措也由主要大都市向全国各地推广，相信日本公共交通标识规范程度的进一步发展能更有力推动以日本旅游业为主的各项事业的发展。

日本多文化共生社会中的语音翻译服务

孙　昊*

受到少子老龄化[①]的影响，日本人口逐年减少，造成各行业缺乏劳动力、养老金缺口增大。为了优化人口年龄结构，日本政府积极促进外国人赴日留学、工作、经商。这些外国人将世界各国的语言和文化带到了日本，形成了当今日本的多文化共生社会。

在建设多文化共生社会的过程中，首先需要解决的是不同语言、文化背景之间人们的沟通问题。随着外国人常住人口增加，日本的各级行政机构需要随时与外国人沟通。起初日本政府聘请了大量口译人员来协助沟通，但囿于优质译员数量、用于聘请译员的经费额度等因素的限制，这一问题仍未能得到有效解决。

日本尝试使用语音识别、机器翻译等技术手段解决多文化共生社会中的沟通问题。由政府牵头，联合软件开发、硬件制造、人工智能等高新技术企业研发智能语音翻译设备，并积极促进其在各级行政机

---

* 孙昊，大连外国语大学日本语学院讲师，中国东北亚语言研究中心兼职研究员，主要研究方向为日语教育、语料库语言学。

① 由于出生率下降导致儿童减少、老年人增加，社会无法维持现有人口平衡的现象。

构的应用，以建设沟通无障碍的多文化共生社会。

一　多文化共生社会的形成

20世纪70年代开始，日本进入少子老龄化社会。此后的50年间，日本的出生人口逐年减少，2022年新生儿的数量已不足80万。据日本厚生劳动省统计，2020年日本有1亿2615万人口，但到2070年这一数字将会减少30%，锐减至8700万人。老龄人口则会不断增加，预计到2040年，65岁以上人口会占比35%以上。日益严峻的少子老龄化给日本带来了劳动人口不足、退休年龄一再延后等重大社会问题。

为了应对少子老龄化给社会带来的影响和冲击，日本政府积极促进外国人赴日本留学、工作。留学方面，日本于2008年制定了“留学生30万人计划”，成功吸引了30多万外国留学生赴日本深造，其中有30%—40%毕业后直接留在日本工作[①]。2023年4月，日本政府在“教育未来创造会议”上提出，要在2033年之前将留学生在日本的就业率进一步提升至60%。工作方面，日本提供了外国人就业的制度保障。2019年推出了“高层次人才分数制度”和“特定技能签证制度”。“高层次人才分数制度”为世界各国的高水平人才提供赴日工作的优待政策。赴日进行高水平学术研究、从事高水平专业技术工作、开展高水平经营活动的外国人，在年收入、日语水平等满足一定要求后可以享受在大型机场走优先通道、居留满1年即可申请永久居住权等优待政策。“特定技能签证制度”旨在吸引掌握了某项特殊技能的外国人才赴日工作，可供选择的有制造业、农业、渔业等行业。

由于上述政策的顺利实施，前往日本的外国人逐年增加。2022年的统计数据显示，在日外国人总数达到307万5213人，比去年同期增

---

① 见日本厚生劳动省主页，https://www.mext.go.jp/a_menu/koutou/ryugaku/1420758.htm。

加 14%，人数和同比增长率均创下历史新高，其中长期居住的外国人数量为 278 万 6233 人。[①]

在日本长期居住的外国人给日本社会带来了多种文化和价值观，日本逐渐从传统的单一文化社会步入多文化共生社会。为了尽快适应这种传统文化与外来文化交融的新社会环境，促进日本人与外国人之间的相互了解，国际交流协会[②]等公益机构在日本各地积极举办外国文化节。

二　多文化共生社会的语言问题及措施

居住在日本的外国人来自全世界 195 个国家和地区，而这些外国人难以在短时间内掌握日语，因此，日本的多文化共生社会建设面临较为严峻的语言沟通问题。日本的各级政府是信息发布的枢纽，需要短时间、高效率、准确地向包括外国人在内的所有居民传达信息，但由于语言障碍，各级政府与外国人之间的沟通存在较大困难。

针对这种现状，日本政府提出了两项解决方案：第一是基于日语的方案，加强在日外国人的日语学习并推广使用“简明日语”[③] 进行沟通；第二是基于翻译的方案，促进多语种语音翻译技术的发展和应用。“简明日语”的内容需要外国人有一定日语基础才能理解，但由于优质日语教育资源集中在国际化大都市、在日外国人的日语学习意识不强[④]等问题，“简明日语”的实际应用遇到了一定困难。从建设多文化共生社会的长远战略来考虑，让在日外国人学习并逐渐掌握日语无疑是必要的，因此日本仍在推广使用“简明日语”。

① 见日本厚生劳动省主页，https：//www. moj. go. jp/isa/publications/press/13_00033. html。

② 日本各地设置的负责当地与外国文化沟通交流的机构。

③ 易于外国人理解，较为简单易懂的日语。

④ 据 2020 年 9 月的调查，在日外国人受访者中不想学习日语的人群占比 34. 7%，见 https：//www. surece. co. jp/research/3690/。

为了掌握在日外国人获取政府发布信息的情况，2022年日本的出入国在留管理厅进行了“在日外国人基础调查”。结果显示获取日本各级政府(国家、省市、乡村)发布的官方信息时，外国人感到最棘手的问题是“使用各种外语进行发布的信息过少”（34.1%），其次是“使用‘简明日语’进行发布的信息过少”（17.4%）。由上述数据可知，“简明日语”的推广已经产生了一定效果，但在日外国人仍然最希望政府使用其母语发布官方信息。

由此，在人工智能高速发展的大背景下，日本政府开始积极投入研发语音识别、机器翻译等技术，以期能够研制出满足多文化社会沟通需求的多语种翻译系统。

2018年，在以“外国人才的接纳与共存”为主题的部长级会议上，日本政府制定了面向在日外国人的多项保障措施。第一是行政、生活信息发布的多语种化。政府投入8亿日元财政预算，与企业共同搭建自动语音翻译平台，以满足在日外国人的各种翻译需求。在日本全国各级行政机构设置“多文化共生问题一站式解决中心”，引入可以将日语译成11种外语的语音翻译系统，专门解决在日外国人办理居住、雇用、医疗、福祉、子女教育等手续时遇到的语言问题。第二是医疗、保健、福祉的环境建设。通过电话口译、设置多语种翻译系统、准备面向外国人患者的书面材料等措施，确保在日外国人能够安心就医。第三是发生自然灾害、交通事故、案件等时的紧急沟通支援。为消防指挥中心和案件现场的出警人员配备多语种语音翻译系统，确保当在日外国人进行急救求助，遭遇案件、事故时能够顺畅沟通。第四是重视外国人儿童、学生的教育问题。为有外籍子女就读的日本学校配备多语种语音翻译系统，确保教师能够和儿童本人及监护人探讨就学事宜、加强外籍子女的日语教育等问题。

2021年，日本政府在以“AI战略2021”为主题的会议上明确提出，将开发“与人共生的AI”系统作为国家重点项目进行建设。主要分为两部分：第一是开发能够逾越语言间鸿沟的 AI 翻译系统。2025 年前，使 AI 翻译系统能够基于对话发生的环境及双方的文化背景，对说话人的真实意图进行合理推测与补全。2030 年前，使 AI 翻译系统能够在政府间沟通等对翻译要求极高的正式场合发挥作用。第二是注重 AI 翻译系统和语音识别系统的结合，开发高翻译精度、低延迟的实用化多语种自动翻译、同声传译系统。2025 年前，开发出单纯使用日语即可实现多语种环境下的对话、网络社交、论文投稿等的通用翻译系统。

三　日本语音翻译技术的发展

语音翻译系统主要包含三个组成部分，分别是语音识别、机器翻译、语音合成。在进行翻译时会优先译出原语的主要内容，并基于对话的具体场景补充所需的背景知识，确保对话的流利度和完整性。

日本语音翻译系统的发展主要经历了四个阶段。[①] 第一阶段是 20 世纪 80 年代，主要进行固定场景下的翻译，系统语法和发音的正确度均有待改良。1983 年，日本电器股份有限公司（NEC）在世界电器展示会上首次展示了其开发的语音翻译系统。1986 年，国际电器通信基础技术研究所（ATR）成立，广泛吸收日本国内外的研究人员共同参与研究，引领了当时日本机器翻译的潮流。第二阶段是 20 世纪 90 年代，主要探索口语的可扩展性，在发言者固定的情况下系统可以准确识别一些不够清晰的发音。这一阶段开发的语音翻译系统多限定于预约宾馆等某种特定场景。1993 年，国际语音翻译研究联盟（C-STAR）成立，包括日本在内的多个国家都开始寻求突破，组建跨国团队进行语音翻译研究。第三阶段是 21 世纪的头十年，主要增加系统可处理的场景至

① 中村哲編著，Srkriani Sakti、Graham Neubig、戸田智基、高道慎之介：『音声言語の自動翻訳—コンピュータによる自動翻訳を目指して』、コロナ社、2018。

翻译旅游中的对话等。同时系统精度也得到有效提高，在发言者不固定、存在环境杂音时也可以准确识别语音并进行翻译。2009 年，日本总务省在北海道、中部、关东、关西、九州五个地区进行了语音翻译系统的实地应用实验，收集了大量基础语音数据用于系统精度的提升。第四阶段是 21 世纪第二个十年，系统性能大幅度提升、适用范围进一步扩大。在说话者使用方言和某些地区固有的表达方式时也能够准确回应，同时尝试系统的商业转化。2010 年，面向智能手机的语音翻译系统 VoiceTra 发布，截至 2023 年 7 月 1 日下载次数已经达到了 950 万次。2012 年开始，多家企业积极投资进行语音翻译系统的研发，开发出包括成田国际机场的 NariTra，NTTdocomo 公司的“しゃべってコンシェル”，au 公司的“おはなしアシスタント”等系统。[①]

四　多语种语音翻译应用指南

2021 年 4 月，日本政府发布了名为“地方机构‘多语种语音翻译服务’应用指南”的文件，旨在实现多语种语言翻译系统的规范化，从而推广至全国各地。该指南基于全国 25 个地方机构的问卷调查写成，通过在服务窗口设置语音翻译设备、电话语音辅助翻译等方式，为在日外国人提供高质量语音翻译服务。[②]

地方机构使用多语种语音翻译服务需要事先进行以下几个方面的调研：(1)调查系统使用对象。系统的主要使用者是市民科、税务科、国民健康保险科等经常接触在日外国人的窗口工作人员，以及多文化共生科、国际科等负责推进多文化共生社会建设的工作人员。(2)系统使用情况调查，探讨导入系统的必要性。首先，需要了解该地居住外国人的比率、需要提供多语种翻译服务的部门、该地居住外国人具体

① 参见 https：//www. kiai. gr. jp/jigyou/R4/PDF/1122p2. pdf。

② 参见 https：//www. soumu. go. jp/main_ content/000745491. pdf。

需要哪方面的翻译服务等。其次，需要调查该地区需要翻译的外语种类、该地区居住外国人的日语水平、导入多语种翻译系统时的资金来源等问题。最后，需要调查各部门在语言沟通问题上实际花费的时间和人力成本，以判断导入系统是否能够降低与外国人沟通的成本。(3)语音翻译服务的实地需求调查。根据现场环境以及需求确定语音翻译系统的载体是智能手机、平板电脑还是专用翻译机。

多语种翻译系统在实际应用中会遇到诸多问题。第一，通过问卷调查发现，存在系统利用率过低的现象。需要加强当地工作人员的培训，积极推广使用多语种翻译系统，让沟通双方认识到系统的优势。第二，需要营造能够随时使用系统的便利环境。将语音翻译设备放在较为显眼的固定位置，时刻保持设备电量充足。第三，就语音翻译系统的性能而言，当源语表述较为简洁时翻译的精度更高。因此，有必要让工作人员了解“简明日语”，在使用系统时注意发音清晰，避免使用方言和俚语。第四，为了便于外国人选择所需语种，准备国旗一览表，同时为外国人经常咨询的问题准备文字资料。第五，向居住在当地的外国人进行多方位宣传，让更多外国人了解日本的多语种语音翻译服务。

五　多语种语音翻译系统应用事例

日本的大阪市、岐阜市、甲府市等城市均已开始使用多语种语音翻译系统。主要用于医疗保险、纳税、育儿、留学生居住手续办理等的沟通。调查显示，多语种语音翻译系统可以显著提升沟通效率，相关机构的工作人员和在日外国人均对语音翻译系统评价较高。

随着在日外国人数量逐年增加，日本的小学、初中、高中的日籍老师与外籍学生、家长之间无法沟通的问题日益凸显，部分有外籍学生的学校开始使用多语种语音翻译系统进行学校与学生、家长之间的沟通。日本滋贺县[1]湖南市日枝中学约有10%的外籍学生，该校将面向外籍学生的国语、社会、理科等课程转为在日语教室[2]进行。教师使用多语种语音翻译系统“ポケットトーク”辅助授课，在讲授日语的同时为外籍学生补习这些难以理解的课程。无论负责外籍学生班级的教师外语水平如何，都能够与学生进行较为顺畅的沟通。当地居民广泛接受了多语种语音翻译服务，由家长和居民构成的“教育后援会”出资购置相关设备。

日本各地的消防本部[3]从2017年开始导入了多语种语音翻译系统，现已覆盖全国94.5%的地区。由于在日本遭遇伤病需要急救的外国人增多，在救助现场多语种语音翻译系统的使用率也以每年20%的速度递增。该系统可以通过语音翻译、文字进行沟通，包括急救现场最常用的15句话，可以最大限度保证急救现场的救护人员与外国人之间的顺畅沟通。

综上，多语种语音翻译系统已经成为日本建设多文化共生社会不可或缺的重要部分。我国当下正面临生育率下降、老年人口增加等问题，日本的相关经验可以为我国社会的未来发展提供参考。

---

① 日本的“県”（县）是比市高一级的行政单位，约相当于中国的省。

② 日本的学校为外籍学生更好学习日语而设置，主要进行日语补习的教室。

③ 日本负责救火和急救的机构。

二十大报告概念隐喻的日语翻译情况

柴红梅　高千叶*

一　引言

党的二十大报告深刻阐释了新时代坚持和发展中国特色社会主义的一系列重大理论和实践问题，并为新时代新征程党和国家事业发展、实现第二个百年奋斗目标指明了前进方向、确立了行动指南，是我国重要的政治文本。作为一个国家政治实践的指导和纲领，随着中国对外交流的不断增多，政治文本翻译的重要性日益凸显，它可以帮助我国在国际上更好地发声，为国家政治和文化形象的塑造做出贡献。正因为如此，政治文本的翻译也是一个严谨、严肃的工作。不恰当的翻译会使外国政府机构和民众无法准确地理解我国政治文本，甚至可能导致误解，从而破坏政治文本的原意，动摇公众的信任，最终影响政

* 柴红梅，大连外国语大学日本语学院教授，中国东北亚语言研究中心研究员、博士生导师，主要研究方向为中日比较文学、政治语言学研究；高千叶，大连外国语大学东北亚研究中心博士研究生，大连海事大学外国语学院讲师，主要研究方向为国际政治语言学。

治文化的发展和政治矛盾的解决。我国发布了二十大报告的英、日、俄、韩等语种的译本，其翻译经过了多名国内外专家的反复打磨。这些译本是我国对外宣传的重要途径，具有高度的政治性和传播性。为了得到国际社会对中国理念和中国思想的理解和认同，二十大报告的翻译不仅要做到忠实原文，还应该以对象国受众认同、接受的话语方式进行翻译。

政治文本中的隐喻是翻译过程中的难点。传统隐喻理论认为，隐喻是一种语言层面的修辞现象，其功能是为了使语言拥有更强的表达效果。20世纪80年代，拉科夫(George Lakoff)和约翰逊(Mark Johnson)提出隐喻是一种思维方式和认知手段，使隐喻研究发生了“认知转向”。[①] 认知形成于一个人的日常经验及知识，不同民族国家的人自然也有不同的认知方式和隐喻表达。因此，隐喻翻译的得当与否直接影响到对文本的理解。以肯尼斯·伯克(Kenneth Burke)为代表人物之一的西方新修辞学关注着修辞在说话者与听者之间产生的双向作用，尤其是受众中心论对修辞如何引导受众认同进行了说明，对政治文本的隐喻翻译起到了指导作用。

鉴于此，本研究以二十大报告中的概念隐喻为研究对象，在新修辞受众中心论视域下，对二十大报告概念隐喻的日语翻译进行分析，解读二十大报告中的概念隐喻通过怎样的翻译策略取得日本受众的认同。

二　文献综述

（一）新修辞学与受众中心论

“新修辞”是在古典修辞学基础上继承和发展起来的当代西方修辞理论，始于20世纪30年代的欧洲大陆及美国，并在60年代得到兴

① Lakoff, G. & Johnson, M., *Metaphors We Live by*, Chicago: Chicago University Press, 1980.

盛。新修辞学理论的主要代表人物有理查兹、凯姆·帕尔曼、肯尼斯·伯克等人。与传统修辞学相比，新修辞学在修辞的认知功能、话语使用过程中受众的地位及修辞话语产生的情景等方面进行了补充完善。帕尔曼认为，所有论辩的出发点都是受众，修辞是通过语言（或文字）对听众（或读者）进行说服的论辩活动。[①] 伯克也提出受众在修辞活动中的意义建构作用，并认为说服听众的关键在于使其“认同”，成为新修辞学的一大亮点。

修辞策略常见于演讲中，方小兵[②]、周颖[③]、严瑜[④]等研究关注修辞在政治演讲中的使用，以国家领导人的演讲、讲话为语料，分析采取怎样的修辞策略可以获得听众的认同；陈小慰将新修辞与翻译相结合，通过引入新修辞的视角，为翻译理论和实践研究提供了新的指导方向[⑤]；在此基础上，何爱香[⑥]，周若婕、孙建冰[⑦]等的研究以政治文本为研究对象，分析了翻译过程中的新修辞策略。可以发现，新修辞及受众中心论结合政治文本翻译的研究正逐渐受到学界的重视，但目前还没有针对二十大报告日译的相关研究。

（二）政治文本的概念隐喻翻译

政治文本可以帮助一国在国际上更好地发声，为国家的政治和文

---

① 陈小慰：《翻译研究的“新修辞”视角》，福建师范大学博士学位论文，2011，第69页。

② 方小兵：《奥巴马竞选演说的新修辞分析：认同策略》，《广西社会科学》2009年第4期。

③ 周颖：《从伯克新修辞理论看奥巴马“上帝使徒教堂”演说》，《福建工程学院学报》2010年第5期。

④ 严瑜：《习近平总书记讲话的认同构建——基于伯克新修辞理论的研究》，《新闻爱好者》2013年第3期。

⑤ 陈小慰：《翻译研究的“新修辞”视角》，福建师范大学博士学位论文，2011。

⑥ 何爱香：《政治文献翻译中的修辞构建——以十九大报告为例》，《华北电力大学学报（社会科学版）》2018年第4期。

⑦ 周若婕、孙建冰：《新修辞受众理论观照下的政治话语外宣翻译策略研究——以〈习近平谈治国理政〉英译为例》，《北京城市学院学报》2021年第6期。

化形象做出贡献。为了更好地传递政治信息，政治家常使用概念隐喻。对于政治文本中概念隐喻的使用情况，国内外也多有研究。在 CNKI 的高级检索栏中搜索关键词“概念隐喻”并含“政治”，共检索到 508 篇文献。其中，最早相关论文以《人民日报》1979 年至 2004 年的元旦社论为语料，考察了其隐喻模式的特点、隐喻建构的方式以及隐喻的说明性。[①] 在搜索到的 508 篇文献中，有 303 篇(占总数的 59.6%)属于外国语言文学学科，通过观察可发现，其中大部分以美国政治文本为研究语料，如美国总统演讲的概念隐喻研究。[②] 以日语或日本政治文本为语料的研究较少，包括以三任日本首相关于历史问题的语篇为语料分析其话语策略[③]，以安倍晋三在联合国大会一般性辩论的演讲为语料，考察概念隐喻的使用情况等。[④] 2011 年以来，以中国本土政治文本为语料的相关研究逐渐增加，如以中国政府工作报告为语料，分析中国政治语篇中的概念隐喻[⑤]，还有诸多论著关注到习近平总书记重要讲话中概念隐喻的使用。[⑥]

鉴于以日语或日本政治文本为研究对象的概念隐喻研究尚显不足，本文以二十大报告中文原文及日译本为语料，对概念隐喻的翻译策略进行研究，体现了本研究的创新价值。

---

① 黄敏：《隐喻与政治：〈人民日报〉元旦社论(1979—2004)隐喻框架之考察》，《修辞学习》2006 年第 1 期。

② 汪少华：《美国政治语篇的隐喻学分析——以布什和奥巴马的演讲为例》，《外语与外语教学》2011 年第 4 期。

③ 姚艳玲：《日语政治语篇的批评认知语言学分析》，《外国语文》2020 年第 1 期。

④ 黄一峰、姚艳玲：《日语政治演讲语篇批评隐喻分析》，《日语学习与研究》2021 年第 3 期。

⑤ 苏新华：《中国政治语篇中的概念隐喻分析——以 2009 年中国政府工作报告为例》，《咸宁学院学报》2011 年第 5 期。

⑥ 张丽、汪少华：《习近平博鳌亚洲论坛 2018 年年会开幕演讲的认知语用阐释》，《山东外语教学》2021 年第 1 期。

三 研究方法

二十大报告中出现了大量的概念隐喻，日译本对这些概念隐喻根据情况采取了不同的翻译策略。本文以二十大报告中文原文的概念隐喻及由中央党史和文献研究院翻译的日译本为研究对象，首先对概念隐喻类型、数量进行分类统计，然后基于新修辞受众中心论对这些概念隐喻的翻译进行分析，解读二十大报告日译本使用怎样的翻译策略，使概念隐喻表达获得日本受众的认同。

（一）隐喻识别及取舍

由九位来自不同学科的隐喻专家组成的隐喻识别研究小组（Pragglejaz Group）在 2007 年提出了一套隐喻性话语识别程序 MIP（Metaphor Identification Procedure）。在此基础上，斯滕（Steen）等提出了一个能够更系统详尽地识别出话语中的隐喻的方法，即 MIPVU（Metaphor Identification Procedure Vrjie University）。[①] MIPVU 操作程序明晰，可以帮助研究者按步骤找到话语中与隐喻相关的词汇。因此，本文采用 MIPVU 方法识别二十大报告中的概念隐喻。

MIPVU 的基本操作程序如下：（1）逐字逐句细读文本，找出隐喻相关的词语；（2）若一个词语在语篇中没有采用其直接含义，且其用法有构成跨域映射的潜能，则认定为隐喻性词汇；（3）若一个词语在语篇中采用其直接含义，但可以通过该词语一个更加基本的指代意义构成跨域映射来解释其在语篇中的含义，则认定为表层隐喻词汇；（4）有些词语在语法中充当替代词，有些词语由于某种原因被省略，当这种替代或省略在传达直接或间接意义的同时还有构成跨域映射的潜能，则

① Steen, G. et al. *A Method for Linguistic Metaphor Identification: From MIP to MIPVU*, Amsterdam: John Benjamins, 2010.

认定为深层隐喻词汇；(5)若一个词语在语篇中具有象征意义，且这一象征意义可以通过跨域映射来结束，则认定为隐喻词汇；(6)对于一个说话人或作者创造的新词，则按上述步骤进行判断，确定其是否具有隐喻性。[①]

学者们按照隐喻的认知程度将隐喻划分为新奇隐喻和规约隐喻，前者又被称为活隐喻，是指那些刚刚被创造出来或虽已存在一段时间，但尚未被大部分语言使用者所熟悉的隐喻，要求听话者花费一定的时间来理解，而规约隐喻又被称为死隐喻，指的是那些在反复使用过程中逐渐被大众理解和接受的隐喻。例如“全面建设社会主义现代化国家”这句话中，“建设”的基本含义应该使用在建筑相关语境中，因此“建设国家”属于隐喻表达。但在日常生活中这种说法已很难让人联想出其隐喻性，是一种死隐喻。这类死隐喻由于已成为约定俗成的日常语言的一部分，在使用过程中基本不具备隐喻性含义，因此在本研究中不作为分析对象。

（二）二十大报告概念隐喻的建构

本文根据 MIPVU 隐喻识别程序，忽略其中的死隐喻，从二十大报告中文版中识别出隐喻性词汇及相关隐喻表达，概括出 13 种主要概念隐喻类型及其他只出现 1 例的类别，共计 123 个隐喻表达。13 种概念隐喻类型有“身体”“旅程”“植物”“战争”“饮食”“疾病”“海河”“山峦”“建筑”“动物”“文艺”“宗教”“家庭”。然后再将 123 个中文隐喻表达与其日语翻译一一进行对比，统计出日译版中出现的概念隐喻数量，分类统计结果如表 1 所示。

---

① 姚志英：《国外认知隐喻识别研究述评》，《长春理工大学学报(社会科学版)》2018 年第 1 期。

表 1　二十大报告概念隐喻分类统计

隐喻类型	总数		比例		隐喻表达示例	
	中文	日文	中文	日文	中文	日文
身体	17	11	14%	13%	血肉联系、铸魂育人	血肉のつながり、魂を磨き人を育て
旅程	10	7	8%	8%	里程碑、历史车轮滚滚向前	一里塚、歴史の車輪は着々と前へ進んでおり
植物	10	6	8%	7%	植根沃土、真理之树	肥沃な大地に根ざして、真理の木
战争	9	4	7%	5%	脱贫攻坚、高地	貧困脱却堅塁攻略、砦
饮食	8	6	7%	7%	啃硬骨头、拒腐防变	硬い骨のような難題、腐敗を拒んで変質を防ぐ
疾病	8	5	7%	6%	祛疴治乱、毒瘤	宿痾を治し乱れを治め、癌腫
海河	6	5	5%	6%	深水区、惊涛骇浪	深水区、疾風怒濤
山峦	6	3	5%	3%	绿水青山就是金山银山	緑の山河は金山・銀山にほかならない
建筑	6	12	5%	14%	顶层设计、多层次多支柱	トップダウン設計、多層的で多柱式
动物	6	6	5%	7%	打虎、拍蝇	トラ退治、ハエ叩き
文艺	3	2	2%	2%	书写新篇章	新たな一章を綴り
宗教	3	2	2%	2%	不信邪	邪なものに惑わされず
家庭	3	1	2%	1%	一家人	家族
其他	28	16	23%	19%	打铁必须自身硬、法宝	鉄を打つには自身も硬い必要がある、切り札
总计	123	86	100%	100%		

通过表 1 可以发现，二十大报告中日文两版本的概念隐喻各类别在数量上并不完全对应，有些类型还出现了较大的差异，如："身体"隐喻在中文版出现了 17 次，而日译版中只有 11 次；"建筑"隐喻在中文版出现了 6 次，而日译版出现了 12 次。从总体来看，中文的隐喻共出现 123 次，但日译版只使用了 86 次隐喻。这是因为文本在翻译到日语的过程中，对中文的概念隐喻根据不同的情况采取了不同的翻译策

略，有些隐喻表达完全对应，有些保留了隐喻的形式，但喻体发生了改变，而有些隐喻在翻译时消失，只是用日语直接解释其含义。接下来本文将对这些现象做具体分析，从新修辞受众中心论的角度阐释不同翻译策略的意图。

四　受众中心论视域下概念隐喻日译分析

纽马克将隐喻翻译方法分为了七种，分别为直译法、替换法、明喻代替隐喻、直译与意译结合、意译法、直译和解释结合、删除法。谭卫国①、王斌②等研究也基于纽马克的隐喻翻译方法分析阐释了具体语句的翻译。在前人研究的基础上，本文在受众中心论视域下归纳总结了以下几种概念隐喻的日语翻译策略。

（一）隐喻完全对应的直译翻译策略

在二十大报告出现的概念隐喻中，有些在翻译成日语时采用了隐喻完全对应的翻译策略，即在日译文中保留了隐喻的形式，并且概念域完全对应。隐喻完全对应的翻译首先出现在日语与中文有相同的隐喻表达式的情况下，由于人们日常使用的日语中也有这种隐喻表达，日本受众能够很好地认同并理解其含义。如下面的例子所示：

例文1：中国人民和中华民族从近代以后的深重苦难走向伟大复兴的光明前景，从来就没有教科书，更没有现成答案。

日译：中国人民と中華民族は近代以降の深刻な苦難から抜け出して偉大な復興の明るい未来に向かって進んできたが、そもそも教科書もなければ、まして出来合いの解答もない。

① 谭卫国：《英语隐喻的分类、理解与翻译》，《中国翻译》2007年第6期。

② 王斌：《隐喻的翻译和隐喻式翻译》，《西安外国语大学学报》2010年第4期。

例1中原文把中国人民和中华民族从近代以后历经千辛万苦最终迎来光明前景的经历喻为“教科书”与“答案”。日译文在翻译时保留其隐喻表达式，对应翻译为“教科書”和“解答”，因为这是在日常生活中非常常见的概念域，无论是中国人还是日本人，在理解和使用上都没有任何偏差。

还有一些隐喻完全对应的翻译策略，使用的虽然并不是日语常用的隐喻表达，但人们基于共有的生活体验和认知，能够轻松理解并认同：

例文2：坚持和发展马克思主义，必须同中华优秀传统文化相结合。只有植根本国、本民族历史文化沃土，马克思主义真理之树才能根深叶茂。

日译：マルクス主義を堅持し発展させるには、中華の優れた伝統文化と結び付けなければならない。自国・自民族の悠久の文化の肥沃な大地に根ざしてはじめて、マルクス主義という真理の木が茂るのである。

例2中原文把“本国、本民族的历史文化”喻为“沃土”，把“马克思主义”喻为“树”，使用“树木栽在肥沃的土壤才能根深叶茂”这一人们所共有的常识来表达马克思主义中国化的合理性及必要性。马克思主义中国化对日本受众来说并不是人尽皆知的概念，但是“树木栽在肥沃的土壤才能根深叶茂”却是谁都能够认同，并且是毋庸置疑的事实。因此日译文采用隐喻完全对应的翻译方式，通过日本受众认同并熟悉的自然现象来解释对他们来说较为抽象的“马克思主义中国化”这一概念域。

此外，还有一些具有中国特色的话语也采用了隐喻完全对应的翻译策略，如：

例文3：我们坚持绿水青山就是金山银山的理念……

日译：われわれは緑の山河は金山・銀山にほかならないという理念を堅持し……

“绿水青山就是金山银山”是习近平总书记提出的重要论断，已成为每一个中国人民耳熟能详的理念。“绿水青山”和“金山银山”是对生态保护和经济发展的形象化表达，习近平总书记在二十大报告中指出，“大自然是人类赖以生存发展的基本条件。尊重自然、顺应自然、保护自然，是全面建设社会主义现代化国家的内在要求”。“绿水青山就是金山银山”是我们全党全社会的共识和行动，也是我国向世界传播的重要思想，因此在翻译时应保持原文一定程度的完整性，才能作为中国特色话语广为流传。其日译“緑の山河は金山・銀山にほかならない”中的“金山”“銀山”并不是日语中常见的表达，但放在语境中也不妨碍人们的理解，因此同样采用了完全对应的翻译策略。但是对于类似具有中国特色的话语以及汉语成语、古诗词等，完全对应的翻译策略在大多数情况下不易被外国受众理解，因此在翻译成日语时采取添加引号的方式，或使用“像……一样”的明喻表达进行阐释，关于这两点将在下面进行详述。

（二）隐喻完全对应，日语翻译添加引号

如前文所述，在将具有中国特色的话语翻译成日语时，更多采用的是在隐喻完全对应的基础上添加引号的方式，如例文4、例文5所示：

例文4：我们深入推进全面从严治党，坚持打铁必须自身硬……

日译：われわれは全面的な厳しい党内統治を踏み込んで推

し進め、「鉄を打つには自身も硬い必要がある」ことを堅持し……

例文5：我们持之以恒正风肃纪，以钉钉子精神纠治“四风”……

日译：われわれは気風の是正と綱紀の粛正に粘り強く取り組み、「釘打ちの精神」で「四つの悪風」を正し……

例4中的“打铁必须自身硬”是习近平总书记在十九大报告中提到党中央全面从严治党的决心时首次提出的说法。在二十大报告中，习近平总书记再次强调推进全面从严治党，坚持“打铁必须自身硬”，彰显了中国共产党始终刀刃向内的非凡勇气和一如既往的严格要求。例5中的“钉钉子精神”是指干事业好比钉钉子，需要一锤一锤接着敲，才能把钉子钉牢钉实。习近平总书记在二十大报告中使用“钉钉子精神”表达了“脚踏实地”之意，提出要想纠治“四风”问题（形式主义、官僚主义、享乐主义、奢靡之风）需要的是长期的脚踏实地的努力。无论是“打铁必须自身硬”还是“钉钉子精神”，都是习近平总书记根据中国共产党内现存的问题提出的具体、形象，又朗朗上口、铿锵有力的金句，不仅被中国人民牢记，也值得向世界传递。因此，日译文完全保留了原文句式和隐喻意象，但是由于其译文并不像“绿水青山就是金山银山”的翻译那么容易被人理解，所以在翻译时添加了引号，分别翻译为“「鉄を打つには自身も硬い必要がある」”和“「釘打ちの精神」”。这种翻译方式有利于构建中国特色话语体系，让中国理念、中国思想走出去，从而建立文化自信。

原文在使用汉语成语或古诗词时，对应的日语翻译也多使用隐喻完全对应的同时添加引号的方式。如例文6所示：

例文6：这是我们在长期实践中得出的至关紧要的规律性认识，必须倍加珍惜、始终坚持，咬定青山不放松，引领和保障中国特色社会主义巍巍巨轮乘风破浪、行稳致远。

日译：これはわれわれの長い実践の中で得られたきわめて重要な法則的認識であり、それをよりいっそう大切にし、終始堅持し、「青山に咬定して放松せず」、中国の特色ある社会主義という巍々たる巨船が風に乗って波を破りどこまでも安定した航海ができるよう指導・保障しなければならない。

"咬定青山不放松"出自清代郑板桥的题画诗《竹石》。在二十大报告中，习近平总书记引用这一诗句强调坚定不移全面从严治党，深入推进新时代党的建设的伟大工程的重要性。日本自古在语言与文化上深受中国的影响，在奈良、平安时代就自创了一套诵读中国古文的方法——汉文训读法。汉文训读法就是在原文中加入一些日语助词，并且为了适应日语的语法规则，用"返点"表示词语的阅读顺序，从而保留中国古文、古诗词原有的韵律与优美文字的读法。例6的"咬定青山不放松"的日译"「青山に咬定して放松せず」"正是通过汉文训读法实现了隐喻完全对应的同时让日本受众理解和认同。

（三）隐喻转为明喻

在二十大报告的日译版中，对于原文的概念隐喻，有些使用了带有"……のような""……ように"等句式的明喻表述。如前所述，这种策略多见于翻译具有中国特色的话语或汉语成语、古诗词等时，如例文7：

例文7：我们要拓展世界眼光，深刻洞察人类发展进步潮流，积极回应各国人民普遍关切，为解决人类面临的共同问题作出贡献，以海纳百川的宽阔胸襟借鉴吸收人类一切优秀文明成果，推动建设更加美好的世界。

日译：われわれは世界的視野を広げ、人類の発展・進歩の流れをしっかりと見極め、各国共通の関心事に積極的に応え、人類共通の課題の解決に貢献し、あらゆる川を受け入れる海のような度量をもって人類文明のすべての優れた成果を取り入れ、よりよい世界の構築を促していかなければならない。

“海纳百川”是我们都非常熟悉的成语，二十大报告原文将中国共产党的胸襟喻为“海”，将“人类一切优秀文明成果”喻为“百川”，用以表达中国共产党以海洋般宽阔的胸襟接纳吸收从四面八方汇入的优秀文明成果，以此来为中国人民谋幸福、为中华民族谋复兴。日语中对成语“海纳百川”没有对应的惯用表达式，但其生动形象的隐喻意象有助于加深理解，因此在翻译时保留了喻体，但是在形式上采用“あらゆる川を受け入れる海のような度量”这一明喻表达，来获得日本受众的认同。

除此之外，有些中文隐喻在翻译成日语时不仅变为了明喻，还在此基础上附加了解释。这是因为日语中没有和汉语对应的隐喻映射，需要通过附加解释的方式获取日本受众的认同。如例 8 所示：

例文 8：我们以巨大的政治勇气全面深化改革，打响改革攻坚战，加强改革顶层设计，敢于突进深水区，敢于啃硬骨头，敢于涉险滩，敢于面对新矛盾新挑战……

日译：われわれは大きな政治的勇気をもって改革を全面的に深化させ、改革の堅塁攻略戦に取り組み、トップダウン設計を強化し、「深水区」を恐れず突き進み、硬い骨のような難題を果敢に解決し、危険な早瀬のような試練を果敢に乗り越え、新たな矛盾や新たな挑戦に果敢に立ち向かい……

原文用“啃硬骨头”与“涉险滩”来映射我国在进行政治改革时面临的困难，表达了中国共产党在改革过程中将艰难的任务一点一点地完成，在困难中坚强不屈、坚韧不拔的精神。但是日语中没有类似描述艰巨困难的映射语义的隐喻，因此在翻译时需要处理成“硬い骨のような難題”（像硬骨头那样的难题）和“危険な早瀬のような試練”（像险滩一样的考验），通过解释性的明喻来提示其映射意义。

（四）隐喻替换

以上几种例子都可归为保留本体与喻体的形式，只不过有些采用了隐喻直接对应的方式，而有些隐喻转为了明喻，又有些在转为明喻的基础上附加了进一步的解释。除此之外，还有为数不少的概念隐喻在翻译到日语后喻体发生了改变，用日语表达中更习惯使用的喻体来进行描述，这也是中文和日译版中出现的概念隐喻各类别在数量上不完全对应的原因。如表 1 所示，在 13 种概念隐喻类型中，只有“建筑”类型隐喻的日语数量要比中文多，有些中文原文的“身体”“植物”等概念隐喻在翻译成日语后都变成了“建筑”隐喻。下面举两个例子来进行阐释：

例文 9：坚决维护党中央权威和集中统一领导，把党的领导落实到党和国家事业各领域各方面各环节，使党始终成为风雨来袭时全体人民最可靠的主心骨……

日译：党中央の権威と集中的・統一的指導を断固守り、党の指導を党・国家事業の各分野・各方面・各段階で徹底して、いざというとき党が終始全人民の最も頼れる大黒柱となるようにし……

例文10：我们不断厚植现代化的物质基础，不断夯实人民幸福生活的物质条件，同时大力发展社会主义先进文化，加强理想信念教育，传承中华文明，促进物的全面丰富和人的全面发展。

日译：われわれはあくまでも現代化の物的基盤を絶えずうち固め、人民の幸せな生活のための物的条件を不断に整えていくとともに、社会主義の先進的文化を大いに発展させ、理想・信念教育を強化し、中華文明を伝承して、物の全面的な豊かさと人の全面的発達を促す。

例9原文的身体隐喻“主心骨”翻译成日语后变成了建筑隐喻“大黒柱”。“大黒柱”指的是日本民房中央支撑房子最粗的柱子。日本房屋多为木质建筑，“大黒柱”通常由一整根粗大的木材制成，是保障房屋结构稳定的重要构造，没有“大黒柱”整个房屋也将不复存在。因此，将“主心骨”翻译成“大黒柱”能够使日本受众理解中国共产党之于中国人民的重要地位，就如同“大黒柱”支撑着他们的房屋一样，中国共产党支撑着整个中华民族。

例10原文使用植物隐喻“厚植”，表示好比植物被深厚地培育起来一样，也要夯实“现代化物质基础”。日译版替换了原有隐喻表达，使用了建筑隐喻“うち固め(る)”。“うち固める”意为将物体打牢打实，比如“打牢地基”等。日本人在购买房屋时与中国不同，他们可以首先购买一片空闲的土地，再聘请专业的建筑公司在这片地上建造自己的独栋房屋，见证自己的房子从无到有的过程。而在这一过程中会不断有打牢加固(うち固める)建筑材料的情况，因此日译版使用这一隐喻表达中国要加强现代化物质基础的决心，可以有效让日本受众通过自己生活中熟悉的概念理解其含义。

作为一个多地震的国家，保证房屋建筑的稳定坚固直接关系到每一个日本人的生命财产安全，因此在日语表达中也经常能见到“建筑”

概念隐喻，这些隐喻也偏向于映射表示“重要”“稳固”“关键”等含义的本体。

（五）隐喻消失的释义策略

通过对二十大报告原文和日译版概念隐喻的统计可以知道，原文概念隐喻数量多于日译版的数量，说明在翻译成日语时，为了消解隐喻背后不同文化认知所带来的隔阂与误解，有些隐喻形式没有保留，而是根据原文意图采用了释义的方式，以便日本受众更好地理解。如例文11：

例文11：增强全党全国各族人民的志气、骨气、底气，不信邪、不怕鬼、不怕压，知难而进、迎难而上，统筹发展和安全，全力战胜前进道路上各种困难和挑战，依靠顽强斗争打开事业发展新天地。

日译：全党・全国各民族人民の気概・信念・自信を高め、邪なものに惑わされず、悪を恐れず、圧力に屈せず、困難をものともせず突き進み、発展と安全を統一的に考慮し、前進途上のさまざまな困難・試練を全力で乗り越え、不屈の闘争によって事業の発展に向けて新天地を切り開く。

“不信邪、不怕鬼、不怕压”是中国共产党政治话语中独具特色的表述，有着深厚的历史渊源和重要的现实意义。1919年毛泽东在《湘江评论》发表的《创刊宣言》中写道：“什么不要怕，天不要怕，鬼不要怕，死人不要怕，官僚不要怕，军阀不要怕，资本家不要怕。”这里的“鬼”指帝国主义和封建官僚。“不怕鬼”因其凝练的语言和丰富的政治内涵，一时间成为中国人民克服内外压力的格言。改革开放后，邓小平又指出，“中国的形象就是不怕鬼、不信邪”，意指中国敢于面对现实、不畏强权的姿态。党的十八大以来，习近平总书记也多次使用这一隐喻来表达在百年未有之大变局下，中国共产党不畏艰难险阻，带领全国人民团结奋进的决心。日译版根据这九个字背后的历史文化内涵，在翻译时没有保留原文的隐喻而采取了释义的方式。尤其是“鬼”，日本文化也有“鬼”的形象，但与中国的鬼神概念相去甚远，因此将其意译为“恶”，在日语上更贴合原文要表达的含义。

有些词语在汉语中可以实现隐喻，但在日语中不具有隐喻性，或即使有隐喻含义也不被大多数人所熟知，这种情况在翻译时不能生搬硬套，而应该将原文隐喻映射的含义翻译出来。如例文12：

例文12：坚持理论武装同常态化长效化开展党史学习教育相结合，引导党员、干部不断学史明理、学史增信、学史崇德、学史力行，传承红色基因，赓续红色血脉。

日译：理論による武装と常態化・長期有効化した党史の学習・教育の結合を堅持し、党員・幹部が歴史を学ぶことによって道理をわきまえ、自信を固め、道徳を尊び、行動に移すよう導き、革命の遺伝子を受け継ぎ、革命の血脈を伝える。

“红色”在汉语中可以象征“革命”，也可以意指“共产主义”，在汉语中是经常使用的意象，被中国人所熟知，通常不需要进一步的解释便可获得认同与理解。然而在日语中，“红色”虽然也喻指“共产主义”，但日本作为一个非共产主义国家，这一隐喻内涵并不被多数日本人所了解。日语中也有使用“红色”的隐喻表达，如“赤ちゃん”（婴儿），这是由婴儿的身体会呈现出红色而来，又如“赤の他人”（与自己毫无关系的人），这是因为红色较显眼，由此引申出“完全的，显而易见”之意，因此“赤の他人”就表示“与自己完全不相干的人”。“红色”在日语中作为“共产主义”的映射不具有普遍性，与此相对，它表达出来的其他隐喻含义更深入人心，因此在翻译时将“红色”释义为“革命”更容易使日本受众认同和理解。

结　语

本文以二十大报告原文出现的概念隐喻及其对应的日语翻译为研究对象，分析了二十大报告在概念隐喻的翻译上通过怎样的方式取得日本受众的认同和理解。通过分析发现，中文的概念隐喻在翻译成日语后存在隐喻完全对应、隐喻完全对应的同时添加引号、隐喻转为明喻、隐喻替换和隐喻消失五种情况。一方面，概念隐喻产生于认知，认知又基于各个民族文化的不同生活体验，因此在表达和理解上存在一定的差异性。另一方面，虽然不同民族所依附的文化背景千差万别，但作为人类所具有的共性使人们在认知上又存在一定的共通点。无论是差异还是共性，都是在翻译概念隐喻时为了取得对象国受众的认同而需要考虑的因素。政治文本的翻译因承载着国家对外宣传的重任，中文丰富的概念隐喻表达是否能被对象国理解起着至关重要的作用。在翻译过程中，应当充分理解对象国受众的认知背景，在此基础上以获取对象国受众的认同和理解作为目标去选择恰当的翻译策略。

韩国人工智能语言数字化发展概况

陈艳平　景　莹*

根据韩国政府发布的国家数字战略显示，韩国计划在2027年成为全球三大人工智能强国之一，紧随美国和中国之后。为了在人工智能竞赛中占据一席之地，应对韩国经济、社会等日常整体数字化深化时代，韩国政府在人工智能语言数字化方面做出了一系列努力和探索，主要体现在语言模型、语言技术以及语言服务等方面。通过对韩国人工智能语言数字化发展的概况、实施情况以及社会反响的分析，可以了解韩国人工智能语言数字化发展趋势以及亟待解决的问题。

一　发展概况

基于全球技术霸权竞争日益激化，韩国为应对经济、社会等日常整体数字化深化时代，确保技术及AI、数据、云计算、软件、Meta-

---

* 陈艳平，大连外国语大学中国东北亚语言研究中心研究员、韩国语学院教授，主要研究方向为韩国语语言学、语言政策与规划；景莹，大连外国语大学东北亚研究中心博士研究生，主要研究方向为语言政策、外交话语。

bus、数字平台等新数码产业的成长动力，将焦点集中在强化新数码核心力量，应对ChatGPT等超大型人工智能以及将AI应用于韩国国民日常生活、公共产业领域中，扩大人工智能需求等方面上。为此，韩国政府制定了一系列数字化综合计划，如“大韩民国数字战略”、“人工智能日常化及产业高度化计划”以及“超大型人工智能竞争力强化方案”等，反映出韩国为成为AI强国进行的持续努力和探索。

仅2023年，在韩国人工智能语言数字化方面，韩国政府就投入了3900亿韩元以支持民间提升超大型AI研发技术和产业基础设施，建立超大型AI产业革新生态系统，落实跨国AI制度革新和文化创新，旨在确保韩国在全球超大型AI领域的主导地位。为此，韩国政府首先扩充了超大型AI研发所需的文本数据以占据非英语圈市场，并计划到2027年构建200种东南亚及中东地区的语言数据。其次，为了提高超大型AI的韩国语性能，韩国政府计划构建130种高级语料库和韩国语应用语料库。最后，AI半导体一直是韩国战略技术中心和经济安保中心，为提高韩国AI半导体领域的技术竞争力，凝聚AI半导体的新市场和新人才，韩国政府还制定了《AI半导体产业成长支援对策》《半导体相关人才培养方案》等专业人才培养预案。①

二　实施情况

韩国人工智能语言数字化发展已经取得一定进展，主要集中在政府、机构和企业层面。政府层面，韩国国立国语院表示将推进构建以韩文为基础的AI语言模型，以加强韩文数据的处理能力。机构层面，韩国言论振兴财团公开了人工智能语言模型“KPF-BERT”，该模型的研发提高了韩国人工智能语言数字化进程的技术水平。企业层面，韩国企业研发了

① 「격변의 AI 시대…통신비는 낮추고 경쟁 촉진」, 뉴스 1, 2023년5월7일, https://www.news1.kr/articles/? 5037731.

以韩文为数据语言的人工智能语言服务新模式，大幅提升了服务质量。

（一）政府层面

2023 年 2 月 7 日，韩国国立国语院表示将推进构建以韩文为基础且具备信息处理及生成能力的评价型 AI 语言模型。评价功能主要涉及两方面，即理解功能和生成功能。理解功能旨在对韩文文章等的整体理解程度进行评价，推测文章中的主体概念或主体对象的情感，以及对文章意图的把握、作者对命题的确定程度等。生成功能旨在通过图表生成文章或根据图片进行内容说明等。该评价型 AI 语言模型也将结合此前韩国国立国语院通过新闻报道、日常对话等构建的语料库作为数据集。另外，韩国国立国语院还表示，如果从 2024 年开始正式启动评价系统，将设立专门负责此类评价业务的机构单位，该机构单位的执行形式有可能采用有韩国国民参与的官民协商形式。①

（二）机构层面

2022 年 2 月 23 日，韩国言论振兴财团公开了人工智能语言模型“KPF-BERT”。“KPF-BERT”是韩国言论振兴财团为满足语言模型对韩国媒体和新闻报道应用技术的需求，由韩国言论振兴财团将谷歌开发的“BERT”和其新闻大数据分析系统 Big Kinds 数据相结合，实现“为媒体开发语言信息资源”事业所研发的人工智能语言模型。“BERT”将输入的句子分为三个数值进行运算处理，即 Token，Segment 和 Position。Token 值表示将句子中各词语进行替换后的数值。Segment 值表示区分输入的句子是第一句还是第二句。Position 值表示输入句子进行运算时，每个词语在文章中位置的数值。通过这些数值进行运算，输出值的过程就是“BERT”的运算处理过程。在运算过程中，不只是单纯地预测前后

① 「‘올’ AI 한국어 평가시스템 ‘도입’」, 서울경제, 2023년2월8일, https：//www. sedaily. com/NewsView/29LNR8T9NI.

可能出现的词语，而是将句子整体作为分析工具来使用，以预测句子中出现间隔或空缺的词语。总体而言，“BERT”双向语言模型可以通过分析整句和上下文来填补句子中存在问题的部分。

现有的语言模型多为单向性，而“KPF-BERT”语言模型具备双向性。双向语言模型可以在分析过程中将句子中需要推测的词语之前和之后的词语结合起来使其同时作为分析对象来帮助理解。双向语言模型克服了单向语言模型对于文脉理解的局限性。因此，“KPF-BERT”对处理 AI 新闻排列、评论管理、外媒翻译等技术方面存在困难的媒体领域效果显著。

根据韩国言论振兴财团的报道资料显示，与韩国现有的 AI 语言模型相比，“KPF-BERT”的处理能力整体上得到了提高。在影评情感分析和句子意义相似度测定方面，与现有的语言模型相比，“KPF-BERT”的精确值高出约 4 至 7 个百分点，与自然语言测定和机器阅读能力相比，高出约 14 至 23 个百分点。究其原因，韩国现有的 AI 语言模型主要通过维基百科、网络文本来积累数据，而“KPF-BERT”通过韩国言论振兴财团新闻大数据分析系统 Big Kinds 收集了从 2000 年到 2021 年 8 月约 4000 万篇报道。这 4000 万篇报道也是从近 20 年间约 8158 万篇报道中精选而来。

“KPF-BERT”也在多领域进行了模型开发。如：第一，取代单一拼写法，开发考虑语境和语义的拼写法检查器。第二，开发在连续输入多个句子时，可以在相应时间节点推荐最适切单词的自动完成模型。第三，开发文章初稿中不适切的表达或词语以及语法错误的检测模型。第四，开发新闻报道回帖中的恶意评论检测过滤模型。第五，开发新闻报道舆情动态监测模型。第六，开发伪装成信息传达的广告性报道检测模型。此外，“KPF-BERT”通过该 AI 语言模式，为媒体、研究人员、普通市民等提供了免费使用服务。同时，韩国言论振兴财团还开发了“KPF-BERT”的报道聚类技术，将主题相似的报道整合在一起。上述两种技术在韩国言论振兴财团网页上全部公开。[①]

（三）企业层面

由于大部分人工智能语言服务都是以英语作为数据语言的，韩文服务质量远不如英语服务质量。对此，韩国国家层面引入了以韩文为中心的语言服务评价模型，致力于构建以韩文为基础的人工智能语言服务新模式。

虽然 Google、Open AI 等国际尖端技术企业凭借高知名度掌握着全球市场，但韩国国内企业也研发了以韩文为数据语言的人工智能语言服务新模式，大幅提升了服务质量。该服务模式不仅以大量的韩文数据为基础，还提供特殊化服务，开发了无语言障碍同时可以进军海外市场的语言模型。Naver、Kakao、LG 等企业正在推进以大规模超级计算机为基础，可进行高性能运算的人工智能语言模型，2022 年，这些企业在全球 AI 学术会议上共计发表论文 197 篇，是 2021 年的 1.5 倍。此外，各公司也在通过投资和合作的方式共同构建 AI 生态系统。如：Naver 的 No-Code AI 平台“Clova Studio”已被 500 多家企业使用；Kakao 也以应用程序接口的方式向外部开发者开放了 KoGPT 和 Kalo；LG AI 研究院为开发 EXAONE 在 2022 年 3 月与包括子公司在内的 13 家公司建立了合作伙伴关系，并仍在持续扩大合作。[②]

三　社会反响

人工智能语言数字化发展对韩国社会及韩国民众产生了较大影响，

---

① 「한국언론진흥재단이 공개한 AI 언어모델〈KPF-BERT〉」, 문화체육관광부, 2022년 9월 1일, https://blog.naver.com/mcstkorea/222685875103.

② 「텍스트 없는 자연어처리?」, 인공지능신문, 2021년 9월 11일, https://www.aitimes.kr/news/articleView.html? idxno=22445.

主要集中在生活、科技和教育领域。生活领域，人工智能语言数字化发展实现了新的语言服务和语言产品的开发，刺激了更多领域、更多产业的创新和发展，为人类社会和AI技术的融合提供了新的机遇和挑战。科技领域，韩国的AI半导体技术取得重要发展。教育领域，可以根据不同情况针对不同学习者提供智能学习服务，为韩国实现整体高效率、个性化教学模式提供了新的技术支持。此外，也出现了很多亟待解决的问题，如职业消失、信息存疑、对话困难、隐私泄露等问题。

（一）人工智能语言数字化对生活的影响

随着人工智能语言数字化的发展，人类的日常生活也发生了较大变化。一方面，人工智能语言数字化发展可以实现新的语言服务和语言产品的开发，如在语言服务领域中使用ChatGPT，在语言产品开发中利用ChatGPT进行AI翻译、文书撰写、语音合成等，以提高工作效率和生产效率。另一方面，人工智能语言数字化发展的创新将给多领域、多产业带来巨大变化，如在媒体产业中，曾经由记者们收集新闻然后进行报道，如果利用AI技术，就可以根据大数据自动完成新闻信息的统合和新闻报道的编辑。此外，人工智能语言数字化为人机交互提供了创新和发展，如为了使AI技术能够更好地运用到人类日常生活中，开发可以和人类进行交流和对话的AI机器人和AI智能服务，以推动人类和AI合作创新、共同发展的新趋势。①

（二）人工智能语言数字化对科技的影响

2023年6月，科学技术信息通信部负责人在第三次“人工智能半导体高层战略对话”中表示，韩国AI半导体技术取得重要发展。此前，韩国政府一直在投资AI半导体技术开发，推出的多个韩国国产AI

① 「생성형 AI가 우리사회에 미치는 영향」，대전일보，2023년2월14일，http：//www.daejonilbo.com/news/articleView.html？idxno=2048035.

半导体还处于商用化初期阶段。再加上全球市场调查企业 Gartner 所预测的全球 AI 半导体的年均增长比为 16%，AI 半导体市场交易金额将从 2021 年的 347 亿美元增长至 2026 年的 861 亿美元，且 AMD、Microsoft、Amazon、Google 等跨国企业也正式展开了 AI 半导体的研发竞争。在这种情况下，韩国政府加大了开发国产 AI 半导体的投入力度，提高了 AI 半导体的运算性能和耗电能效。①

（三）人工智能语言数字化对教育的影响

随着以数据为基础的自然对话成为可能，根据不同情况针对不同学习者提供智能学习服务也成为可能。韩国小学生放学后，晚上在家就可以用平板电脑进行复习和预习。学生们只需打开并登录平板电脑中的智能学习服务，该系统中的 AI Tutor，即人工智能导师就会友好地和学生们打招呼。AI Tutor 会根据此前的学习进度和该生的不足定制并推荐私人学习课程，课程学习之后，再登录智能学习服务系统中的 Metabus 图书馆，在 Metabus 图书馆里通过与智能人物的简单对话，便可以获得对应的推荐书目。对话型服务加上 ChatGPT 的 AI 技术，就可以综合学习者的年龄、学习阶段、学习偏好等推荐相应的学习服务，整体实现高效率、个性化的教学模式。②

（四）人工智能语言数字化需解决的问题

人工智能语言数字化发展过程中，还有很多问题亟待解决。第一，随着 AI 语言适用范围的扩大，创造类、创新类产业数字化速度较快，部分职业会面临逐渐消失的风险，如记者、译者、配音演员、插图画家等。

① 「과기정통부, AI 반도체 Team Korea」, 인공지능신문, 2023 년 6 월 27 일, https://www.aitimes.kr/news/articleView.html?idxno=28346.

② 「AI를 활용한 에듀테크 생태계 조성」, 인공지능신문, 2023 년 7 월 24 일, https://www.aitimes.kr/news/articleView.html?idxno=21831.

第二，AI语言提供的信息是否可信还处于有待验证的阶段。AI以大量数据为基础生成文本，在此过程中很有可能包含错误的信息。因此，AI生成的文本内容和信息质量须经验证和评定才能使用。此外，由于数据不同，结果也会不尽相同，根据AI生成的数据信息也会有所偏差，这表明今后要努力提高数据的多样性和丰富性。第三，AI语言虽然能够理解人类语言并予以回应，但仍旧很难进行情感对话和内涵对话，只能根据特定语境生成文本，在有意义的互动行为方面还存在局限性。当下，人类和AI之间依旧很难实现有效对话。第四，随着人工智能语言数字化的发展，个人隐私信息处理和人工智能伦理道德也更加重要，应在积极应对这些问题的同时推进更安全、更高效的AI技术的发展。①

四　未来趋势

通过对韩国人工智能语言数字化发展概况、实施情况以及社会反响的分析可知，在人工智能与语言发展相结合的过程中，各方面仍存在需要改进的问题和不足，基于此，可以管窥韩国人工智能语言数字化未来的发展趋势。

（一）语言理解更精准

尽管韩国人工智能语言发展至今已经取得了令人瞩目的成绩，但仍存在一定局限性。人工智能语言的目的在于赋予计算机人类的听、说、读、写等能力，并利用有关知识和常识进行推理和决策，必要时赋予其新的概念和解释。因此，为了使分析结果呈现高质量、标准化的数据集，在分析语言的过程中，将对语言进行更精准的训练和测试，减少数据的偏差和干扰，从而避免数据的模糊性。

① 「생성형 AI가 우리사회에 미치는 영향」, 대전일보, 2023년2월14일, http：//www.daejonilbo.com/news/articleView.html？idxno=2048035.

（二）多语种数据支持

一直以来，韩国人工智能语言服务更注重英语、汉语和日语，缺少对其他语种的关注和使用。由于韩国已迎来多民族、多元文化的共同体时代，对其他语种的需求也大幅增加，因此，为促进人工智能语言更好服务社会发展，预计将增加多种语言的技术支持以完善人工智能语言数字化体系建设。

（三）私人定制性服务

韩国人工智能语言计划增加用户介入，通过参考用户的个人偏好、购物明细以及聊天记录等来改善人工智能语言技术，制定个性化的解读方式、理解方式与处理方式，提供个性、有效，个人属性强烈的私人定制性语言服务。

（四）语音合成更自然

语音合成技术在韩国人工智能语言领域也得到快速发展。预计今后提供支持多语混读语音合成、情感语音合成、在线语音合成、文本转化语音合成、真人语音合成等语音合成技术，并辅以多种音色选择，还有自定义音量、语速，个性化音色定制等功能，让发音更自然、专业，更符合实景需求。①

① 「언어지능 ai 관련 트랜드와 미래」，프로필，2023 년 4 월 7 일，https：//kin. naver. com/qna/detail. naver? d1id = 1&dirId = 10401&docId = 443311899&qb = QUnslrjslrQ = &enc = utf8§ion = kin. ext&rank = 1&search_ sort = 0&spq = 0.

俄罗斯移民语言生活图景

岳 雪*

苏联解体后，俄罗斯成为后苏联空间重要的移民输入国。根据《世界移民报告 2022》显示，截至 2020 年，俄罗斯在移民输入方面占据第四位，相较于前几年有下降趋势。俄罗斯在移民输出方面排名第三位，输出人口约 1080 万，其输出量明显高于输入量。俄罗斯输出移民多为精英阶层，输入移民多为原苏联加盟国的务工人员。[①] 俄罗斯移民语言政策研究的重点在于移民的语言适应与融入。移民是一条双向道路，明确的法规政策有助于形成规范，语言和文化是移民适应和融入社会的有效工具。

一　俄罗斯移民语言生活状况

联合国数据显示，2005 年之前俄罗斯曾是全球第二大移民目的地

* 岳雪，大连外国语大学俄语学院讲师，中国东北亚语言研究中心兼职研究员，主要研究方向为政治语言学、区域国别学。

① "World Migration Report 2022", IOM Global, 2021－12－1, https://worldmigrationreport.iom.int/wmr-2022-interactive/[2023-08-31].

国，近年来排名有所下降。随着俄乌危机持续，俄罗斯移民结构发生明显变化，亟待进一步完善相应的移民语言政策。

（一）移民语言发展现状

据俄罗斯统计局2020年数据显示，独立以来(1990—2018)俄罗斯共接收外来移民1420余万，自1993年起俄罗斯出现人口负增长，总人口由1992年的1.49亿降至2021年初的1.46亿(包含克里米亚及塞瓦斯托波尔人口)。根据俄联邦移民局数据统计，每年有1300万—1400万人涌入俄罗斯，其中77%是独联体公民，10%是欧盟公民。此前，移民语言并不显著影响俄罗斯国家身份，一方面移民数量有限，另一方面同属斯拉夫民族，在文化、宗教及语言上并不存在不相容性。20世纪90年代中期，移民中主要是在俄罗斯工作的乌克兰和白俄罗斯居民(1994年分别占比为74.6%和7.9%，其中来自中亚各共和国的劳动力移民数量占比4.4%)。[①] 现如今，超过60%移民来自中亚国家，如塔吉克斯坦、乌兹别克斯坦、吉尔吉斯斯坦等，帮助其融入俄罗斯社会的问题依然紧迫。

1. 探索形成阶段

苏联解体是俄罗斯移民语言政策发展的一个关键节点，许多新成立的国家为展示主权与独立放弃俄语，加速与俄语乃至整个俄罗斯文化的分离，这不仅对国家之间的经济往来产生负面影响，而且降低了其公民在移民过程中服务市场的竞争力。苏联解体后，俄罗斯成为吸引移民的新中心，这些移民主要来自波罗的海国家和独联体。随着非法移民大量增加，俄罗斯的移民语言政策根据欧洲国家经验，引入强制性俄语测试。目前，俄罗斯关于移民语言的具体融入举措仍处于探索形成阶段，获取俄语知识以及所需的其他知识的教育基础设施薄弱，

---

① Нуреев Р, “Рынок труда. Распределение доходов”, Вопросы экономики, No. 1, 1996.

其中俄罗斯主要以莫斯科和圣彼得堡为接收移民的主要城市，近20年来一直在制定语言办法以解决移民融合问题。

2. 语言适应阶段

目前，俄罗斯直到2025年的移民政策概念侧重于移民的语言与文化适应。向移民教授俄语不仅可以创造有利的语言文化环境，而且具有扩大俄罗斯地缘政治影响力的重要意义。现阶段，移民语言能力下降，移民语言培训水平较低。目前，在俄罗斯联邦移民局、俄罗斯世界基金会以及行政当局的支持下，已经在别尔哥罗德、坦波夫和奥伦堡地区启动三个关于移民语言适应和融入的试点项目。

3. 全球发展阶段

俄罗斯移民语言作为一种文化软实力，有助于传播更多的影响力并巩固俄罗斯的世界地位。俄语、历史、法律以及东正教观念及其对俄罗斯人民生活中精神价值的影响十分有必要纳入移民语言课程计划。移民语言政策正在经历波动式的动态演变，随着全球化文化融合发展，俄罗斯移民语言也适时调整发展方向以适应全球转型变革的新路径。

（二）儿童移民语言生活

儿童移民语言作为俄罗斯移民语言政策中十分重要的组成部分，同时也是俄罗斯移民语言生活图景不可或缺的构成。在过去的十年里，俄罗斯采取具体措施，为移民及他们的孩子教授俄语。根据莫斯科教育部家长社会专家咨询委员会主席的观点，来自独联体国家的移民子女根本不懂俄语。他们对俄罗斯法律的基础知识、文化、历史、传统和俄罗斯社会的日常行为准则一无所知。大约10%—20%的移民带着孩子来到俄罗斯，其中90%以上接受学校教育。由于缺乏可靠的统计数据，目前尚未获得关于俄罗斯学校移民儿童数量的准确数据，粗略统计莫斯科有4%—10%的移民学生，莫斯科地区有12%，圣彼得堡有3%。预计在8—10年内，如果执行新移民政策，俄罗斯学校1/3的学生将是合法和非法移民的子女。[①] 2008 年 3 月莫斯科教育厅批准一项计划，将外国移民的孩子融入莫斯科的教育环境，并使他们适应莫斯科的社会文化。莫斯科开放教育学院以及一些教学方法中心，正在努力制定专门的教学材料和方案，包括俄语的学习和对移民儿童的心理支持，并建立有针对性的教师进修和再培训制度。移民儿童对于语言的接受在很大程度上影响着俄罗斯未来移民语言发展走向，因此儿童移民语言生活问题值得格外关注。

二　俄罗斯移民语言政策

（一）移民语言政策概览

俄罗斯移民语言政策处于探索发展的过程中，从 20 世纪 90 年代起至今，俄罗斯移民政策历经 30 多年的发展变化。移民语言政策作为移民政策当中不可或缺的重要组成部分，值得独立分析。2015 年 1 月 1 日起俄罗斯新移民法生效，整体而言，新移民法趋向宽松。其中规定，对与俄罗斯实行免签证的国家取消移民配额，代之以个人或者法人工作许可制度。该项举措意味着政策上鼓励更多的劳动移民进入俄罗斯。然而，新移民法对移民语言要求更高，其中规定所有移民必须要用俄语通过俄罗斯法律和历史基础知识考试。这是 2012 年关于外来务工人员必须通过俄语水平考试的法律生效以来，首次对所有到俄罗斯工作和生活的外国移民都提出了语言水平的要求。俄罗斯放宽劳动移民政策的主要原因在于俄罗斯技能人才不足，移民语言不过关，游离在俄罗斯社会之外，也为俄罗斯政府管理制造难题。

1993 年俄罗斯政府推出《移民法》和《难民法》；1996 年颁布《出入境程序法》（2013 年补充修订）；1997 年俄罗斯政府制定《人口就业法》

① Стрельцова Яна Рудольфовна, “Адаптация иммигрантов в России: языковой аспект”, Россия и современный мир, No. 3, 2013.

（2003 年补充修订）；2006 年俄罗斯出台《促进侨胞自愿移居俄罗斯联邦国家纲要》，旨在吸引原苏联国家的俄罗斯族人和讲俄语的居民赴俄定居，取得俄罗斯国籍；2002 年 7 月 25 日，出台《外国公民法律地位法》；2012 年 6 月，出台《2025 年前俄罗斯国家移民政策构想》，其中有关移民语言政策的条款为“教授移民学习俄语”；2012 年 11 月，出台《外国公民法律地位法》修订案；2014 年 4 月，通过《俄罗斯国籍法》修订案；2014 年 4 月，修订《俄罗斯移民法》，其中有关移民语言政策的条款为“从 2015 年 1 月 1 日起，每一个在俄申领暂居证、居留证、工作许可证、劳务特许证或者打算加入俄罗斯国籍的外国公民（除高级技能专家外）必须参加俄语、俄罗斯历史和法律三科考试，以考试合格证明自己掌握俄语并了解俄罗斯历史和法律”[①]；2015 年 1 月 1 日，《俄罗斯新移民法》生效。近年俄罗斯联邦政府先后通过《移民登记法》《行政处罚法》《劳动移民须通晓俄语法》《修改外国人签订形式条款的协议》等。2012 年底国家杜马通过法律修正案 11“关于外国公民的法律地位”和“关于教育”，这两项法律要求外国人在俄罗斯联邦领土上获得工作许可证，承认在苏联境内签发的大学证书或文凭以及在俄罗斯境内签发的类似文件。如果不能提供此类文件，外国人必须通过国家俄语测试（移民测试费用为 2500 卢布）并按照教育部规定的程序获得证书。截至 2011 年底，俄罗斯大学和外国教育机构累计设立 160 多个组织，有权对外国公民进行俄语的国家测试。普通学校教师也有可能获得参加语言考试的权利。自 2019 年 11 月 1 日起俄罗斯联邦开始实施“移民适应创新和数字技术”项目。该项目旨在帮助俄罗斯联邦移民在社会文化、法律和心理层面感到适应。2025 年前实施俄罗斯联邦国家移民政策构想措施计划，根据俄罗斯联邦总统对联邦和地区当局的指示，除高素质专家外，所有移民务工人员必须进行俄语、俄罗

① 于晓丽：《近几年俄罗斯移民政策的新变化》，《世界民族》2017 年第 6 期。

斯历史和法律的强制性考试。同时，对于临时外来务工人员，可以降低俄语考试费用。[①]

（二）移民语言政策特点

1. 移民语言融合

移民语言融合的主要因素之一是对接收国语言的掌握程度。目前，俄罗斯暂未出台移民语言融合的官方计划。俄罗斯联邦移民管理局指出，超过一半的移民并未掌握俄语，来自中亚的移民人数达到25%。2011年底，在俄境内大学及境外教育机构的160多个组织获得许可对外国公民进行俄语测试。大规模移民是影响国家发展的重要因素之一，间接影响着俄罗斯现代化进程。融合政策是移民政策的重要组成部分，可见语言融合政策也是移民语言政策中十分重要的元素构成。虽然俄罗斯相继颁布并修订一系列法规政策旨在促进移民融合，然而在俄语知识掌握以及俄语考试方面并未开设相关培训，从而在一定程度上增加了移民的语言困扰，甚至会助长非法移民。第一，俄罗斯确保完善保障移民语言融合的基础设施；第二，语言融合政策是双向过程，一方面将移民纳入社会语言文化之中，另一方面致力于实现语言文化认同，打造宽松的语言融合环境；第三，语言融合政策不只注重融合过程中的语言要素，也开始注重移民的文化要素。熟悉接收国的语言是融入社会的主要因素之一。少数民族移民本身并不总是以俄语为导向，也不总是以接收国的习俗和行为准则为导向。值得注意的是，移民语言融合政策的实施应以尊重人权为基础，还应考虑到多种语言和文化共存的复杂性与多元性。“语言融合”与其他类型的融合几乎没有共同之处。这是因为语言不能仅仅被视为一种实用的交流工具，语言更是创造的基础，是个人和群体的文化特征，在社会和文化创新方面起着

① Стрельцова Яна Рудольфовна, “Адаптация иммигрантов в России: языковой аспект”, Россия и современный мир, No. 3, 2013.

重要作用。因此，学习和使用一种新的语言，即接收国的语言，不仅具有实际意义，而且还可能影响自我认同。语言融合是一个不平衡的过程：接收国社会的成员可能会对其民族特性感到焦虑或恐惧（这种焦虑或恐惧往往是虚构的）。他们认为，移民的语言“堵塞”了他们的母语。接收国人民发展一种新的语言多样性形式，逐渐取代本国传统的语言多样性（区域语言和少数民族语言）。移民语言融合从属于意识形态层面，尽管新语言的出现在一个特定的地区，对移民来说是一个更复杂、更重要的现象。同时，学习一门新语言可能会引发其他社会问题，因为在某些情况下，移民者的文化多样性可能会受到损害，他们将要学习的语言取代他们以前熟悉的语言（包括他们的母语），从而导致“归属感”的丧失。移民语言适应问题正越来越紧迫。俄罗斯开通付费和免费教育中心以供俄语学习和俄语知识测试。此外，俄罗斯联邦移民局启动多个“试点”项目，俄罗斯世界基金会与有关国家签署合同，如塔吉克斯坦、乌兹别克斯坦和吉尔吉斯斯坦，开设俄语培训和测试中心。

2. 移民语言矛盾

总体而言，俄罗斯移民语言政策主要依附于移民政策，尚未形成具有持续性的运转系统。此外，俄罗斯移民政策相对分散，完整的移民机制尚未建立。已经出台的移民语言政策完成度不高，以《外国公民法律地位法》为例，该法是 2002 年 7 月 25 日出台的，是基础性法令，是移民法的核心。但该法自出台以来已经历了 60 多次修订，有前后矛盾之处，缺少系统性和连贯性。俄罗斯亟待制定出台移民语言政策法典。因此，俄罗斯的移民政策没有考虑到来自不同文化且教育水平较低的人大规模移民会对文化和社会平衡造成严重破坏。俄罗斯的“亚洲”部分正在加强，来自独联体国家的劳动力迁移有助于解决人口问题，但无助于经济的动态发展和俄罗斯联邦领土的均衡发展，增加了社会领域的负担。现代移民政策在国际关系中造成潜在的冲突，政府没有考虑到俄罗斯民众反移民情绪的明显增长。在俄罗斯社会的政治话语中，总是强调与大规模外来移民相关的风险，如社会紧张情绪和冲突，破坏当地居民的文化认同。对于俄罗斯需要什么样的移民，移民对于俄罗斯未来发展到底有什么样的作用，始终没有形成有说服力的、在官方层面被认可的观念。因此，俄罗斯移民语言政策的制定离不开主流政治话语的影响，移民语言充斥着矛盾性与不确定性。

3. 移民语言政策收紧

新移民法对移民语言水平要求提高，所有移民必须用俄语通过俄罗斯法律和历史基础知识考试。从 2012 年起，申请获得俄罗斯国籍的外国公民必须掌握俄语，这也是首次对移民语言进行规范。2014 年 6 月《俄罗斯联邦国籍法》要求，外国留学生在毕业后要想获得俄罗斯国籍，必须先办理居留证，并在专业对口岗位上工作 3 年以上。2022 年开始，全球移民政策收紧趋势较为明显，总体已是大势所趋。移民政策向着更严谨、更严格的方向发展，相应的移民语言政策也陆续采取措施，移民语言政策收紧主要基于以下三点原因：一是俄乌局势持续升级，世界格局发生重要变化，不仅影响了全球的移民政策，而且直接对俄罗斯的移民政策产生深刻影响，从而导致俄罗斯移民语言政策收紧。二是国家语言政策的制定者出于对国家语言安全的考量，平衡国家利益，收紧移民语言政策。三是移民语言政策进入一个新的发展周期，现阶段，全球各国纷纷出台相关政策措施，不断提高移民语言水平标准，这也标志着全球的移民语言发展正在进入下一个发展周期，整体趋势收紧。语言作为移民的重要门槛，一方面有助于全球各个国家的移民融合发展，另一方面各国不断发出新政，预示着移民语言政策将出现新一轮收紧态势。

三　俄罗斯移民语言生活图景构建

俄罗斯奉行自由的移民政策，没有利用独联体公民的大规模存在来促进其在这些国家的利益，来自原苏联的共和国劳工移民也没有成为影响俄罗斯外交政策的工具。加强俄语在俄罗斯乃至世界上的地位，特别在独联体国家，是促进俄罗斯民族团结和国际影响力增长的真正潜在因素。据统计，2010 年在俄罗斯 99.4% 的居民说俄语，660 万人认为俄语是母语。在流行程度上，它与西班牙语并列排在世界第三位，仅次于汉语和英语。总体而言，俄罗斯移民语言政策尚处于探索发展阶段，其实施效果并不理想，劳务移民占据主力，移民语言融入仍是俄罗斯移民语言生活图景构建的重中之重。另外，俄语、俄罗斯法律、俄罗斯历史知识考试的门槛限制淘汰了部分受教育程度较低的移民。"目前，俄罗斯的外来移民中，约有 3/4 受过高等或中等教育，1/4 只受过中等以下教育。语言能力上，2/3 会俄语。此项限制也在某种程度上致使获得劳务许可和劳务执照的外来劳务移民数量出现较大幅度下降。"① 世界局势纷繁复杂，乌克兰危机全面升级，势必影响俄罗斯移民结构大调整，俄罗斯移民语言生活图景也会随之重新构建，未来发展仍需密切关注。

苏联解体 30 多年来，俄罗斯移民语言生活图景呈现出由"宽"趋"严"、由"松"趋"紧"的演进态势，经历了探索形成到语言适应再到全球发展的路径，总体而言，矛盾与融合并行，俄罗斯移民语言生活图景动态向前发展。

① 高际香：《俄罗斯外来移民政策演进与前瞻》，《俄罗斯学刊》2018 年第 3 期。

20 世纪俄罗斯远东与中国东北地区斯拉夫语言参与的语言情境动态研究*

〔俄〕E. A. 奥格列兹涅娃**

法国语言学家马蒂内(A. Martinet)认为，“研究语言的传播是一项对自己有价值的职业”①，包括一些杰出人物在内的许多研究人员也这样认为。语言传播的结果可能是最出乎意料的，如果我们研究某种语言传播的原因，那么正如马蒂内所写，“语言传播是军事、政治、宗教、文化、经济或人口扩张的副产品。某种语言战胜其他语言不是因为语言本身，而是因为说该语言的人更英勇、更狂热、更有文化、更精明强干”②。自 2000 年以来，我们对毗邻中国东北地区的俄罗斯远东地区、部分吸收俄语的中国东北地区语言情境的观察研究证实了马蒂

* 该文由发表于俄罗斯期刊《Русин》2015 年第 3 期第 102—120 页的同名论文翻译、修订而成。译者：安利红，中国东北亚语言研究中心研究员，研究方向为俄语语言学、教学论。

** 叶莲娜 · 亚历山大罗夫娜 · 奥格列兹涅娃(Elena Aleksandrovna Oglezneva)，语文学博士，俄罗斯托木斯克建筑与土木工程大学国际关系与教育国际化学院俄语与留学生专业课教研室教授，主要研究方向为社会语言学。

① Мартине А. Распространение языка и структурная лингвистика. Новое в лингвистике. М., 1972. Вып. 6. p. 81.

② Мартине А. Распространение языка и структурная лингвистика. Новое в лингвистике. М., 1972. Вып. 6. p. 81.

内的这一观点。然而，我们研究的重点是，俄语这一种语言在不同区域显示了不同的结果。

对在边境条件下有俄语参与的若干语言发展的独特情境进行描写能够使我们了解斯拉夫语言在不同地区存在的复杂状况，并对其进行预测，根据设定的目标制定语言政策。语言情境传统上被理解为“在一定地理区域或行政政治结构范围内，一种或一组语言在其领土—社会相互关系及使用过程中的存在形式（或风格）的总和体”①。大国由于多民族、多语言，可能同时存在好几种语言情境。根据梅奇科夫斯卡娅（N. B. Mechkovskaya）的定义，“单独的语言情境是语言及子语言的语言地理（区域）统一体，它们在社会范围内共存，彼此接触、相互作用”②。因此，同时谈论在上述地区观察到的几种语言情境是非常合理的，它们是彼此分开的、单独的。同时，领土与时间因素又使它们联系在一起。对这些语言情境采取的研究方法是相同的，这使我们可以确定它们的类型。

在俄罗斯远东村庄以及位于黑龙江右岸的中国俄罗斯村、中国哈尔滨市进行直接的实地考察是研究每种具体语言情境的重要过程。上述地点都在不同程度上显示了多语种的特征。接下来是对语言情境进行社会语言学的描述，要考虑影响语言情境形成的历史、政治、经济等各种外部因素，并以某一领土人口构成的定量、定性参数的统计数据为根据。这种研究的结果描述了语言情境的定量和定性特征：确定具体语言情境中习语的数量、它们的人口能力与交际能力，语言情境（单语的/多语的）中包含的习语的语言性质，习语之间的结构-遗传关系，习语的功能对等/不对等性质，全国范围内占优势习语的性质，并

① Швейцер А. Д., Никольский Л. Б. Введение в социолингвистику. М.: Высш. шк., 1978. p. 101. Виноградов В. А. Языковая ситуация//Лингвистический энциклопедический словарь/Гл. ред. В. Н. Ярцева. М.: Сов. энциклопедия, 1990. p. 616.

② Мечковская Н. Б. Общее языкознание: Структурная и социальная типология языков. М.: Флинта; Наука, 2001. p. 160.

且“从交际适宜性、美学、文化声望角度”[①] 考虑了与习语评价相关的语言情境的评估特征。下一步对语言情境进行语言研究，这一阶段的主要方法是多语种群体成员的言语肖像法。在创建言语肖像的基础上，了解多语种语言情境中社会成员的语言能力，并通过多语种社会成员语言能力的动态变化，通过他们言语中语言变体相互影响产生的竞争力，来判断语言整体变化的趋势。

作为习语综合体的语言情境不是静态的构造，任何语言情境都可能具有随时间而变化的基本属性。由此产生一个问题：什么是这种变化的驱动力，是什么在某个时间引起了这些动态的转变过程。我们研究的语言情境展示了一幅有趣的画面。在上述地区构成的语言情境的习语中，有斯拉夫语，主要是东斯拉夫语——俄语、乌克兰语、白俄罗斯语，其中占主导地位的是俄语。俄罗斯远东与中国东北地区斯拉夫语参与的语言情境的形成发生在历史上非斯拉夫的领土上。分析上述地区语言情境形成的语言和非语言因素使我们能够确定那些引发其动态发展的因素。下面我们详细看一下本研究的语言情境，重点关注其中斯拉夫语的组成成分及其动态。

一　20 世纪俄罗斯远东地区的语言情境

斯拉夫语在俄罗斯远东地区流行之前，该地区的语言主要是远东原住民族语言和中国民族的语言。东斯拉夫人迁入始于 19 世纪下半叶，他们的语言和方言使当地语言情境发生了本质变化。来自乌克兰的迁移，与来自俄罗斯欧洲部分和西伯利亚的俄罗斯人的迁移一样，具有大规模的性质。乌克兰人是远东地区包括阿穆尔地区（黑龙江北

① Виноградов В. А. Языковая ситуация//Лингвистический энциклопедический словарь/Гл. ред. В. Н. Ярцева. М.: Сов. энциклопедия, 1990. p. 616.

岸）仅次于俄罗斯族的第二大斯拉夫民族。1886 年，阿穆尔地区所有迁入者中有 46.5% 是乌克兰人，1890 年这一数据为 59.6%。[①] 该地区乌克兰人的迁入十分活跃，出现了像“绿楔子”这样的远东领土概念，用来命名乌克兰人在远东的居住地。

多民族性、民族混杂一直是该地区的一个显著特点，造就了其独特之处。远东地区的多民族伴随着各种语言和语言形式的使用，如东斯拉夫方言，包括俄罗斯老一代信徒保守的方言，还有俄罗斯俗语，当地土著语言和东亚其他国家——中国、朝鲜、日本的语言；此外，为方便俄罗斯人与中国人以及该地区土著人的交流，还存在过简化的俄-汉混杂语洋泾浜的语言形式。

在所有斯拉夫语言中，只有远东地区俄语的标准语服务于各种具有社会意义的领域。从 19 世纪中叶开始，俄语的地位增强，对于新成为俄罗斯一部分的该地区而言，俄语是国家语言，是俄罗斯作为一个国家的象征，是国家管理、立法、司法的官方语言，是与民族名称一致的冠名语言。[②]

在来自乌克兰与白俄罗斯的移民中农民在数量上占主导地位，乌克兰语和白俄罗斯语主要以方言形式存在。就白俄罗斯语而言，方言形式的优势是绝对的。乌克兰语的情况有些不同，20 世纪初，乌克兰语标准语形式在远东地区的作用为人所知，但并未普及。随着时间的推移，该地区的斯拉夫语整体状况发生了显著变化。俄语的作用有所增加，而该地区存在的其他斯拉夫语言的功能正在减弱。最初，俄语在该地区的地位就比较强，首先是由于其使用者的人数优势，其次是

---

① Блохинская А. В. Современные русские говоры на Дальнем Востоке как результат взаимодействия разных диалектных систем//Языковая ситуация на Дальнем Востоке России и приграничной территории（на материале Приамурья и провинции Хэйлунцзян, Китай）/Под. ред. Е. А. Оглезневой. Благовещенск：Изд-во АмГУ, 2014. р. 44.

② Вахтин Н. Б., Головко Е. В. Социолингвистика и социология языка СПб.：Гуманитарная Академия：Изд-во Европ. ун-та в СПб., 2004. р. 42.

由于其地位。在20世纪末，俄语的标准语形式在社会交流中占主导地位，享有绝对的社会威望。

20世纪末远东地区的俄语方言在很大程度上受到俄语标准语的影响，现代村庄中讲方言的人越来越少，说标准语和混合语的人越来越多。此外，阿穆尔地区俄语方言语言体系的不同，主要体现在词汇层面，受到其他方言、乌克兰方言和白俄罗斯方言的影响，这是该地区俄语方言的特点。

与俄语相比，乌克兰语的地位较弱。乌克兰人口一直低于该地区的俄罗斯人口，因此，以这种语言为母语的人数较少。乌克兰语的标准语形式不具备发展的有利条件，因为乌克兰语的社会地位也不如俄语高：它既不是国家语言，又不是官方语言，也不是冠名语言。苏维埃政府支持乌克兰族在远东地区作为一个单独、自发的族群的国家政策缺乏计划性。同时乌克兰语在新闻、教育和其他生活领域使用有限，促成了它在远东斯拉夫人口中的逐渐消散，并最终导致了俄罗斯化。20世纪来自乌克兰新一批的移民为俄罗斯远东地区，包括阿穆尔地区多样性的方言赋予了乌克兰语的特色。

到20世纪末，与其他东斯拉夫语言相比，白俄罗斯语在该地区的使用人数最少，并且仅以方言形式少量存在。原因在于其缺乏社会地位和交际规模：它与乌克兰语一样，没有国家语言、官方语言、冠名语言的功能；然而，与乌克兰语不同，乌克兰语不仅有方言，而且有标准语形式，而白俄罗斯语没有。在阿穆尔地区村庄与白俄罗斯移民的后裔用俄语交谈中发现，他们的言语中有白俄罗斯语和乌克兰语的影响——存在白俄罗斯语和乌克兰语的词汇。这里方言间的相互作用产生了更具同化性的结果：在保留母语方言成分的情况下，过渡到了另一种俄语—方言系统。

因此，可以得出这样的结论：乌克兰语和白俄罗斯语的使用者逐渐消失，俄语的各种形式居主导地位。苏维埃国家的民族和语言政策促进了这种情况的形成。所以，在20世纪30年代苏联语言的俄罗斯化成为总体趋势，在战后时期得到加强。当时“苏联采取了加强赢得伟大卫国战争的国家的语言（即俄语）的方针”[①]，“在五六十年代，关于在建设共产主义的过程中不可避免民族融合的口号很流行，所有这些都使人们对除俄语之外的所有其他语言的发展关注度下降”[②]。

对过去至少两个世纪远东地区语言情境的分析充分证明其语言和语言形式的多样性，它们有不同的起源、不同的类型学特性、不同的交际能力和人口能力、不同的地位。历史状况影响了该地区语言情境及其动态。我们目前观察到的结果是客观和主观因素影响的结果，它们共同展示了一种具体的、独特的语言情境，同时，也是一种进化规律，让我们能够在其他时空坐标中建立语言预测。

二 20世纪中国俄罗斯村的语言情境

在黑龙江对岸的中国俄罗斯村庄观察到完全不同的景象，俄罗斯移民的后裔居住在那里，作为少数民族受到中华人民共和国法律的保护。例如，黑龙江省黑河市黑河区逊克县的边疆村、宏疆村、车陆村、道干村，孙吴县的哈达彦村。边疆村有311户家庭，其中有146户是俄罗斯移民的后代。该村共有1087人居住，其中364人（占总数的33.5%）有俄罗斯血统。车陆村共有456户1983人，其中，268名俄罗斯血统的人生活在61个家庭中（占总数的13.5%）。有300多个家庭居住在哈达彦村，其中50个有俄罗斯后裔，约200人。根据黑河市

① Коряков Ю. Б. Языковая ситуация в Белоруссии и типология языковых ситуаций: дис. … канд. филол. наук. М., 2002. pp. 36, 39.

② Коряков Ю. Б. Языковая ситуация в Белоруссии и типология языковых ситуаций: дис. … канд. филол. наук. М., 2002. p. 39.

民族事务局的数据，2000 年黑河市区俄裔居民总数为 2521 人。[①]

20 世纪三四十年代，由于生活条件艰苦和害怕在卫国战争中存活不下来，俄罗斯移民来到了黑龙江右岸。他们大多数存活了下来，但却没有保留自己的民族性：他们的后代为适应新的语言环境，在第一代已经放弃母语俄语。此外还有一个重要的因素，就社会地位来讲，这些人是农民，主要说方言。方言作为一种不具声望的非书面语言，在语言接触中面对其他语言的干扰往往不太稳定。从民族上来看，他们主要是俄罗斯人，也有其他斯拉夫民族，如乌克兰人，从保存下来的一份移民问卷可以看出，他们自己在问卷中表明了自己的民族。[②]

该地区语言情境的主要组成部分是两种语言的习语：俄语与汉语。在该情境中，俄语不是赢家，而是输家。20 世纪中后期，在与俄罗斯接壤的中国边境地区——俄罗斯移民及其后代居住的黑龙江右岸的村庄里，汉语具有绝对的人口能力和交际能力。那些在 21 世纪初仍然会说俄语的人（移民的后代），俄语说得并不流利。汉语是他们的第一语言和主导语言。移民一代的孙辈最多只知道一些俄语单词和短语，曾孙一代只会说中文，但其中有些人倾向于在中小学和大学学习俄语，以便在未来的工作中用它。

中国黑龙江右岸的俄罗斯移民丧失俄语能力的客观因素中，有必要提到缺乏使用俄语的社会机构——学校、媒体、生产场所等，以及遏制母语能力丧失的强大保守因素——教会。此外，有必要注意导致其母语能力丧失的主观因素：在我们研究的这种语言情境下的俄罗斯

---

① Гордеева С. В. Русский язык в приграничном Китае, его роль в формировании языковой ситуации//Языковая ситуация на Дальнем Востоке России и приграничной территории (на материале Приамурья и провинции Хэйлунцзян, Китай)/Под ред. Е. А. Оглезневой. Благовещенск: Изд-во АмГУ, 2014. p. 102.

② Гордеева С. В. Русский язык в приграничном Китае, его роль в формировании языковой ситуации//Языковая ситуация на Дальнем Востоке России и приграничной территории (на материале Приамурья и провинции Хэйлунцзян, Китай)/Под ред. Е. А. Оглезневой. Благовещенск: Изд-во АмГУ, 2014. p. 103.

人及其后裔群体没有自觉保留母语的态度，没有暂时留在异国他乡的感觉。她们大多数是嫁给中国男人的女性，永远离开俄罗斯来到中国，可能是她们认为在中国更容易抚养孩子。这些移民缺乏在外语和外国文化环境中将自己作为族群保留的明显动机，而是主动融入其中，导致其快速离开母语、母语族群及文化。

20 世纪 60 年代在中国发生的历史事件——“文化大革命”也是我们研究的语言情境中对俄语的破坏性因素，这一运动同化了俄罗斯移民的民族自我意识和语言归属。在此背景下，母语从日常使用中退出并被遗忘。与中国人通婚也可以归结为中国边境地区俄语消亡的因素，在这种情况下，家庭交流的语言通常变成了汉语，这与日常及社会交流的语言相同，能够获得支持。

这样，数十年(两代人)足以让语言被遗忘，在该语言情境下，斯拉夫语成分丧失这个结果是可以预料的。

三　20 世纪中国哈尔滨市的语言情境

中国的哈尔滨市是 20 世纪俄罗斯在东方的侨民中心，它的语言情境可以说是独一无二的。这座城市始建于 1898 年，与一项在中国开展的俄中项目“中国—东部铁路(中东铁路)”建设有关，当时计划建设一条在未来 100 年共同使用的铁路。哈尔滨是由俄罗斯工程师和建筑师按照俄罗斯城市的风格建造的，直到 20 世纪 60 年代初，它一直是俄罗斯东部移民的中心，直到俄罗斯人最后一次大规模迁出。

哈尔滨市一开始就是一个多民族、多语种的城市。1910 年的档案资料显示，这一时期在哈尔滨的欧洲人口为 32320 人，其中 31269 人为俄罗斯人(俄罗斯族、乌克兰族、白俄罗斯族、亚美尼亚族、格鲁吉亚族、犹太族等)，犹太人 452 人，德国人 166 人，希腊人 92 人，英国人 83 人，法国人 60 人，波兰人 53 人，土耳其人 40 人，捷克人 33

人，奥地利人 21 人，还有不到 20 人是意大利人、格鲁吉亚人、西班牙人、保加利亚人、美国人、瑞典人和瑞士人。[①] 哈尔滨发展迅速，1917 年其居民人数超过 10 万，其中俄罗斯人超过 4 万。[②] 到 20 世纪 20 年代，中国的犹太族人有 7000 人，乌克兰人有 2000—20000 人，波兰人有 2500—50000 人。[③] 大量的各族人口集中在哈尔滨，形成了多民族杂居的状态。

哈尔滨各民族内部的交流依然使用母语，这是族群的本质特征，它使族群能够自我认同。一个不寻常的事实是，不懂居住国语言汉语、只使用自己母语的外国人在哈尔滨是可以生活的。我们认为，哈尔滨众多民族群体的语言，在群体内部作为交流手段并存，没有也不能在短短的几十年内发生重大变化，并且由于其孤立的存在得到了保护。例如，对哈尔滨最后一批俄罗斯侨民的语言的观察证明了这一点，他们一生都在讲中文的环境中度过[④]，对哈尔滨及后哈尔滨时期俄罗斯期刊和回忆录语言的观察也证明了这一点。[⑤]

我们重点关注哈尔滨和中东铁路全线最大的两个民族的语言——汉语和俄语。汉语是中国的官方语言，也是 20 世纪上半叶哈尔滨及其周边地区很大一部分当地人口的语言。由于数量上的优势和历史上形成的国家统治，汉语群体在该地区占主导地位。但是，汉语作为优势

---

① Василенко Н. А. О численном и национальном составе населения Харбина в 1898－1917 гг. //Дальний Восток—Северо-Восток Китая：исторический опыт взаимодействия и перспективы сотрудничества：материалы международной науч. -практ. конф. Хабаровск：Частная коллекция，1998. p. 63.

② Аблова Н. Е. КВЖД и российская эмиграция в Китае：Международные и политические аспекты истории（первая половина XX в.）. М.：НД ИД «Русская панорама»，2004. p. 66.

③ Аблажей Н. Н. С востока на восток：Российская эмиграция в Китае/Отв. ред. В. А. Ламин. Новосибирск：Изд-во СО РАН，2007. p. 44.

④ Оглезнева Е. А. Русский язык в восточном зарубежье（на материале русской речи в Харбине）. Благовещенск：АмГУ，2009. pp. 178－193，213－214，268－269.

⑤ Оглезнева Е. А. Русский язык в восточном зарубежье（на материале русской речи в Харбине）. Благовещенск：АмГУ，2009. pp. 126－131.

民族的语言，并没有因历史机缘而对与之共存的其他语言产生重大影响，没有压制它们。哈尔滨和中东铁路沿线两大民族语言一个是自古以来的本土语言，另一个是外来的语言。

中国的国家通用语言是普通话，也即汉语的标准语，但在 20 世纪初的一段时间，俄语在中国的哈尔滨和中东铁路沿线拥有类似通用语言的地位。当时在俄罗斯人密集的地方有许多俄语公共机构，包括教育、印刷、生产等机构，在这些机构中正式和非正式的交流都是用俄语进行的。[①]

一种语言的交际能力取决于其使用领域的数量。哈尔滨的俄语与 20 世纪 20 年代的其他语言相比，拥有最大的交流能力，指标为 1，同期汉语交际能力指标为 0.73。[②] 哈尔滨其他语言的数据，包括斯拉夫语，在这个城市各种交流领域也有体现，见表 1。

表 1　20 世纪 20 年代在哈尔滨发挥作用的语言的交际能力

语言	生产	贸易	法律	外交	新闻	教育	科学	宗教	戏剧	体育	日常生活	交际能力
俄语	+	+	+	+	+	+	+	+	+	+	+	1
汉语	+	+	+	+	+	+	−	+	−	−	+	0.73
波兰语	−	−	−	+	+	+	−	+	−	−	+	0.45
乌克兰语	−	−	−	−	+	+	−	+	+	−	+	0.45
白俄罗斯语	−	−	−	−	−	−	−	+	−	−	+	0.18
法语	−	−	−	+	−	−	−	−	−	−	+	0.18
朝鲜语	−	−	−	−	−	−	−	+	−	−	+	0.18
教会—斯拉夫语	−	−	−	−	−	−	−	+	−	−	−	0.09

20 世纪初哈尔滨和中东铁路沿线俄语保存下来的原因主要有以下几点。第一，有一个接近自然的俄语语言环境，俄罗斯东部移民由不

① Оглезнева Е. А. Русский язык в восточном зарубежье（на материале русской речи в Харбине）. Благовещенск：АмГУ，2009. pp. 25-36.

② Оглезнева Е. А. Русский язык в восточном зарубежье（на материале русской речи в Харбине）. Благовещенск：АмГУ，2009. p. 55.

同社会阶层的人构成，他们的言语代表着不同的民族语言变体。第二，由于俄语在东方侨民应用领域的广泛性，在宗教、教育、报刊等重要社会机构的服务中发挥类似官方语言的功能。第三，俄语在当地中国居民中具有较高声望，他们愿意说俄语并接受俄语教育。第四，存在东方侨民语言标准以及旨在保护该标准的社会语言政策。第五，作为俄罗斯民族文化的语言，俄语在东方侨民的心中具有很高的地位。

对俄罗斯远东和中国东北部有斯拉夫语言参与的几种语言情境的分析让我们看到，虽然其中相互作用的习语在语言类型学(例如汉语和俄语)方面极为不同，但仔细研究这些语言情境，可以发现它们有一个共同的、在很大程度上由社会因素决定的发展轨道。不得不承认，语言的类型差异在某个确定时刻并不会对语言情境的最终形成产生本质影响。

远东领土上的斯拉夫语言情境在俄罗斯、乌克兰和白俄罗斯语言的参与下，以俄语的胜利结束。乌克兰语和白俄罗斯语的方言自 19 世纪末在远东地区使用，21 世纪初俄语占绝对主导地位，白俄罗斯语完全消失，乌克兰语只残存在个别个体的言语中。俄语是冠名语言、国家语言，俄语标准语在所有交际领域占主导地位。

中国边境的斯拉夫语言情境以俄语的完全失败而告终。20 世纪中叶移居中国的大多数俄罗斯人在第二代就已经忘记了俄语，俄语仅依稀出现在个别个体的言语中。俄语在中国边境地区语言情境的形成过程中丧失地位，其原因在于中文在该领土上占主导地位，因为它的功能是冠名语言及国家语言，用俄语交流并不现实。

哈尔滨斯拉夫语言情境的发展是非典型的。20 世纪初至中叶那里的语言情境很罕见，俄语在哈尔滨及与它相连的中东铁路沿线，即外国领土上，具有很高的交际能力，甚至超过了人口能力更强、作为冠名语言和国家语言的中文。俄语在那里表现出很高的保存和生存能力。这得益于各种用俄语交流的社会机构及一些主观因素的影响：俄语较高的地位、在中国具有较高的声望，以及俄罗斯人将它作为民族同一性的象征而有意识地保留。

上述研究有助于语言情境的类型学研究，特别是斯拉夫语言参与的语言情境类型学研究。具体的形成条件使斯拉夫语言参与的语言情境具有多样性和独特性。

蒙古国权威大辞典
——《蒙古语详解大辞典》的出版背景及特色

图门其其格*

词典是用来解释词语意义、概念、用法的工具书，词典也是反映一个国家语言政策和语言规范的标志。蒙古国《蒙古语详解大辞典》出版于2008年，是蒙古国当代最具代表性的权威大辞典。

一　蒙古语辞书编纂历史简述

自13世纪回鹘蒙古文创制以来，蒙古民族的辞书编纂已有几百年的历史。在14世纪蒙古地区即已出现了双语词典。[①] 1305年，却吉奥德斯尔编纂蒙古语语法词典“jiruken-u tolta-yin tailburi”（《心镜解》），这部著作一直到20世纪初还在蒙古地区流传使用。18到19世纪出现过2—5种语言的对照词典，如1746年编写的“qagan-u bichigsen manju-mongolugen-u toli bichig”（《御用满洲蒙古语词典》）。约成书于

* 图门其其格，内蒙古大学蒙古国研究中心教授，大连外国语大学东北亚语言研究中心兼职研究员，主要研究方向为蒙古国国别研究、中蒙关系。

① 图木尔陶高：《蒙古语详解大辞典·前言》，见《蒙古语详解大辞典》第4页。

1795年的《五体清文鉴》，是满、藏、蒙、维吾尔、汉五种文字的对译分类辞典，有很多蒙古学者参与了编纂工作。18世纪之后，1708—1717年，最早确定蒙古语文学语言词汇规模的蒙古语《二十一目大辞典》(khorin nigetu tayilburi toli)编纂刊印完成。该辞典在序言中写到，其词汇注释内容曾向当时8个旗的父老乡亲、参加宗教膜拜的49个旗的成员以及喀尔喀诸部的王公贵族咨询征求意见，为后世的解释型辞典的编纂提供了基础。后刊印的《三十六目大辞典》(guchin jirugatu tayilburi toli)的一个版本由普热布编纂，因此受到当时的政教领袖博格多汗的嘉奖，成为文人墨客的必备工具书。另一个版本由蒙古文献研究院的巴特奥其尔和米西格等人在1921—1927年整理完成，成为不可多得的历史文献并被保留下来。

20世纪20年代，蒙古人民共和国成立之后，著名语言学者沙格加(Б. Шагж)借鉴丰富的辞典编纂传统，于1929年编写了《简明蒙古语宝典》(erikuy-e kilbar bolgan jokiyagsan mongol ugen-u tayilburi chindamuni-yinerike)，此辞典最大的特点是按传统蒙古文的字母顺序排列，而不是将词语按语义分类别排列，使用起来非常方便，为后世的辞书编纂者留下了丰厚的文化遗产。

从20世纪前叶以来，蒙古人民共和国的文化、教育事业迅猛发展，随着全民的识字率快速提升、完整的教育体系的形成及科学技术的发展，双语词典、各类科学技术词典不断问世。20世纪60年代，蒙古语言学家策沃勒(Я. Цэвэл)编纂的《简明蒙古语词典》(Монгол хэлний товч тайлбар толь)出版。该词典是蒙古人民共和国进行文字改革后的第一部语言词典，借鉴了沙格加编纂的《简明蒙古语宝鉴》，但相较于前者，《简明蒙古语词典》最大的进步在于运用语言学理论与方法及辞典编纂规则，将词组与语法形式区别开来，对于词与词组、复合词等进行了区分。沙格加在该词典的前言中指出，编写该词典的目的是提高全民的语文教育水平，对于大众学习使用现代蒙古语言文字提供帮助。该词典对于提高蒙古国大众的文化水平、书面语的规范化、普及词汇的准确用法以及现代词典研究学科的确立都产生了深远的影响。

二 《蒙古语详解大辞典》出版背景

1924 年蒙古人民共和国建立之初，即开始着手进行文字改革，当时提出文字改革的目的是改造所有封建、落后的东西，提高科学文化教育水平。[①] 经过几轮的探索比较，从 1946 年起蒙古人民共和国正式使用西里尔蒙古文字，因为当时的社会主义国家苏联、东欧国家普遍使用西里尔文字，新文字对于借用俄语等外来语提供了更加便利的条件，蒙古语中的新词、术语不断涌现，原有词汇中的涵义不断翻新，有些旧社会常用的词语被淘汰，而大量的俄语词借此机会源源不断进入到蒙古语当中来。到 20 世纪 80 年代初，编纂一部反映蒙古语全貌的大型工具书迫在眉睫，国际蒙古学界也呼吁编写一部反映蒙古语言历史与现状的权威大辞典。这一项目随即被提到蒙古国科学院语言文学研究所的工作计划当中。语言所的专家开始从各类蒙古文文献中整理蒙古语词汇卡片，共搜集到 500 万份词汇卡片资料，这些珍贵的资料成为编纂《蒙古语详解大辞典》的坚实基础。20 世纪 90 年代伊始，随着苏联、东欧的剧变，蒙古国也发生了剧烈的社会变革，迎来了政治、经济体制转型和社会、文化变革的转轨时期。从 20 世纪 90 年代蒙古国社会转型以来，随着对外关系政策的调整，与世界各国的关系得到快速发展，政治、经济、社会、文化、科技方面的新词术语或以外来语的方式，或以意译的方式不断涌入现代蒙古语当中，蒙古语中的新词汇流入渠道发生了根本的变化，20 世纪 90 年代以前新词大部分

① 巴特赛罕等：《蒙古史 1911—2017》，乌兰巴托，2018 年，第 345 页。

从俄语中汲取的渠道被打破，通过英语获得新词术语的通道逐渐打开，很多旧体制中经常使用的词汇随着体制的变化被摒弃或鲜少使用，而在当代西方社会中经常使用的词汇源源不断地被引进到蒙古语当中。随着全球化步伐的加快，蒙古语的词汇正在发生大变化，编纂出版一部能够反映蒙古国语言历史与现状的大型权威工具书的需求已经刻不容缓。为此，蒙古国语言学家在已经搜集到的500万份词汇卡片的基础上，开始了蒙古语大辞典的编纂工作。经过语言学专家们十几年的艰苦努力，大辞典的编纂工作接近尾声。时任蒙古国总统的那木巴尔·恩赫巴亚尔于2005年5月26日发布第46号“关于编纂出版发行蒙古语大辞典”的总统令。总统令中提到，为全面掌握几千年以来蒙古民族崇尚和使用的优美的语言，并保留传承下去，就需要尽可能全面搜集、整理蒙古语词汇，编纂一套详解大辞典。并下令：

1. 在2006年内由蒙古国科学院院长、专业研究院和高等教育机构的领导共同规划编纂、完成《蒙古语详解大辞典》的工作。

2. 由蒙古国科学技术基金会全面承担《蒙古语详解大辞典》的编纂、出版经费。

总统令颁布以后，2005、2006年，《蒙古语详解大辞典》两度被列入蒙古国科学院的科研项目，对必要的科研设备和国内外参考资料的购买、聘用专业人员参与课题研究、聘请专家审稿、撰写内部报告等提供了政策和资金支持。在科研人员的不懈努力之下，2008年《蒙古语详解大辞典》终于正式在乌兰巴托市出版发行，该大辞典共计5卷本。蒙古国总统那木巴尔·恩赫巴亚尔在大辞典出版之际发来了贺信，信中表示，该大辞典将成为蒙古国人民永久使用的工具书，期待该辞典的出版在提高蒙古国民众的母语教育水平，尤其是普及大众的历史文化知识、提高文化教育水平以及普及传统思想、宗教信仰、生活常识方面发挥更大的作用。

三 《蒙古语详解大辞典》的特点

《蒙古语详解大辞典》的编纂出版，受到蒙古国内外学者及使用者的普遍关注。因为该辞典的编纂目标、编纂原则以及内容、特色都与以往的蒙古语辞典有一些不同。

对于《蒙古语详解大辞典》的编纂目标，时任蒙古国总统的那木巴尔·恩赫巴亚尔在其总统令中指出：编纂一部反映蒙古文学语言的发展规模，反映蒙古语言各个历史时期特点的详解大辞典，对于“悦耳动听”的蒙古语的保护与传承，反映蒙古文化历史、现实生活及蒙古民族独特的心理特征都具有重要的意义。蒙古国总统的总统令可以说是蒙古国语言文字政策的具体体现。所以，从蒙古国政府的角度来说，编纂《蒙古语详解大辞典》的目标之一是完整记录蒙古语的发展历程，尽可能收录历史文献中使用过的能够代表蒙古人独特心理特质的语言材料。以便将母语原原本本地传给后辈，提高民族语言的“免疫”能力。[①] 出版一部反映蒙古国当代语言学研究水平的工具书是蒙古国学者的神圣使命，也是展示蒙古国蒙古学研究水平的一次难得机遇。所以，从蒙古学研究的角度来说，编纂该辞典的目标就是高质量完成一部蒙古语大辞典，为后人留下一部经典的文化遗产。

该辞典的主编、蒙古国科学院院士宝勒德先生在序言中提到了大辞典编纂的原则，主要体现在以下几个方面。

一是该大辞典对蒙古语的发展起到承上启下的作用。该辞典的收词原则，上要反映 17 世纪蒙古文学语言的发展历程，为达到此目标，筛选了 17 世纪以来出版的所有蒙古文重要文献资料中出现的蒙古语词汇，制作了 500 万份卡片资料。另一方面，该辞典要体现现代蒙古语

① 关于编纂出版《蒙古语详解大辞典》的总统令，2015 年 5 月 26 日。

的发展趋势，编委会选择了1990年以来出版的四种蒙古语日报，搜集现代社会中出现流行的新词汇及术语，并借鉴了近年出版的新词辞典以及国内外学者编写的翻译辞典和名词术语辞典。古词与新词尽收是该辞典编纂的收词原则。

二是尽可能全面参考近年出版的国内外蒙古语辞典。参考了在中国内蒙古出版的TS. 诺尔金等人编写的《蒙古语辞典》(呼和浩特，1999年)，布仁特古斯主编的《蒙古语辞海》(呼和浩特，2001年)，A. 科如琴编写的《蒙俄辞典》(莫斯科、乌兰巴托，2005年)，蒙古国科学院院士B. 查德拉主编的《蒙古语百科全书》(1—2卷，乌兰巴托，2000年)，俄罗斯和蒙古学者编写的《蒙俄大辞典》(1—4卷，莫斯科，2000—2002年)，SH. 却玛等人编写的《蒙古语语法辞典》(1—2卷，乌兰巴托，2005年)，伊·丹巴扎布、阿拉坦奥德、D. 苏龙高等人编写的《启迪智慧之蒙古语精华》(1—2卷，乌兰巴托，2006年)等辞典中的词条及解释，尽可能做到对每个词的释义都准确且有据可循。参考资料全面是《蒙古语详解大辞典》的一个编纂原则。

三是规范正字法。无论什么辞典，最重要的作用是让人们查阅词语的正确写法和正字法规则的运用，所以对于自古以来词语的不同写法，现代报刊、出版中一些词语的不同写法，该辞典普遍以书面语的写法为标准，如果书面语有错误，则修正以后纳入该辞典。蒙古语是黏着语，对于词尾变化的特性运用语言学的理论与实践，将其分成词、词组、固定词组、复合词、词语，运用文学语言和口语的实例对这些词语的含义及使用情况进行说明，这也是该辞典的一个原则。也就是说，除特殊字以外，该辞典充分运用语法学的规则，重视正字法的准确运用，保障其权威性。

四是该辞典借鉴了所有蒙古语的解释辞典并能够取长补短，如借鉴沙格加、策沃勒、诺尔金等人编写的蒙古语解释辞典，纠正了沙格加、策沃勒等人的辞典中词根与附加成分分界不清的缺陷，编纂方式更加科学。

正是在这样的大原则下，该辞典与以往出版的蒙古语词典相比较，有自己的特色和优势，总结为以下几点。

1. 权威性

真正足以代表一国语言学学术成就的，仍是集中人才、长期工作而编出的多卷本研究用的语文大词典。《蒙古语详解大辞典》由蒙古国最具权威的蒙古国科学院语言文学研究所牵头，汇聚蒙古国顶尖语言学家的智慧和汗水编纂完成。蒙古国科学院语言文学研究所成立于1921年，其前身是蒙古文献研究院，拥有悠久的科研历史和一代又一代优秀的科研人员。担任该辞典主编的是蒙古国科学院院士、科学院语言文学研究所所长宝勒德（D. BOLD）博士，总编顾问（编委会委员）包括A. 罗布桑登德布、KH. 罗布桑巴拉丹、L. 巴拉丹、Y. 巴雅尔赛罕、E. 普热布扎布、J. 瑟日杰等知名语言学专家。在大辞典的编纂过程中，编委会聘请了多位专家进行评审，其中也包括中国内蒙古自治区的语言学、辞典学权威学者，如内蒙古大学蒙古语言研究所的确精扎布教授，内蒙古社会科学院语言所的达·巴特尔研究员等人。对于各行业的名词术语则是邀请了相关行业的专家进行选词和注解，达到了专业级辞典的水平。在辞典出版发行后，编委会专门设立了意见反馈办公室，搜集各类意见建议，并在再版时进行了修订。所以说这是以举国之力编纂的一部辞典，也是目前最具有权威性的一部蒙古语详解辞典。

2. 包容性

《蒙古语详解大辞典》的最大的特点是“古今兼收，源流并重”。收词的范围包括13世纪以来蒙古地区优秀作品中的词汇，17—21世纪的文学语言词汇，优秀外国作品的翻译文献中的词汇，蒙古历史典籍词汇，政治、经济、社会、文化、科学、技术方面书籍中的词汇，还囊括了4种蒙古语日报中出现的新词汇及日常普遍使用的流行词及外来语等，包容性可见一斑。

3. 准确性

语言大辞典是具有百科性质的词语详解的大型工具书，准确性是辞典的生命力。《蒙古语详解大辞典》规范了以往写法不统一的词语及附加成分添加后写法不准确的词语，对于有争论的问题进行了梳理和解释，这对于现代蒙古语的规范和统一起到了非常重要的作用。

4. 丰富性

《蒙古语详解大辞典》共收录8万多个词，超越了以往所有蒙古语辞典的收词数量纪录。同时，收录了历史上和当代在蒙古语当中使用的所有外来语借词。

5. 独特性

该大辞典的独特性体现在传统蒙古语和西里尔蒙古文的同时呈现，标注国际音标，词义解释用西里尔蒙文，例句取自17世纪到当代的文学作品。这样的两种文字同时呈现，对于蒙古国落实“蒙古文字国家纲要”，在2025年恢复使用传统蒙古文是一个有力的推动，对于学习传统蒙古文的青少年及成人也是一个很好的、能对照新旧蒙古文的工具书。

总之，《蒙古语详解大辞典》问世以来，对蒙古国通用语言文字的规范使用、提高大众的文化教育水平起到了应有的作用，受到了蒙古国民众的普遍好评。编者为使该大辞典更好地为大众服务，免费提供其电子版，受到广大用户的欢迎。为使辞典的质量更加有保障，编委会专门成立的意见反馈办公室还在不断接受大众的意见和建议，以便在今后的再版中得到修缮。

日本文化厅发布《日语教育专业人才培养、研修模式的相关报告（修订版）》

张浩然[*]

《日语教育专业人才培养、研修模式的相关报告(修订版)》[①](以下简称“报告”)于2019年3月由日本文化厅的下属机构文化审议会国语分科会推出，在2018年发布的《日语教育专业人才培养、研修模式的相关报告(修订版)》的基础之上增添了对在日就业的外国人、难民等的日语教师，以及派驻海外的日语教师发展的相关要求。该报告共有五大部分，其中前言介绍该报告书的发布背景，第Ⅰ章介绍日语教育人才的现状和课题，第Ⅱ章中提出对日语教育人才的资质、能力等的要求，第Ⅲ章是对日语教育人才的培养及教育内容做出的规划，最后一章为参考资料。

---

* 张浩然，大连外国语大学日本语学院讲师，中国东北亚语言研究中心兼职研究员，主要研究方向为日语教育。

① 『日本語教育人材の養成・研修の在り方について(報告)改定版』、文化庁ホームページ、2019年3月4日、https://www.bunka.go.jp/seisaku/bunkashingikai/kokugo/kokugo/kokugo_70/pdf/r1414272_04.pdf［2023年6月12日］。

一　报告发布的背景

一直以来，日本发展师资培养都是以 1985 年推出的“平成 12 年教育内容”作为基本纲领。然而，随着赴日人口数量的攀升和人口结构的不断变化，这一纲领也逐渐不再适用于日本社会。因此，文化审议会国语分科会设立日本教育小委员会，自 2018 年起开始对日语教育人才培养研究的状况进行调查研究，分别按照日语教育专业人才的发展领域、担任的职责、发展的阶段进行整理，归纳出不同发展领域不同职责下的日语教育人才所需资质及能力，并探讨教师培养的内容及模式。2018 年就曾推出《日语教育专业人才培养、研修模式的相关报告》，其“日语教育专业人才”指的是面向在日定居外国人、留学生、儿童等的日语教育专业人才。而本文介绍的修订版对 2018 年的报告书进行了补充，将日语教育教师的范围扩大至面向在日就业的外国人、难民等的日语教育专业人才，以及派驻海外的日语教育专业人才。该报告书的作用是为开展日语教育专业人才的培训研修机构提供纲领性文件，以期培养高水平的日语教育人才，进一步加强日本日语教育事业的发展。

二　日语教育人才的现状和面临的课题

本章介绍报告的第 I 章，第 I 章中主要有三大内容。一是归纳日语教育人才的现状，二是揭示其所面临的课题，三是对日语教育专业人才进行分类。

（一）现状

随着经济全球化进程的加速，日本境内的外国人不断增多，且在日身份也呈现多样化，比如留学生、技能实习生、高级人才等。与此同时，外国人的居住及生活范围由之前的特定区域逐步扩散至日本全国各地。在日中长期居留，以及与家人共同生活在日本的外国人也在逐渐增多，外国人在日本生活也同样需要应对其不同人生阶段所要面对的育儿、就学、就业、养老等问题，随之，日语教育领域也就有了更多元的课题。

具体表现为以下 7 个方面。

（1）在日外国人的人数激增。

（2）受日本政府推出留学生 30 万人计划影响，日语教育机构的数量也达到历史新高。

（3）在有留日就业意向的留学生中，实际能够顺利就业的人数不及总人数的一半。相关调查结果显示留学生认为求职过程中日语考试、面试、资料的书写等最为困难。企业方面也表示留学生的日语水平不过关是最主要的问题。

（4）外国人子女在小中高等就学阶段中需要日语指导。

（5）为确保成长型产业的人才发展，促进就业，开展以外国人为对象的就业支援事业。日本国内每年有超过 4200 名外国人需要接受就业指导。

（6）2017 年 11 月技能实习制度中将看护职业加入其中，由此从事看护职业的技能实习生也对日语交流能力的提升有了需求。

（7）海外也分布着对日本文化感兴趣、有赴日就业意愿、日本人的后代等对日语教育有需求的人群。独立行政法人国际交流基金会一直以来向各国输送日语教育专家。

修订版的报告书中新增有关日语教育机构教育水平提升相关的内容。这一内容以 2017 年 6 月修订的《文化艺术基本法》第 19 条为基础，具体内容为：发展日语教育相关对策应作为振兴日本文化艺术的一环，具体包括日语教育行业专业人才的培养、教材开发、提升教育机构水平等。

至2017年11月，日本国内的日语教育机构共计2109家，相比2014年增长9.0%。日语教师人数为39588名，相比前一年增幅为4.3%，其中60岁以上的日语教师占总人数的22.7%，占比最多。而反观日语教师培训机构的人数则呈现减少趋势，2017年统计相关机构425所，担任教师培训的专业人才仅有4259人，而接受培训的人数则多达27056人。日语教育专业人才的专业性方面，有以下三点规定。

（1）在大学或研究生院完成日语教育专业相关科目的学习。

（2）取得日语教育能力检定考试合格证书。

（3）具有学士学位，具备与日语教育相关研修同等资历，且研修时长达到420小时以上。

其中(1)(3)的画线部分是依据“平成12年教育内容”作出的规定。面向在日就职、长期在日生活的外国人，护理专业的技能实习生的日语教育专业人才，也需满足以上三点规定中的要求。

通过报告书第I章第一节对现状的介绍我们可以看出，日语教育需求不断增多，而日语教育专业人才的数量与学习者的数量极其不匹配，可以说是供不应求，其中青年教育人才尤为短缺，而现有的对教育人才专业性的培养内容过于宽泛，不具备针对性。

（二）课题

第I章第二节重点揭示“平成12年教育内容”的问题点，并逐一指出活跃在不同教学一线的日语教育专业人才面临的问题。

“平成12年教育内容”主要存在三大问题点和五项具体问题。三大问题点是：

（1）虽然指出了与多种教育目的及学习者需求相对应的教育内容，但是未对不同教育一线及担任不同职责的专业人才所需的资质、能力及教育内容作出规划。

（2）在培养方案的内容中虽提出三个领域[①]和五个分类[②]及其示例，但未明确具体的必修课程有哪些。

（3）距“平成12年教育内容”提出已有18年，该内容已无法适用于现今大学教育研究的进展及社会形势的变化。

除以上三点之外，报告中还指出5项具体问题：

（1）教学一线的需求呈现多样化，而日语教师培训机构的培训形式与内容具有较大的自主性，尚未形成规范化。

（2）注重对日语教育专业人才的知识方面的培养，忽视教学能力的培养。

（3）应根据日语教育专业人才身处的教学一线、担任的职责以及发展阶段对其所需资质及能力进行整理。

（4）应注重在职教师的发展与培养。

（5）充实、保障日语教师接受培训的机会。

教学一线的不同主要是指日语教育人才面向学习者的不同，学习者包括在日定居的外国人、留学生、儿童、在日就业群体、难民，以及在日本国外的日语学习者。报告中针对活跃在不同教学一线的日语教育专业人才所面临的问题进行逐一列举。例如，在面向在日定居外国人进行的日语教育中，日语教育机构多为地方公共团体非营利组织，而实际授课的教师以志愿者为主，无法确保充足的师资，现有的师资也往往缺少专业性。

（三）对日语教育专业人才的分类整理

为解决“平成12年教育内容”的三大问题中的第（1）点，报告书

---

① 三个领域包括社会文化相关领域、教育相关领域、语言相关领域，详见本文第四章。

② 五个分类包括社会文化地区、语言与社会、语言与心理、语言与教育、语言，详见本文第四节。

对日语教育专业人才按照担任职责与从事专业活动阶段的不同进行分类整理，并对其需要具备的专业性作出规定。

首先，报告书按照担任职责的不同将日语教育专业人才分为日语教师、日语教育协调人、日语学习支援者三类。

（1）日语教师：直接对日语学习者进行教授指导。

（2）日语教育协调人：在教学一线制定教学大纲，推进运营改善，除了对日语教师和日语学习支援者进行指导和支援以外，还担任机构间交流合作方面的工作。

（3）日语学习支援者：与日语教师和日语教育协调人一起帮助、推进学习者学习日语。

其次，按照日语教师的发展阶段又进一步细化分出预备教师、新任教师、骨干教师。预备教师需要具备日语教育、第二语言习得相关方面系统的知识储备与教学技能，以及具备在日本国内外都能按照课程规划完成日语教学任务的能力。新任教师在此基础之上还需具备能够在不同教学一线承担教学任务的能力。骨干教师在具有丰富教学经验的同时还需要具备策划制定教学大纲的能力。日语教育协调人包括地区日语教育协调人和主任教师。地区日语教育协调人负责行政机构与地区相关机构的合作工作，以及日语教育课程的编排与实践，主任教师在日本法务省公示的日语教育机构担任编排课程与指导日语教师的工作。日语教育协调人需要具有骨干教师的知识储备及教学经验，在日本国内制定教学大纲，对日语教师与日语学习支援者进行指导与培训，以及与各类相关机构合作策划日语教学及相关社会活动。日语学习支援者的职责是在区域日语教室中与日语教育协调人、日语教师等一起帮助包括未成年在内的学习者，或是在企业开展的日语培训课程中参与到学习者的口语练习中，推动学习者进行日语学习。

三　日语教育专业人才应具备的资质及能力

第Ⅱ章对日语教育专业人才应具备的资质和能力作出详细规定。首先将所有日语教育专业的人才都应具备的资质与能力总结为以下三点：

（1）具备正确理解运用日语的能力。

（2）能够在尊重理解文化多样性的前提下与不同语言文化社会背景的学习者沟通交流。

（3）理解日语教育的特征是通过交际学习交际。

随后，第Ⅱ章指出日语教育专家应具备的资质能力：

（1）身为语言教育者应具备与学习者实际沟通交流的能力。

（2）除了对日语感兴趣以外，要对多样的语言文化有强烈的兴趣与敏锐的感知。

（3）作为开展国际活动的教育工作者，要具备全球化视野、良好的修养和品行。

（4）能够对日语教育的专业性及对社会的意义保持热情，且能持续自主地进行学习。

（5）透过日语教育对人的成长及发展具有深刻理解。

本部分的最后附有11张表格，是按照报告书对日语教育专业人才的分类，分别详细表述了活跃在不同教学一线、不同职责、不同发展阶段的日语教育专业人才需具备的素质及能力。每一张表格都将日语教育专业人才所需具备的资质能力划分为知识、技能与态度。“知识”包括对日语语言本身和日本文化的了解，还包括对日语教育背景、政策方面的掌握。“技能”包括教学实践的能力、培养学习者参与社会的能力以及教师自身的学习能力。“态度”包括作为语言教育从业者应有的专业性，对不同文化背景的学习者应有积极包容的态度。

四　日语教育专业人才的培养、研修方案及教育内容

第 III 章对日语教育专业人才的培养、研修方案及教育内容作出规定。图 1 为专业人才培养、研修方案的示意图。其中清晰明了地呈现了不同职责、不同发展阶段、不同发展领域的日语教育专业人才的发展路径。

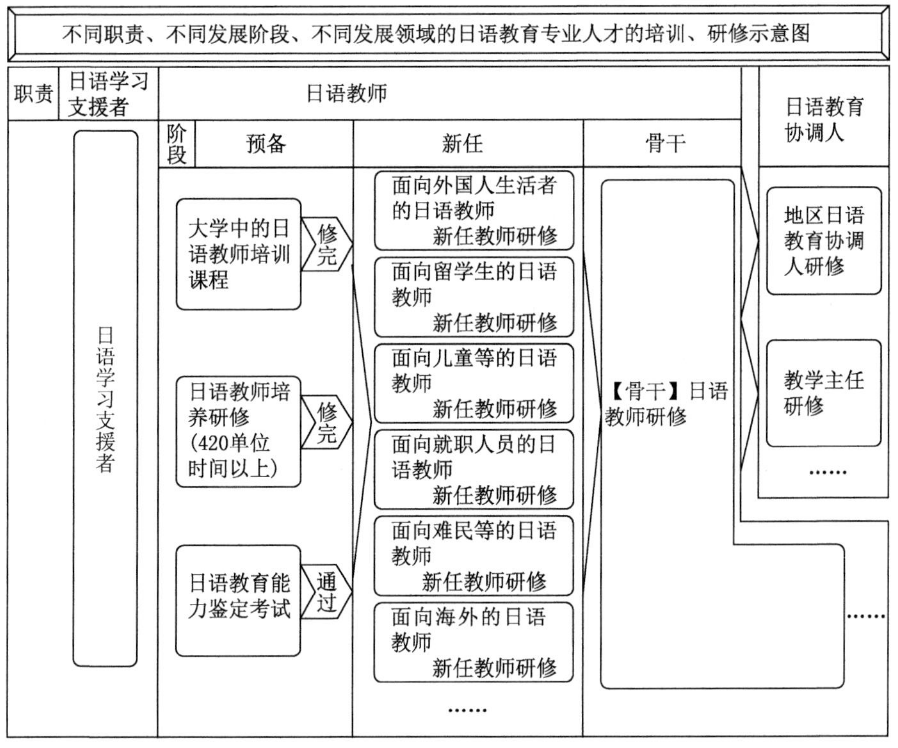

图 1　日语教育人才培养示意图

如图 1 所示，全体日语教育专业人才的培养都应注重教师的基本资质与能力。在培训阶段的日语人才需要在大学等培养研修机构接受相关培训；完成初期培训研修，作为新任教师进入各个领域后还需要接受该领域所需的专业性培训；具备一定教学经验的骨干教师需要学

习如何制定教学大纲、如何培养新任教师与日语学习支援者等方面的相关内容。也有一些骨干教师在多领域积攒丰富的教学经验之后作为教学能手教师继续从事教学工作。日语教育协调人则是在骨干教师的基础上进一步扩展提升自身能力，学习如何与各类机构团体合作，策划日语学习者参与社会活动等方面的内容。

在人才培养的内容方面，报告书基本沿用“平成12年教育内容”中提出的以“交际”为核心，有三个领域（社会文化相关领域、教育相关领域、语言相关领域），五个分类（社会文化地区、语言与社会、语言与心理、语言与教育、语言）。其中，由于日语教育协调人需要具备跨领域的能力，所以不按照五个分类规定培养方案的内容。在此基础之上，报告书在日语教师的培养方案中明确规定了共计50门的必修课程，重点强调为提升教师的教学实践能力，在必修课程中设置了语言教学法与实习课程。在课程的学分设置方面，要求必修课程须达到26学分，或占所修课程时长（420小时）的三分之二以上。

报告书按照专业人才的发展阶段对其进行了更加有针对性的规划，提出具体的培养方案。预备日语教师需要学习共计50门的必修课程，其中包括教学实践活动、教学方法、日语语法、音声等日语语言学、日本社会和文化等多方面的内容；新任教师需要根据其所处教学一线的不同，接受OJT培训、外部培训等；骨干教师除了需要接受跨领域的学习内容外还需要培养解决现场问题的能力；面向地区日语教育的日语教育协调人需要按照日本文化厅、地方公共团体、大学等规定的培训内容及培养方案进行培训研修，作为教学主任的日语教育协调员需要进行教务管理方面的培训；日语学习支援者需接受地方公共团体及大学等开展的面向对多文化共生、日语教育有兴趣的人进行的培训。第III章的最后以表格形式针对不同类型不同发展阶段的专业人才逐一做出具体培养方案示例。

结 语

本文主要就日本文化厅发布《日语教育专业人才培养、研修模式的相关报告(修订版)》进行了介绍。从中我们不难发现，日本的日语教育从最初阶段师资匮乏、难以确保教师的专业性到如今逐步规范经历了漫长的过渡时期，而今后随着日本国内外国人口数量的不断增加，日语教育界还会迎来更多的挑战，日本日语教师培养、师资许可证的法制化指日可待。

日本外语教育政策“高大衔接”改革动态

朱一平[*]

为顺应新时代对学生资质及能力的要求，解决大学入学选拔机制功能弱化的问题，打破高中教育与大学教育较为割裂的局面，日本文部科学省于2016年发布《“高大衔接”体系改革会议最终报告》[①]（以下简称《最终报告》），着手实施“高大衔接”改革。“高大衔接”改革以日本的高中教育为起点、以大学入学者选拔机制为中介、以大学教育为落脚点，并结合学力评测标准的三位一体化改革。本文旨在客观阐述日本的外语教育政策在“高大衔接”方面的基本概况和改革动态，相关参考资料来自日本教育部网站公布的关于“高大衔接”的教育过程改革方案的说明性文件。

一　高中教育改革

在高中教育方面，《最终报告》强调旨在培养“学生作为国家和社

---

* 朱一平，大连外国语大学日本语学院讲师，主要研究方向为外语教学。

① 高大接続システム改革会議「最終報告」の公表について、文部科学省、https：//www.mext.go.jp/b_menu/shingi/chousa/shougai/033/toushin/1369233.htm［2023-09-11］。

会负责任的建设者，独立生存的能力”。为保证和提高教育质量，帮助学生提高学习水平，推进新的考试——高中生学习的基础诊断(暂定名称)。[①] 在外语方面主要表现为修正高中英语课程标准以及完善外语学习评价方式。

（一）修正高中英语课程标准

文部科学省修订的新课程标准将于2022年开始在高中学校实施，其中第8节规定，外国语以培养沟通交流中的素质与能力为目标，通过以外语进行听、读、说、写等语言活动及将上述活动有机结合的综合语言活动，培养准确理解、恰当表达以及在交流中传递信息与观点的能力[②]。

课程标准内容部分的第一段就从学生学习的连续性观点出发，强调高中的英语教学要以小学、初中的知识为基础，通过在有意义的语境中反复交流接触，提高语言运用能力。这体现出小中高大一体化的体制，有一整套连贯的教育指导纲领，使各个学习阶段的分工定位明确，各具鲜明特色，但又彼此联系。此外，课程标准对听说读写四个技能的描述更加具体和综合，并且突出了话题类型和资源利用。如“说”的方面，更重视语言的实际运用能力，将其划分为“交流”和“发表”两大部分，并在六个科目中根据日常话题和社会话题规定了“交流”和“发表”的具体内容及相应要求[③]。日本的《要领》对涉及的话题做了划分，且规定了内容和要求，内容较为具体，更有利于教材

① 高校教育改革について、文部科学省、https：//www. mext. go. jp/a_ menu/koutou/koudai/detail/1397727. htm［2023-09-11］。

② 高等学校学習指導要領(平成30年告示)解説 外国語編、文部科学省、https：//www. mext. go. jp/component/a_ menu/education/micro_ detail/_ _ icsFiles/afieldfile/2019/03/28/1407073_09_1_1. pdf［2023-09-11］。

③ 高等学校学習指導要領(平成30年告示)解説 外国語編、文部科学省、https：//www. mext. go. jp/component/a_ menu/education/micro_ detail/_ _ icsFiles/afieldfile/2019/03/28/1407073_09_1_1. pdf［2023-09-11］。

编者和教师把握。

（二）完善外语学习评价方式

在“高大衔接”改革中，文部科学省提出了运用多样化的评价方式来配合高中教学内容及教学方式的改革，目前主要以高中生学习的基础诊断、职业生涯护照和审查事业机构的自我评价・信息公开・第三方评价指南三种方式为主。[①]

1. 高中生学习的基础诊断

高中生学习的基础诊断是指测定高中阶段学生基础学力的考试，评价内容目前包含了国语、数学、英语三科。自 2019 年起，规定每年以同样的时间规划完成审查、认定、提供信息的一套流程。[②] 关于英语的学力评价考试中，通过综合评价四种技能的问题（例如描述性问题）和利用民间的检定考试和资格认证，不仅检测“读”和“听”，也能综合评价关于“写”和“说”的技能。此外还可以利用私营部门的检测结果认证英语学力水平，如剑桥英语检定 A2 Key for Schools（PB/CB）、剑桥四技能检定 CBT（Lingua skill）、Aptis for Teens（面向初高中生 Aptis）、GTEC（Advanced ・ Basic ・ Core）、LanguageCert Entry Level Certificate in ESOL International（A1～C1）。

2. 职业生涯护照

职业生涯护照是记述并回顾学生学习活动等过程的综合性记录本，记述的工作表包括学生不同的发展阶段，为了避免工作表的散失，以及方便快速有效地回顾自身整体的学习历程，将小学到高中的全部学习记录装订在一册里，在学生进入下一年级时，可以做到持续且系统

① 多面的な評価の推進，文部科学省、https：//www. mext. go. jp/a_ menu/koutou/koudai/detail/1397727. htm［2023-09-11］。

② 高校生のための学びの基礎診断、文部科学省、https：//www. mext. go. jp/a_ menu/shotou/kaikaku/1393878. htm［2023-09-11］。

性地积累记录。[①] 目前，电子档案在教育领域中的运用越来越广泛，职业生涯护照也有望电子化。

3. 审查事业机构的自我评价·信息公开·第三方评价指南

截至2013年，至少存在一千多种的民间审查考试，涉及的领域也非常广，多数民间审查机构经营者和受检者都对实施自我评价和第三方评价的必要性持肯定态度，认为普及合适的评价措施很重要。英语各级考试的评定要根据欧洲语言共同参照框架(CEFR)等国际标准规格进行记录。[②]

二 大学入学考试

大学入学考试的改革是“高大衔接”改革链上的中间环节。在以学力三要素为核心主题的改革中，一方面是由大学入学考试中心统一出题的大学入学共通考试的改革，另一方面是由日本大学针对部分学生所制定的个别入学者选拔考试的改革。

(一) 大学入学共通考试——英语考试社会化

日本文部科学省于2017年7月13日公布了《大学入学共通考试实施方针》，规定自2021年1月起取消现行的“大学入学中心考试”，实施新的全国统一考试“大学入学共通考试”。[③] 大学入学共通考试在考试的理念、内容和方式上都与过去的大学入学中心考试有着明显的区

① キャリア・パスポート、文部科学省、https://www.mext.go.jp/component/a_menu/education/micro_detail/__icsFiles/afieldfile/2017/10/24/1397727_003.pdf [2023-09-11]。

② 「検定事業者による自己評価・情報公開・第三者評価ガイドライン」について、文部科学省、https://www.mext.go.jp/a_menu/ikusei/minkankyou/detail/1396885.htm [2023-09-11]。

③ 大学入学共通テスト実施方針、文部科学省、https://www.mext.go.jp/component/a_menu/education/micro_detail/__icsFiles/afieldfile/2017/10/24/1397731_001.pdf [2023-09-11]。

别（如表 1 所示），共通考试以全面测评学生的“学力三要素”为目标，全面考查学生是否具备进入大学阶段的能力素质，共通考试的英语科目完全由不同的社会第三方组织进行测评。在共通考试的框架下，目前由民间鉴定机构广泛实施开展，灵活运用具备评价资质的资格鉴定考试，有效地推进英语四技能的评测。

表 1　大学入学中心考试与共通考试的区别

	大学入学中心考试	大学入学共通考试
考试理念	测试知识掌握的熟练度	学力三要素
考试内容	国语、数学、理科、社会、外语	国语、数学（多内容组合）； 外语（第三方评估）
考试方式	考试中心统一出题	考试中心出题与第三方评估 相结合的多样化评价

经过十多年的研讨、论证与检验，2017 年颁布的《大学入学共通考试实施方针》，标志着最终正式确定在大学入学者选拔考试中引入英语科目的社会化考试。具体的社会化考试内容、考试实施方法、社会评价机构准入的标准和条件都是由大学入学考试中心负责确认。考试中心建立的统一系统即为英语成绩提供系统，经确认符合条件的社会化考试实施机构与大学入学考试中心签订协议，加入统一的英语成绩提供系统。社会化考试实施机构在考试前询问考生是否将所考场次的成绩提交给大学，并按照考生的意愿确定是否将成绩提交给系统集中管理，大学入学考试中心将各种社会化考试成绩换算成 CEFR（Common European Framework of Reference for Languages：Learning，teaching，assessment，欧洲语言共同参考框架）等级成绩，并向大学同时提交考生的英语社会化考试原成绩与 CEFR 等级成绩。等级成绩分为三个阶段六个等级，分别为：A1、A2、B1、B2、C1、C2，其中 A1、A2 为基础使用语言阶段，B1、B2 为独立使用语言阶段，C1、C2 为熟

练使用语言阶段，等级逐步上升。①

2023 年颁布的《令和 7 年入学共通考试实施大纲》规定日本英语社会化考试有七个实施机构，共设置了七种考试。七个实施机构为：剑桥大学考试委员会(Cambridge Assessment English)、美国教育考试服务中心(Educational Testing Service)、IDP：澳大利亚(IDP：Australia)、一般财团法人国际商务交流协会、株式会社贝乐生集团、英国文化协会(British Council)、公益财团法人日本英语检定协会。包含的考试为：剑桥英语五级证书考试(MSE)；托福网考(TOEFL-iBT)；雅思(IELTS)(学术类)；托业(听读、说写测试)(TOEIC)；GTEC、GTEC CBT；实用英语技能检定；TEAP、TEAP CBT。这些考试覆盖了听、说、读、写四项测试板块，并且四项测试分值均等。

通过采取这样的方式，贯彻落实学习指导要领的方针，确保英语鉴定机构的可靠性，在认定时，各个资格鉴定考试实施机构要努力减轻共通考试考生认定、考试鉴定费的负担，为了不让负担增加过大，要求各考试实施机构要认真考虑经济上困难的学生，并公布相对应的措施，这也是考试中心审查实施机构是否符合标准的条件之一。另外，在 2017 年 12 月制定的“新经济政策套餐”中“支付型奖学金”的设置，也调整了大学入学选拔考试所需的考试费用。② 英语的社会化考试可以使大学选拔评价方式多元化，人才培养目标更有针对性，更符合大学所需要的人才素质和未来社会所需要的人才能力。

---

① 各資格・検定試験と CEFR との対照表、文部科学省、https：//www. jiu. ac. jp/files/user/cie/abroad/pdf/% E5% 90% 84% E7% A8% AE% E8% B3% 87% E6% A0% BC% E3% 83% BB% E6% A4% 9C% E5% AE% 9A% E8% A9% A6% E9% A8% 93% E3% 81% A8CEFR% E3% 81% A8% E3% 81% AE% E5% AF% BE% E7% 85% A7% E8% A1% A8. pdf［2023-09-11］。

② 検定料は高額ではないでしょうか、経済的に困難な受検生への配慮はないのでしょうか、文部科学省、https：//www. mext. go. jp/a_ menu/koutou/koudai/detail/1402186. htm［2023-09-11］。

（二）个别入学者选拔考试改革

日本各高校自行组织实施的个别入学者选拔考试包括 AO 入学考试与推荐入学考试。2023 年颁布的《令和 6 年度大学入学者选拔实施要领》[①]规定 AO 入学考试不偏重学力测验，普通学生被要求进行两次考核。推荐入学考试是根据原来高中校长的推选，原则上可以免去学力测试，以高中阶段的调查书为主要参考资料，以高中学校提供的推荐表、调查信和高中成绩单作为评价依据，采用面对面交流、撰写小论文等考查的方式。个别入学者选拔考试作为日本大学入学考试制度的重要组成部分，在教育评价方面发挥着自身特有的功能，在衔接高中教育与大学教育方面，个别入学者选拔考试能够体现大学需要的人才素质，反映了大学对于人才综合能力的重视。[②]

三　大学教育的改革

大学教育的改革是“高大衔接”改革链上的第三环，在以学力三要素为核心主题的改革中，大学教育围绕“学力三要素的进一步扩展”进行了多方面的改革，培养学生具备社会需要的高素质高能力，保证高等教育人才培养的质量。

（一）三大方针政策的实施

2016 年 3 月 31 日，日本中央教育审议会颁布《学校教育法实行规则的改正》，并于 2017 年 4 月 1 日正式实施。法案要求各大学能够将

① 令和 6 年度大学入学者選抜実施要項、https：//www. mext. go. jp/content/202306022-mxt_ daigakuc02-000005144_ 1. pdf［2023-09-11］。

② 郑元：《日本“高大衔接”一体化改革的研究》，南京师范大学硕士学位论文，2021，第 40 页。

大学教育的“入口”和“出口”贯彻始终，向高中学校、产业界等社会领域广泛宣传一致性的三项方针，促使达成大学教育人才培养目标：培养一生持续学习、具有主体性思考能力、开拓未来的人才。三项方针具体是指：“毕业认定、学位授予方针”“教育课程编制及实施方针”“接受入学者的方针”。①

“毕业认定、学位授予方针”的具体内容是明确学生应该掌握的素质和能力；“接受入学者的方针”是一种许可政策，要求明确入学者的学习能力，并制定具体的入学者选拔方法；“教育课程的编制和实施方针”是一种课程政策，为开展有系统有组织的教育活动而编制的教育课程，明确课程编写的教育内容、教学方法以及学习成果的评价方法。三项方针的实施一方面有利于与高中教育进行顺利衔接，另一方面也提高了高等教育人才培养的质量，使培养出来的人才在社会上更有作为，满足产业和社会高速发展的需求。

（二）认证评价制度的完善

2016 年 3 月 18 日，日本中央教育审议会大学分科会总结了“关于补充认证评价制度”审议会的内容，3 月 31 日发布《修订学校教育法第一百一十条第二项中有关评价标准细节规定的说明》，并于 2018 年 4 月 1 日正式施行。该法案的修订主要涉及两大方面：一是大学评价标准中规定的评价事项，二是提高评价质量的相关措施。

在第一方面中具体修订内容有三点：1. 充实大学评价标准中的共同项目。2. 设置重点评价项目。在大学评价基准规定的项目中，关于大学教育内部质量保证的内容，将重点进行认证评价。3. 设置调查教学计划履行情况等的工作任务。在第二方面有关提高评价质量的措施

① 「三つの方針」の一体的な策定・公表について、文部科学省、https：//www.mext.go.jp/component/a_menu/education/micro_detail/__icsFiles/afieldfile/2017/10/24/1397732_001.pdf［2023-09-11］。

中也具体涉及三个点：1. 增加评价认证机构的自我检查及测评的义务化任务。2. 强调认证评价机构的后续跟进工作。评价认证机构应根据该大学自身的要求，对已有的评价结果进行反馈，并指出需要改善的事项。3. 在评价方面加强与社会的联系。认证评价机构在其评价方法中应听取包含来自高中、地方公共团体、民间企业等相关人员的意见。[①]

日本“高大衔接”改革十分重视对英语能力的衔接和提高，对高中的英语教学进行内容侧重点上的转变，在大学入学考试中直接引入社会化考试，调整学生学习以及教师指导的重心，这都充分体现了新的外语培养目标，以及配合新学力观做出的相应改变。外语以着重培养交流沟通中的综合素质和综合能力为目标，培养学生能准确理解他人观点，运用恰当的方式传递和表达自己的观点，将英语作为一种信息传递的工具熟练使用。

① 認証評価制度の改善、文部科学省、https：//www. mext. go. jp/component/a_ menu/education/micro_ detail/_ _ icsFiles/afieldfile/2017/10/24/1397732_ 002. pdf［2023-09-11］。

日本英语教育政策的嬗变及启示

毕 卓 郝悦宏*

英语作为全世界 70 多个国家和地区的官方语言或半官方语言，其国际地位可想而知。全球化背景下，各国开始意识到英语教育的重要性，并在英语教育探索与改革中寻找适合本国的英语教育政策。日本政府一直重视英语教育在国民教育中的地位，随着经济发展和国际政治地位提高，日本希望其英语教育改革能够促进本国全球竞争力的提升，以更好满足日本社会发展需求。2003 年，日本文部科学省（MEXT，以下简称日本文科省）表示要努力推进小学英语教学改革，促进学生跨文化交际能力发展，使日本在 21 世纪国际竞争中立于不败之地。可见，英语教育政策的制定与完善对国家经济发展以及国际话语权提升等都具有重要现实意义。

有关日本英语教育政策研究，学界目前主要从日本英语教育政策

* 毕卓，大连外国语大学东北亚语言研究中心 2023 级博士研究生，主要研究方向为政治语言学；郝悦宏，大连外国语大学英语学院 2020 级英语语言文学专业硕士研究生，主要研究方向为语用学。

的历史沿革[①][②][③][④]、总体概况[⑤][⑥]、文化特征[⑦]、教育规划[⑧]等方面展开。例如，塞尔金特(Seargeant)[⑨]将关注点放在日本的英语教育系统上，详细论述了日本英语教育系统的发展、现状以及全球化对日本英语教育的影响；李立柱则聚焦于日本教育的历史发展阶段，总结归纳提出了日本英语教育具有三项突出特点。上述研究虽有利于从宏观层面上把握日本英语教育政策的发展脉络，但大多研究仍以描述性为主，缺乏对于日本英语教育政策的辩证思考。虽有少量研究讨论日本英语教育政策的不足与启示，但其缺乏与中国英语教育情况的对比性研究，因而无法有效对我国英语教育政策提供启示。国内虽有学者尝试通过比较中日韩三国英语教育以为我国英语教育提供启示[⑩]，但其研究没有讨论日韩英语教育政策亟待完善的根本原因，对我国英语教育教学改革缺乏一定参考性。有鉴于此，本文通过评析日本教育政策发展沿革，尝试探讨英语语言教育的效果不如预期的根本原因，为我国英语教育发展提供有益借鉴。

---

① Ike, M. "A Historical Review of English in Japan (1600-1880)", *World Englishes*, 1995, 14(1): 3-11.

② Hagerman, C. "English Language Policy and Practice in Japan", *Journal of Osaka Jogakuin 4 year College*, 2009(6): 47-64.

③ 李雯雯、刘海涛：《近年来日本英语教育的发展及政策变革》，《外国语》(上海外国语大学学报)2011年第1期。

④ 李立柱：《日本英语教育的历史变革及其特点分析》，《吉林省教育学院学报(下旬)》2012年第12期。

⑤ Gottlieb, N. *Language Policy in Japan: The Challenge of Change*. Cambridge, UK: Cambridge University Press, 2012.

⑥ 朱适、黄河：《日韩英语教育政策的发展及启示》，《外国中小学教育》2014年第4期。

⑦ Seargant, P. "Globalisation and Reconfigured English in Japan", *World Englishes*, 2005, 24(3): 309-319.

⑧ Hatori, R. "Policy on Language Education in Japan: Beyond Nationalism and Linguicism", *Second Language Studies*, 2005, 23(2): 43-69.

⑨ Seargant, P (ed). *English in Japan in the Era of Globalization*, UK: Palgrave Macmillan, 2011.

⑩ 朱适、黄河：《日韩英语教育政策的发展及启示》，《外国中小学教育》2014年第4期。

一　日本英语教育政策的发展

（一）战前时期:从 1868 年明治维新到第二次世界大战

明治时代初期，日本为实现现代化，决心追赶先进的西方文化。早在 1871 年，即明治维新的第四年，日本政府设立了教育部，并开始实行义务教育制度，外语教育特别是英语教育越来越受到重视，日本政府开始向西方国家派遣留学生，同时让国外专家到国内教授语言。同年，英语被纳入国家语言课程，各大学将英语语法与高级翻译技能融入入学考试制度，以英语讲授的课程在高等教育中很常见，彼时日本教学的重心主要为教授学生阅读外文文献以获取西方最新发展信息。因此，早期日本英语教育具有实用性。

此后，在不到十年的时间里，英语教育的教学目标逐渐发生转变。去西方留学的留学生学成归来，逐渐取代早前政府聘用的外国教师教授外语。虽然政府的政策仍然是引进西方的现代方法论，但英语逐渐成为学校的常规科目之一和进入大学的敲门砖，而不是获得西方文化和知识的手段。这种快速的转变在明治末期使英语教育形成两条轨迹：一条是由政府支持的实用英语教育，另一条是以入学考试为目的的英语教育。民族主义运动结束后，英语学习者的主要目标是通过入学考试，因此，他们的学习重点是背诵语法和词汇，很少将其用于交流。总之，在这一时期，英语的实用性被降低了，英语作为西方化重要工具的地位逐渐下降。

随着日本在中日甲午战争和日俄战争中的胜利，日本民族主义浪潮涌起，教育部不再鼓励英语教育，开始在中学课程中重视日本的语言和文化教育。第二次世界大战期间，日本国内反英语教育的情绪高涨，英语教育课程被学校废除。

（二）战后时期：从二战后到 21 世纪初期

二战后，日本意识到与美国的差距，大多数日本国民舍弃了极端民族主义，转而支持英语教育改革，于是英语教学再度成为中学教学的必修课。1960 年，日本英语教育重视传统的阅读、翻译、语法和作文四项基本技能的训练，忽视了听和说的重要性。但在相继举办 1964 年东京奥运会以及 1970 年大阪国际博览会后，日本英语教育的重心慢慢向交际技能偏移，更加注重理解外语并用外语表达自己。20 世纪 70 年代，“国际化”（国際化［kokusaika］）一词成为日本政府和民众热议的焦点并逐渐开始出现在官方政策中。麦康奈尔在 1996 年指出，“‘国際化’体现了日本迫切希望摆脱本国的文化孤立现象并吸收一套西方价值观”。值得注意的是，此时的“国际化”并非等同于“全球化”，前者代表着在保护和促进民族文化的同时继续对外开放，而后者容易在西方文化浪潮中迷失自我。在这种文化背景下，1985 年“日本教学交流计划”（Japan Exchange and Teaching Program）应运而生。

“日本教学交流计划”（简称 JET）旨在通过提供以英语为母语的助理语言教师（Assistant Language Teachers），来协助日本教师在初高中课堂上更好开展教学活动。此项计划为助理语言教师和日本本土外语教师提供了更多相互学习借鉴的机会，以期通过这种互鉴交流促进日本交际英语教学的发展。虽然日本国内不少民众认为这体现了本国政府致力于提高日本的英语教育水平，然而实际上学生的英语能力并没有得到明显提升——1998 年日本的托福分数在联合国 189 个国家中仅排名第 180 位。

进入 21 世纪，日本政府进一步加大英语教学的投入力度，一系列教育改革措施相继颁布：2001 年“超级英语高中项目”（The Super English Language High School Project）通过为指定高中提供特别补贴，允许其制定不同于课程委员会规定的课程，以培养英语水平更为出色的高中生；2002 年推出的“修订版学习课程”（Revised Course of Study）鼓励在小学阶段引入英语作为选修课；同年文科省发布题为《制定培养“具备英语能力的日本人”战略计划》的报告，随后于 2003 年发布一份名为《关于制定培养“具备英语能力的日本人”行动计划》（以下简称《行动计划》）的战略文件。这两份文件为外语教育系统的改革制定了第一个 5 年计划。《行动计划》为初高中毕业生设定了详细的毕业英语能力目标，包括改善英语课堂环境、提高教师教学能力、改善现有评价体系等一系列具体措施，使学生今后就业中能够具备相应英语水平。

（三）现状

从 2006 年 1 月起大学入学考试改革正式实施，日本大学入学考试中心的英语考试增加了听力部分。虽然这标志着衡量英语能力标准的转变，但是传统的考试形式仍然存在，考试重点还是语法、词汇和阅读。此外，高中和大学的入学考试更加关注学生的口语能力，并通过使用托福、托业、STEP Eiken（实用英语能力测试）和剑桥 ESOL 等进行评估。

2008 年日本文科省宣布英语将作为五年级和六年级的常规课程引入小学，每周 1 节（一年共 35 节），且不允许教师以成绩评定学生的英语水平。将英语引入小学课程的目的是提高学生的交际能力，鼓励他们与英语母语者交流。2011 年，文科省颁布了新学习课程指南，该指南主要概述了日本小学、初中和高中英语教学方式的转变。新学习课程指南中要求高中英语课程使用英文授课，这项规定从 2013 年 4 月开始实施。从 2020 年开始，日本针对小学英语教育进行第二次改革，小学三年级和四年级英语必修化，五年级和六年级英语教科书化。所谓必修化，是指没有成为正式科目，也没有设置考试，不进行学习成绩评价，只是通过唱歌和游戏来认识英语。所谓教科书化，就是使用日本国家指定教科书进行教学，像日语、数学那样成为正式科目，并且对学生进行英语成绩评价。从日本政府20世纪以来的英语教育改革中可以看出，语言运用能力逐渐得到日本政府的重视。从过去的以考试为导向的英语教学转变为适应实际需求的英语语言能力的培养，体现了日本英语教育改革的“实用主义”。

除了学习课程的改革之外，日本文科省还鼓励大学生去国外留学，因为日本正面临出国留学生数量逐年下降这一问题。为支持日本大学生出国留学，日本政府将从2017年起为在国外学习短期课程的学生提供奖学金。同时，文部省还希望通过G30项目增加来访的外国学生数量，G30是在日本政府提出“三十万留学生计划”后做的一个“要让日本的三十所大学更加国际化”的项目。G30是日本大学提高国际化竞争力的一个举措，针对外国留学生开设英文课程，共有13所大学参与其中。2013年日本文部科学省停止了对G30项目的财政支持，G30项目的运行最终在2017年3月31日停止。

二　当前日本英语教育的问题

日本作为世界上教育最为发达的国家之一，从17世纪以来针对英语教育政策进行了多次修订和改革，并在推广英语教育方面做出了巨大努力，但日本民众的英语水平并不高，尤其是听说能力和交际能力，这与英语教育上的投入不成正比。因此，本节将从课程设置、教学模式、教师质量与培训三个方面来分析当前日本英语教育的问题。

（一）课程设置

按计划实施英语教育政策面临着学校课程安排与改革倡议相矛盾这一挑战，这个问题在高中教育层面尤为严峻。日本高中的英语课程设置遵循“二分法”：以日本教师为主的阅读或语法课和以母语者教师为主的口语和听力课。戈萨奇(Gorsuch)[①]、劳(Law)[②]和作井(Sakui)[③]都注意到了这种分工，因为阅读和语法课的数量超过了口语和听力课的数量，所以这种课程设置有利于高中生为大学入学考试做准备。因此，专注于口语交流的课程流于表面，因为这些课程的开课频率较低，以英语为母语的教师助理的口语交流课并未得到学校重视。在课程实施方面，培养学生交流能力的主张在学校层面未得到落实。在日本，获得交流技能本该是当今学习英语的最重要目的之一。然而，情况并非如此：日本人普遍相信英语交际能力不一定是获得成功的手段；相反，进入名牌大学被视为取得成功的关键。通过入学考试是学习英语的主要目的，因此学生和教师都把阅读和写作技能置于英语交际能力之上，甚至很多英语课程都是老师用日语进行教授的，这种教育模式与日本政府重视交流能力的初衷相悖。

日本的英语课本并不能促进学生的口语交流。比如，高中英语教科书每一章有 12—16 页，前 10 页的内容大部分集中在阅读、语法和词汇上，而交际活动则被排在每章的最后。在课堂实践中，由于英语课时长的限制，教师通常时间很紧迫无法完成每章的全部教学内容，所以几乎没有时间留给同学们进行交际活动。

（二）教学模式

许多国家的外语教学都忽视了交互式的教学方法，他们倾向于以教师为中心的单方面灌输式教学法，很少给学生用目标语交际、互动和练习的机会，这也是他们听说能力差的主要原因之一。受应试教育

---

① Gorsuch, G. "Assistant Foreign Language Teachers in Japanese High Schools: Focus on the Hosting of Japanese Teachers", *JALT Journal*, 2002(24): 5-32.

② Law, G. "Ideologies of English Language Education in Japan", *JALT Journal*, 1995(17): 213-233.

③ Sakui, K. "Wearing Two Pairs of Shoes: Language Teaching in Japan", *ELT Journal*, 2004(2): 155-163.

的影响，在日本，以教师为中心的教学模式占主导地位。尽管教师的直接指导对于语言学习起到关键作用，但若辅以外语口语互动，学生将取得更好的学习效果。交际教学法和学习者中心的主张在日本英语教学中产生并发展，目的在于提高其学生及国民的英语交际能力。然而，日本国内的英语教学环境并不能给学生营造真实交际的语境，交际教学法也不完全适用于日本英语教学现状，以学习者为中心的教学模式更难以大范围实施，当下尽管有诸多的改革和创新，也未能突破定式。

考虑到约半数的高中毕业生都将继续接受大学教育，日本中学阶段英语课堂教学内容极大地受到大学入学考试内容的影响，教师更注重学生的阅读能力和语法知识，很少顾及听说能力。尽管近年来日本政府开始重视口语交际课程，但阅读和写作仍是中学教学大纲的中心。日本的英语教学模式正得到改善，许多教师开始尝试在课堂中采用交际方法教学，以促进学生交流能力的发展，但还是有一些教师倾向于采用以教师为中心的语法翻译法进行授课，比如阅读课上很多日本英语教师只是简单地要求学生将英语句子翻译成日文。

（三）教师质量与培训

日本没能成功将交际法引入英语教学，其中一个原因可能是日本英语教师的整体英语水平较低。根据教育部的调查，在公立高中，只有50%左右的英语教师拥有英语高级水平证书，而在初中，这一比例还不到30%。和许多国家一样，日本缺乏合格的小学英语教师，因此小学英语教学不得不依靠没有接受过少儿英语培训（TEYL）的班主任，他们当中许多人实际上自己也达不到熟练运用语言的程度，只会教学生划分句子成分，这会对学习者的学习效果产生影响。在日本，还有一个值得关注的问题是，成功的课堂教学往往是这些班主任个人努力的结果，而不是专门的学校课程。这种情况导致教学质量的高低以教师个人能力的高低为转移，且未形成制度，因此当该老师离开学校时（教师通常每六年调换一次），英语课程的内容也会随之改变。此外，许多日本小学教师不想教英语，他们忙于学术和行政管理方面的工作，增加一个额外的科目，特别是一个他们没有接受过正式教学培训的科目，无法调动他们的教学积极性。教师的唯一目标是完成45分钟的英语课，这往往会导致他们在课堂上过于占据主导地位并大量使用日语教学，这样的教师并没有提供专业的语言教学。

提供职前和在职教师培训这一方面也有不足。大多数英语教师并不了解英语教育的真正目的和新课程学习的内容，由于英语不是一门学术科目，在日本的56所公立大学中，没有任何一所提供英语教学培训方面的从业资格。英语的非学术地位也影响了老师的在职培训机会，人们更重视日语、数学和科学教学的职业培训。① 在有限的在职培训时间里，教师只倾向于接受学生会有评估和考核的课程培训。此外，在职培训大部分是由地方教育委员会（BOE）进行的，这些课程没有固定的标准，提供的数量和质量在很大程度上取决于个别地区的资源。只有在大城市的师范大学接受培训的教师才能获得专业的指导，农村地区的教师得不到这样的机会。

三　日本英语教育政策对我国英语教育的启示

通过对日本英语教育及各方面具体情况的了解，我们认为日本英语教育确实存在诸多问题，但同时又有很多值得学习借鉴的地方。

（一）“实用主义”倾向

自1970年日本英语教学中心出现“实用主义”倾向以来，日本文

① Izumi, E. “The Role of Homeroom Teachers and Teacher Training in English Language Education in Elementary Schools”, *Bulletin of Kyoto University of Education*, 2006(110): 131-147.

部科学省一直致力于“培养能使用英语的日本人”这一战略目标。一系列教学改革如“日本教学交流计划”“超级英语高中项目”“修订版学习课程”都试图修改英语教学方法，逐步减少对语法的重视程度并增加阅读、写作、语用、口语和听力的训练，通过英语教育改革使国民具备英语日常交流的能力以及提高专业人士从事国际社会交流的能力。虽然上述举措被不少学者诟病存在过度关注西方/美国文化并将西方化/美国化等同于现代化、国际化的问题，但不能否认的是，它们确实在一定程度上改变了传统的“语法—翻译”教学，并使日本学生努力将英语应用于日常学习生活。相比之下，我国国内目前英语教学内容尚缺乏实用性和针对性，教师在教学模式中倾向于单一复刻英语教学中的语法知识点，实用性场景训练不足，不能充分与学生的实际学习需求和职业发展相匹配。尽管《大学英语课程教学要求》（2007）提出我国的大学英语教学“应体现英语教学实用性、知识性和趣味性相结合的原则，有利于调动教师和学生两个方面的积极性，尤其要体现学生在教学过程中的主体地位和教师在教学过程中的主导作用”，但在措施具体实施方面尚显不足。我国仍须加强实用性语言技能的训练，使学生具备日常生活交际能力和用英语进行书面交流的能力。

（二）营造“真实语境”

日本师资力量相对优越，特别是“日本教学交流计划”出台以来，各地中小学聘请了英语为母语的“外语指导助教”参与学校英语教学，让每个学生都有机会在课堂中将英语作为沟通交际手段与外语指导助教开展沟通交流，并接触到不同的文化价值观。2001 年日本文科省对“日本教学交流计划”进行评估时，民调显示参加计划的小学、初中、高中均对教学结果表示高度满意。据称，中小学生对外国语言和文化的兴趣有了明显增加，更愿意与外国人打交道，用英语在课堂交流。但值得注意的是，聘用大量“外语指导助教”同时意味着这些英语母语者并没有足够教学资质去指导学生完成对应的教学任务，他们通常被学校视为英语教育的短期访客，无法长时间融入课程教学体系。因此，我国虽可以效仿日本扩大语言教师的数量，但同时需要兼顾语言教师能力的提升。当前，越来越多的学生选择通过线上方式学习英语，也有更多外籍人士申请成为线上外教，吸纳外籍英语教师虽对英语课堂气氛以及课堂管理效果大有裨益，但如何让外籍教师更好适应中国的语言教育体系并充分发挥其语言优势是值得思考的问题。

（三）多样化课程设置

在实施英语教育发展战略中，日本文科省多次强调英语改革不应是肤浅的，而是应该从制度、课程、师资等方面全面深入地下功夫。从改革效果上来看，日本英语课程设置和教学内容上出现了多样化的发展趋势，如设置多样化的科目以激发学生的兴趣、培养学生的创造能力。我国目前许多学校的英语课堂中师生角色与关系相对固定，老师仅负责教学，而学生只应该学习。在这种没有互动转化的学习过程中，学生学习的积极性、效率都普遍偏低，教师也只是按部就班完成教学本职工作，没有充分发挥教师在调动学生学习方面的主导作用。事实上，我们也可以通过运用多种教学手段，如问题驱动、输出驱动等方法调动学生主动学习，采用结对子、任务式、项目依托教学等行之有效的方法将师生互动最大化。与其说教学活动中的师生关系是单方面传授知识，不如说是一次师生间的互动。课堂上老师讲授专业知识，学生理解内化后以回答问题的方式反馈给老师，当中不乏能引发师生讨论的新颖观点，亦会引发老师的进一步思考，“教学相长”便是如此。通过采用这种新颖的教学方法，教师与学生在课堂中既相互对立又相互依存，形成了密不可分的整体，也创造出了良好的目标语学习环境，达到最佳的学习效果。

结　语

从日本英语教育政策的变革中可以看出，日本政府积极重视国民英语水平能力的提升，把英语水平的提升与国家政治、经济的发展挂钩，重视英语的“实用性”发展。但日本英语教育政策在官方既定目标和具体实施之间存在一定差距，这是导致英语语言教育的效果不如预期的根本原因。从 1977 年恢复高考以来，我国大学外语教学中外语教学理论也一直沿着“引进改造、扎根本土、融通中外”[①] 三条路径前行。面对日本英语教育的优势，我们应通过实践与改良，基于已有经验与教学方法，逐步形成具有中国特色的教学方法；对于日本英语教育政策所存在的不足，我们应对其进行批判性反思，在借鉴其经验教训的基础上，提出具有创新性和实际操作价值的先进教学方法。

① 文秋芳：《新中国外语教学理论 70 年发展历程》，《中国外语》2019 年第 5 期。

韩国英语教育政策的问题与思考

柴宜林　张逸宁*

韩国英语语言政策主要包括英语教育政策，其演变体现了全球化时代英语所赋予的国家战略意义，以及韩国发展经济、增强国际竞争力的需要。目前学界对韩国英语语言政策的研究多集中在阐述某项语言政策的背景、具体内容及效果上(Dailey①；Ramos②；Kim③；Chang④)，或关注其历史嬗变(Yoo⑤；Song⑥)。例如戴利(Dailey)从宏

---

* 柴宜林，大连外国语大学英语学院2021级外国语言学及应用语言学专业硕士研究生，主要研究方向为语用学；张逸宁，大连外国语大学英语学院2022级外国语言学及应用语言学专业硕士研究生，主要研究方向为语用学。

① Dailey, A. *Difficulties Implementing CLT in South Korea: Mismatch Between the Language Policy and What is Taking Place in the Classroom*, UK：University of Birmingham, 2010.

② Song, J. "South Korea：Language Policy and Planning in the Making", *Current Issues in Language Planning*, 2012, 13(1)：1-68.

③ Kim H. "Private Education as de facto Language Policy in South Korea", *Working Papers in Educational Linguistics*, 2015, 30(1)：87-104.

④ Chang, M. "Cultural Policy of English Language Education in South Korea", *International Journal of Advanced Culture Technology*, 2020, 8(2)：109-115.

⑤ Yoo, K. "Discourses of English as an Official Language in a Monolingual Society：The Case of South Korea", *University of Hawaii Second Language Studies Paper*, 2005, 23(2)：1-44.

⑥ Song, J. "South Korea：Language Policy and Planning in the Making", *Current Issues in Language Planning*, 2012, 13(1)：1-68.

观文化背景和微观教师个人考量出发，探析交际式英语教学法在课堂中难以施行的原因，并提出了相应建议。也有学者进行共时研究，将韩国英语教育政策与其他国家对比，如日韩对比（Yamazato & Kinjo）[①]、中日韩对比（Tedesco）[②]、芬兰与韩国对比（夏璐）[③]等。鲜有学者对韩国英语教育政策的现存挑战和未来展望进行系统研究。虽然韩国不断对英语教育进行创造性改革，但目前在教材内容、课程理念、教师队伍及教育资源方面仍存在挑战，亟须探索新的解决方案。基于此，本文首先以教学方法、师资队伍及其他改革措施的动态调整为出发点，对韩国英语教育政策演变的三个历史阶段进行回顾，随后从教材内容、课程设置、教师队伍、教育资源四个维度对其现存问题进行阐述，并基于前人研究总结相应解决方案，以期为中国语言政策发展提供启示。

一　韩国英语教育政策的主要阶段

韩国的英语教育政策最早可追溯到19世纪80年代朝鲜王朝时期。自20世纪中叶至今，由于英语对于提高国家经济的全球竞争力日益重要[④]，韩国英语教育政策共经历七次国民教育课程改革，大致可划分为三个阶段。虽然三个阶段的改革侧重点有所不同，但始终关注对教学方法和师资队伍的动态调整。

---

① Yamazato, K. & S. Kinjo. "A Comparative Study of Language Policy and Actual English Education between Korea and Japan"，沖縄キリスト教学院大学論集，2012(9)：13-29.

② Tedesco, J. *English Language Policy Changes in China, Japan, and Korea and the Effect on Students Studying in the United States*, New York: State University of New York at Fredonia, 2015.

③ 夏璐：《芬兰、韩国英语教育变革对我国英语教育模式的启示》，《教学与管理》2016第1期。

④ Kim, E. "History of the English Education in Korea", 2008, http://www.koreatimes.co.kr/www/news/special/2008/04/181_21843.html, accessed 01/30/2014.

（一）20 世纪中叶至 90 年代初

1946 年至 1991 年，韩国英语教学课程处于第一到第五期国民教育课程改革阶段。在此期间，英语教育在韩国持续推进，英语于 1963 年被确定为第一外语。在五期国民教育课程改革阶段，公立学校教授英语的核心方法为语法翻译法（Grammar Translation Method），教学重点主要体现在英语语法规则的运用和英语阅读理解上。[①]

（二）20 世纪 90 年代初至 90 年代中期

20 世纪 90 年代初，全球化快速推进，为提高在全球化时代的国际竞争力，韩国政府需要培养更多的对外人才。然而，根据韩国英语学习的社会反馈，现行英语语言教育政策强烈的语法导向不利于韩国英语学习者学习英语交际技能、提高英语交际能力。自 1992 年，韩国教育部推行第六期国民教育课程改革，在教学方法、教师队伍和教材内容方面进行重点改革。

首先，将以英语语法和英语阅读理解教学为重点转向以培养英语交际能力为重点，推广交际式语言教学法（Communicative Language Teaching，简称 CLT），以提升学生使用基础英语语言的信心，建立学生使用英语进行日常交流的基础。[②]

遗憾的是，教师和学生群体对于英语交际教学法支撑下的第六期国民教育课程改革的开展存有消极态度。一方面，教师和学生都对英语交际教学法缺乏信心；另一方面，学生与老师在实际教学活动开展过程中发现，韩国现行英语教学体制缺乏有效评估学生英语交际能力

---

① Kim H. "Private Education as de facto Language Policy in South Korea", *Working Papers in Educational Linguistics*, 2015, 30(1): 87-104.

② 夏璐：《芬兰、韩国英语教育变革对我国英语教育模式的启示》，《教学与管理：理论版》2016 第 1 期。

的工具，课程设置中缺乏在现实情境进行英语交际的设计。[①]

为解决相关问题，韩国对师资队伍进行调整，引入外籍教师。韩国教育部于 1995 年提出“在韩英语项目”（English Language Programme in Korea，简称 EPIK），将以英语为母语的老师引入韩国课堂，打造用英语交际的课程，筹备英语教学材料，并与韩国本地的英语教师共同开展教学，全方位保障英语交际教学。[②] 这一项目旨在提高韩国学生和教师的英语口语能力，发展韩国与国外的文化交流，并将新的教学方法引入韩国教育体系。

在教材内容方面，为提高韩国在全球化时代的影响力，中学英语教材的重点由语法翻译、口头交际转向民族文化介绍，自 2001 年起在各个学校施行。英语教科书介绍了包括韩国在内共 13 个国家的文化内容，其中对韩国、日本、英国、美国文化的介绍占主导地位。这一政策有助于提升年轻一代的民族自豪感及国际竞争力。然而，由于对各个国家文化内容的介绍详略不同，且重点关注以英语为母语国家的白人中产阶级，韩国学生对其他国家的文化仍知之甚少。[③]

（三）20 世纪 90 年代末至今

受 1997 年亚洲经济危机的影响，韩国政府更加意识到英语对加强韩国与国际社会的联系、发展本国经济的重要性。因此，教育政策也进行了进一步改革。韩国在 2000 年前后开始推行第七期国民教育课程改革，采用独特的语法—功能教学大纲，同时培养英语学习者的交际

---

① Dailey, A. *Difficulties Implementing CLT in South Korea: Mismatch Between the Language Policy and What is Taking Place in the Classroom*, UK: University of Birmingham, 2010.

② Tedesco, J. *English Language Policy Changes in China, Japan, and Korea and the Effect on Students Studying in the United States*, New York: State University of New York at Fredonia, 2015.

③ Chang, M. “Cultural Policy of English Language Education in South Korea”, *International Journal of Advanced Culture Technology*, 2020, 8(2): 109-115.

能力和语法能力。第七期国民教育课程改革不同于第六期教育课程改革对于语言流利性的偏向，而是将英语语言学习者的英语交际流利度与信息传递准确度放在同等重要的位置。[①] 第七期国民教育课程改革的重点依然为教学方法、师资队伍，此外，也增加了对教学模式的改革。这不仅体现了对前期改革措施的调整完善，也是对“英语热”带来的社会不平等等新的社会问题的补救。

首先，将交际式语言教学法进一步细化发展为用英语进行教学的TEE(Teaching English through English)教学法，规定在英语课堂上将英语作为学生和教师之间交流的主要语言。2001 年，教育部提议对高中所有英语课程进行全英文授课，2008 年的新计划又进一步提倡，截至 2012 年，实现全国所有小学、中学英语课程的全英文授课。

然而，TEE 教学法在韩国课堂中实施困难，可从人才选拔制度和教师两个角度进行解释。首先，大学录取仍主要看重学生的平均学分绩点(Grade Point Average，简称 GPA)和学术评价测试成绩。其次，中学教师具有语言保护主义倾向。再次，教师通常对自己的英语流畅度缺乏自信。[②] 最后，受儒学思想的影响，教师是课堂的主导，较难接受以学生为中心的交际教学法(Butler[③]；Hu[④])。

由于公立学校的英语教学难以满足一些家庭的英语学习需求，经济富裕的父母会选择将孩子送至以英语为官方语言的国家或者私立教育机构。由于学生未能得到平等的教育资源，社会不平等加剧。同时，

---

① Kim H. “Private Education as de facto Language Policy in South Korea”, *Working Papers in Educational Linguistics*, 2015, 30(1): 87-104.

② Li, D. “It’s Always More Difficult Than You Plan and Imagine: Teachers’ Perceived Difficulties in Introducing the Communicative Approach in South Korea”, *Tesol Quarterly*, 1998, 32(4): 667-703.

③ Butler, G. “Comparative Perspectives Towards Communicative Activities among Elementary School Teachers in South Korea, Japan, and Taiwan”, *Language Teaching Research*, 2005, 9(4): 423-446.

④ Hu, G. “Potential Cultural Resistance to Pedagogical Imports: The Case of Communicative Language Teaching in China”, *Language, Culture, and Curriculum*, 2002, 15(2): 93-105.

英语教育外包现象也加剧了资金流出。①

为了缓解教育外包现象及教育资源的不平等，韩国政府采取了相应措施。在师资力量方面，通过“英语教育五年复兴计划”、TALK（Teach and Learn in Korea）奖学金项目，鼓励英语本族语教师在韩国执教。此外，加强对本土英语教师的培训，并于 2009 年采用新计划雇佣韩裔英语口语培训师。②

在教学模式上，陆续建立“英语村”，提供短期沉浸式英语体验，以减少对私立教育机构的依赖。此外，在公立小学中每周额外增加一小时的英语课时，以降低私人教育成本，缓解教育差距。

通过历史回顾可知，教学方法改革和师资队伍调整贯穿韩国英语教育政策演变的始终。教学方法的侧重点由语法规则转为交际能力，再到如今交际性与准确性并重。在师资队伍方面，通过奖学金等措施加大对英语本族语教师的引进，同时对本土教师进行培训。此外，针对不同时期的发展需求，教育政策在教材内容、教学模式方面也有所调整。

二　韩国英语教育政策的问题与挑战

（一）教材内容存在文化偏差

为了应对全球化的时代要求，韩国对世界其他地区保持文化开放的态度。就英语教育而言，其他文化元素自然渗透到韩国社会中的基本渠道就是英语教材。韩国英语教材涵盖了世界各地超过 13 个国家的

① Jambor, Z. “English Language Necessity: What It Means for Korea and Non-English Speaking Countries”, Online submission, 2011.

② 夏璐：《芬兰、韩国英语教育变革对我国英语教育模式的启示》，《教学与管理》2016 第 1 期。

文化内容，包括韩国、日本、美国和英国等。[①] 然而，虽然韩国英语教材内容涵盖的文化范围比较可观，内容的具体占比却有很大偏重，偏向英美地区文化。韩语英语教材的文化内容往往限于以西方英语为第一语言国家的白人中产阶级。韩国英语教材呈现出“其他国家地区文化内容占比不平衡”与“本国文化内容缺失”两大问题。

直到第七期国民教育课程改革时期，随着英语课程教学的不断推进，韩国相关部门在社会各界呼吁下对英语教材内容提出了相关改革措施。其中包括补充英语教材宣传韩国精神和物质传统优越性的文化内容，使韩国的年轻学习者能够培养对韩国和韩国文化的民族自豪感，包括韩国传统食物、国家成就、建筑和节日等。但政策中并没有详细规定具体措施如何实施，“其他国家地区文化内容占比不平衡”的问题也未能得到解决。

在经济全球化背景下，国际交流与合作不仅仅是与英美发达国家，也包括第三世界国家、发展中国家。由于教材设置本身的局限性，学生对其他国家地区的社会、政治、经济、外贸等知之甚少，难以真正了解世界，不利于提升年轻人的民族自豪感，也不利于本国文化的海外传播及人类命运共同体的构建。反观美国，虽作为世界第一大强国，但仍重视与利益相关国家的联系，推行关键语言政策，培养多语种人才，体现了对其他国家区域的关注。因此，英语教材的文化内容需要更加多样化，在保证本国文化得到正常展现的同时，引入除美英两国以外的其他国家的外国文化，培养学生的跨文化意识和跨文化敏感度。

（二）课程设置理念存在局限

交际式语言教学法旨在扭转第一期到第五期国民课程教育改革中

① Chang, M. “Cultural Policy of English Language Education in South Korea”, *International Journal of Advanced Culture Technology*, 2020, 8(2): 109-115.

韩国社会过于重视书面考试成绩的局面,但面临着“政策过于理想,现实难以实现”的困窘现状。交际式语言教学法诞生于20世纪90年代第六次国民教育课程改革时期,并在后期不断发展,扩大覆盖面。2001年,教育部提议高中英语教师进行全英文授课(Jeon & Lee[①];Jeon[②];Garton[③])。2008年,时任韩国总统李明博提议对英语课程和非英语课程进行纯英语教学,并计划截至2012年,在所有小学、初中和高中实现全部英语课程全英文授课(Jeon[④];Song[⑤])。

韩国教育有意从以英语语法和英语阅读理解教学为重点转向以培养英语交际能力为重点,在政策上体现为教师与学生英语口语交流时间增加、听说能力逐渐纳入综合能力考查范围内等。遗憾的是,政策在教学实践中难以落实。首先,教师接受的教育即为传统的语法翻译法,因此对交际教学缺乏信心。[⑥] 此外,由于教师和学生的英语水平各异,课堂上对母语的摒弃影响一些学生对概念的理解,特别是对于数学等概念复杂的学科而言,纯英语教学影响学生知识掌握的效率。最重要的是,学生的英语学习仍以考试(高考等)为导向,而考试中占比较大的部分仍然是传统教学中的英语语言知识(英语语法等),并非英语语言应用(实际英语交际)。目前在韩国主要有两种录取方式:一种自1994年开始施行,一种自1999年开始施行,前者看重学生的标

---

① Jeon, M. &J. Lee. “Hiring Native-speaking English Teachers in East Asian Countries”, *English Today*, 2006, 22(4): 53-58.

② Jeon, M. “Globalization and Native English Speakers in English Programme in Korea (EPIK)”, *Language, Culture, and Curriculum*, 2009, 22(3): 231-243.

③ Garton, S. “Unresolved Issues and New Challenges in Teaching English to Young Learners: The Case of South Korea”, *Current Issues in Language Planning*, 2014(15): 201-219.

④ Jeon, M. “English Immersion and Educational Inequality in South Korea”, *Journal of Multilingual and Multicultural Development*, 2012a, 33(4): 395-408.

⑤ Song, J. “South Korea: Language Policy and Planning in the Making”, *Current Issues in Language Planning*, 2012, 13(1): 1-68.

⑥ Jeong, K. “A Chapter of English Teaching in Korea”, *English Today*, 2004, 20(2): 40-46.

准化能力测试成绩，后者虽强调学生的交际能力，但多为精英大学采用。

总体而言，韩国的大学录取模式仍主要关注学生的平均学分绩点和学术评价测试成绩。在升学考试的压力下，教师不得不有悖于教育政策，以满足当下的实际需要。教师的自主性和能动性受到一定限制。韩国英语教学政策的核心目标受社会和大众需求的裹挟，在实际推进的过程中丧失了活力，效果不尽如人意。可见，韩国英语理念不能很好地为其政策目标服务，根本原因是理念的推进与实施受到与理想状况相矛盾的社会现实的裹挟，韩国英语授课理念仍应该从社会现实出发，自下而上寻找突破口。

（三）教师队伍水平受限

韩国英语教育的教师包括外籍教师和本土教师两类。为打造用英语进行交际的课堂，韩国政府每年花费千亿韩元，邀请英语本族语者来韩国任教。然而，由于缺乏严格的准入要求，外籍教师质量良莠不齐，且局限于英美等七个英语内圈国家，而较少学习其他国家如印度等的多元化英语。① 此外，由于学时要求不一，外教难以真正有效参与到韩国教育规划的制定中。但若因聘请外籍教师开销大、教学效果不如人意而盲目取消聘请外籍教师，则有引发后续社会问题的风险，比如相关机构教学人员重组的压力、学生与家长在教学资源水平上的担忧和质疑等。另一方面，对本土教师的培训存在局限。首先，教师主要接受语法翻译的教学方法训练，对自身的交际水平缺乏信心，在对学生的口语水平和交际水平提供指导时勇气不足。其次，受传统儒家思想的影响，课堂教学仍偏重教师主导，学生是被动的知识接受者。最后，受语言保护主义的影响，教师倾向于认为只有要上大学的学生

① 牟宜武、崔吉林：《全球化时代背景下的韩国当代英语教育改革行动——以交际为导向》，《外语教学理论与实践》2018 年第 1 期。

才需要学习英语。[1] 然而，由于英语水平已成为就业市场上不可忽视的一项技能，影响求职者的竞争力乃至社会地位，教师的教学理念亟须转变。

（四）教育资源分配不平衡

当前，韩国英语教育的重点依旧是为学生准备英语评估与考核[2]，私立英语教学机构更是愈演愈烈。私立学校的初衷是满足学生多样化的需求，但由于其高额的教育费，使得学生多来自富裕家庭。韩国媒体和私立英语教学机构广泛宣传英语教育，韩国在私立英语教育上的花费越来越多，根据三星经济研究所(Samsung Economic Research Institute，简称 SERI)的一份报告，韩国人每年在英语学习上花费约 15 万亿韩元(158 亿美元)。这也造成了高收入家庭学生的英语教育资源越来越优于中低收入水平家庭学生。由此，韩国政府虽然陆续推出了一系列解决教育资源不平衡的政策，私立教学机构的爆炸式增长反而加剧了社会教育资源不平等的现象，甚至上升到了社会阶级层面，加剧阶级矛盾与冲突。

三　韩国英语教育政策的未来展望

（一）改革学生评价机制，明确人才培养目标

为提高学生的全球文化素养，不应单一追求英美文化的学习。因此，应充分考虑语言与文化的教学，在英语学习中引入对其他国家文化的介绍，培养学生的跨文化意识和跨文化敏感度。在对对象国家区

---

① Jambor, Z. "English Language Necessity: What It Means for Korea and Non-English Speaking Countries", Online submission, 2011.

② Song, J. "South Korea: Language Policy and Planning in the Making", Current Issues in Language Planning, 2012, 13(1): 1-68.

域发展特征充分把握的基础上，培养具有跨文化沟通能力、宽广国际视野、外事外交技能的复合型人才。[①] 此外，应继续加大听说技能的评价体系建设。例如，2009 年，韩国推出“国家英语能力测试”（National English Ability Test），以削减托福等西方英语能力考试在韩国的影响力。[②] 这可以助推教师和学生重视课堂交际练习，从而逐步缩小学生听说能力和其他几项技能之间的差距。

（二）加强公立学校教育，实现教育整体均衡发展

2019 年 11 月，韩国教育部宣布计划到 2025 年，废除私立高中，将其转为普通高中，以缓解教育不平等现象，缓和精英化教育政策的弊端。然而，这一做法广受批评。2020 年 5 月，24 所独立性私立高中、外国语高中和国际高中联名提起宪法诉讼，认为教育部修改《小学与中学教育法》，侵犯其基本权利。部分家长的焦虑及补习需求也未能减少。私立高中的未来命运尚不可知，因此，必须进一步提升公立学校的教育水平。需要采用引进+培养的双路径。一方面，继续加大对外籍教师的引进，提高外籍教师准入门槛。另一方面，依托现有师资，加大对在职教师的技能培训和情感支持，在教师培训中关注教师的真实需求。同时也可支持教师参加海外培训活动，进一步提高教师的语言交际能力（Jeon[③]；Dailey[④]）。

---

① Chang, M. “Cultural Policy of English Language Education in South Korea”, *International Journal of Advanced Culture Technology*, 2020, 8(2): 109-115.

② Ahn, H. “Assessing Proficiency in the National English Ability Test (NEAT) in South Korea”, *English Today*, 2015(31): 34-41.

③ Jeon, M. “Globalization of English Teaching and Overseas Koreans as Temporary Migrant Workers in Rural Korea”, *Journal of Sociolinguistics*, 2012b(16): 238-254.

④ Dailey, A. *Difficulties Implementing CLT in South Korea: Mismatch Between the Language Policy and What is Taking Place in the Classroom*, UK: University of Birmingham, 2010.

（三）线上线下教育相结合，加强配套措施建设

2019年，韩国教育部发布“小学实用性英语教育计划”，提出将开发以人工智能技术为基础的“英语口语练习系统”，通过人机对话，为学生提供线上口语练习的机会，以提高学生日常应用英语的能力。[①] 在线教育平台与线下学校教育相结合，实现教育资源共享，有利于进一步缩小不同地区学生的英语水平差异。

四　韩国英语教育政策对中国的启示

英语教材中应加强母语文化教育。不同于韩国重视英语教科书中本国文化的介绍，中国英语教材中民族文化存在缺失。2014版普通高中英语课程标准涵盖目标语文化的多维内容，包括语言、科技、宗教、大众媒介，而对中国文化介绍甚少。[②] 这不利于提升学生对母语文化的认同，也不利于加深各国对中国文化的了解。因此，中国英语教科书中应适当增加母语文化比例，引导学生加强对母语文化的了解和兴趣，培养学生对中国文化的归属感。

课堂活动由教师主导变为学生主导。与韩国相似，受儒家思想影响，中国英语课堂虽存在师生互动，但仍以老师讲、学生记为主。这样的课堂从本质上仍属于语言知识课而非语言训练课。[③] 为真正培养学生的语言运用能力，课堂教学应引导学生参与互动，在“用”中学习，真正做到用英语进行思考和表达。

综合教学法代替单一教学法。英语交际教学法于20世纪80年代

① 季丽云：《韩国：教育部将推进小学实用性英语教育》，《人民教育》2019年第Z3期。

② 吴晓威、鞠墨菊、陈旭远：《人教版高中英语教科书母语文化内容的缺失及改进》，《教育理论与实践》2014年第32期。

③ 高玲：《影响大学英语教与学的观念性误区》，《中国电化教育》2012年第6期。

初期开始在中国的某些院校进行实践，并进行了逐步推广。交际教学法本质上轻视了语法教学以及语言知识的系统性和整体性的学习，过于强调交际能力而造成语言基础知识的薄弱。[①] 此外，在中国英语教育课程中，交际教学法的实施产生了误导：只强调口头交际能力，忽视阅读与写作，缺乏笔头交际能力的训练，缺乏对文章的推理分析、对作者真实意图的领会。由于教育部提出“将原来的以阅读理解为主转变为以听说为主”，大学生英语阅读能力严重不足，阅读速度属于国际公认的“慢”层次，且很难看懂专业文献。[②] 因此，中国英语教学需要借鉴传统教学方法中的讲解法来弥补这一缺陷，采取“综合教学法”，注重学习者的陈述性知识和程序性知识学习，注重知识的相互联系、相互作用和相互转化。

宏观措施与微观措施结合均衡教育资源。在发达地区，城乡英语教育资源不平等体现在开课年级，而在欠发达地区，城乡英语教育差异显著，农村地区英语教师资源薄弱，且基础设施落后。与县城学生相比，农村学生英语成绩较低。由于目前工作岗位对英语能力的大量需求，英语教育资源不平等又会进一步加剧社会不平等。[③] 同样，少数民族地区英语教师数量严重不足，高层次外语人才流失现象严重。因此，在宏观层面，国家可根据不同地区学生的实际情况制定教学计划，满足学生的实际需要，如采用灵活多样的外语测评手段，而非仅局限于学分绩点。在微观层面，也可借鉴韩国教育部的做法，在农村地区引进具有专业教学能力的外籍教师，让师生获得与外籍教师交流的机会，提高学生学习英语的热情。

---

① 崔桂华：《走出英语教学的误区——关于交际教学法的启示》，《中国高教研究》2003 年第 1 期。

② 蔡基刚：《我国大学英语教学目标设定研究——再论听说与读写的关系》，《外语界》2011 年第 1 期。

③ 刘晓波、胡铁生：《英语教育的不平等对社会流动的抑制作用》，《社会科学家》2014 年第 10 期。

创新英语村形式，降低运营成本。韩国修建英语村旨在通过虚拟情境，营造全英文环境。英语本族语者扮演“村民”，分布在各个情景区，为学生提供沉浸式交流体验。这一模式有助于提高学生的英语能力，同时节省家长对私立教育机构的投入。然而，英语村也面临建设和运营耗资过大的问题。因此，中国的英语村建设可充分借助公立学校的已有资源如教室，打造学校内的小型英语村，也可由多所学校合作，共建共享，共同打造，为学生提供沉浸式体验。[①]

结　语

通过以上回顾可知，韩国英语教育政策的演变体现了本国经济发展的需要，以及对之前政策存在问题的改进。改革措施以教学方法、教师队伍的动态调整为主，兼顾其他措施。虽然历经七次课程改革，英语教育政策目前仍在教材内容、课程设置、教师体系、教育资源方面存在挑战。针对这些挑战，本研究总结了相应的解决方案。针对中韩英语教育政策存在的共有问题，中国英语教育应继续创新教学改革，将母语文化融入英语教学，结合传统教学法与交际教学法，对欠发达地区加大英语教育资源投入，兼顾不同群体的英语学习需求，从而推动英语教育改革。

① 牟宜武、崔吉林：《全球化时代背景下的韩国当代英语教育改革行动——以交际为导向》，《外语教学理论与实践》2018 年第 1 期。

韩国非通用语教育振兴计划及实施状况调查

李莲姬*

随着全球南方崛起与国际关系多边化的凸显，以及韩流在越南、泰国、印度尼西亚等以非通用语[①]为官方语言国家的人气爆发性增长，韩国对具备非通用语能力的区域学专家的需求与日俱增。此外，韩国国内来自上述国家的移民，以及由其组成的跨文化家庭的数量也在逐年递增，帮助此类人群与韩国社会融合的非通用语语言服务需求也呈现出扩大的趋势。因此，为了培养非通用语人才，韩国教育部和国立国际教育院依据《非通用语教育法》(특수외국어교육법)及同法施行令，制定并实施了《非通用语教育振兴五年基本计划》(특수외국어교육 진흥 5 개년 계획)。

* 李莲姬，大连外国语大学韩国语学院讲师，中国东北亚语言研究中心兼职研究员，主要研究方向为认知语言学、语言政策与规划。

① 本文中的"非通用语"是指韩国的"特殊外语"（Critical Foreign Language），指主要外语类(英语、汉语、法语等)以外，根据国家发展战略上的需求，由总统令规定的53种特殊外语。

一 实施背景与建设意义

韩国政府根据《非通用语教育法》第 5 条及同法施行令，为推进非通用语教育振兴事业，制定并实施了《非通用语教育振兴五年基本计划》，其实施背景主要有以下几个方面：

第一，韩国非通用语教育的发展与国际格局的变化密切相关。在多变化的国际格局下，全球南方国家崛起已成必然趋势，出于国家战略层面的考虑，韩国政府需要培养更多的非通用语人才，与以非通用语为官方语言的国家加强合作，进而为韩国的外交、经济和文化交流与发展提供有力支持。为此，韩国政府和教育机构加大了对非通用语教育的投入，推动其快速发展。

第二，韩流及韩国文化在以非通用语为官方语言的国家影响力不断扩大，同时也为相关产业的发展带来了机遇。非通用语教育成为韩国与目标国家之间的文化桥梁，借助非通用语人才的力量，可以有效推动韩国文化在目标国家的传播和接受。韩国文化在相关国家的流行，为韩国音乐、电影、时尚等相关产业带来了巨大的市场潜力，促进韩国文化产业出海。

第三，来自上述国家和地区的移民，以及由其组成的跨文化家庭的数量逐年递增，使得韩国社会的多元文化背景日益显著。为了满足移民及其子女的学习需求，韩国非通用语教育的重要性也随之增加。另外，跨文化家庭的增加也进一步推动了韩国非通用语教育的发展。韩国非通用语的普及使得这些家庭能够更容易地获取所需的语言教育资源，从而帮助移民家庭更好地适应多元文化的环境。

随着全球化的推进，韩国非通用语教育计划的建设不仅对于本国发展具有重要意义，而且也对国际社会的多元文化交流和合作具有积极的推动作用。

第一，非通用语教育计划的建设有助于增强韩国的国家竞争力。在全球化背景下，多语言能力成为衡量一个国家综合竞争力的重要指标之一。韩国通过培养掌握非通用语的人才，为国家的安全和发展提供有力保障；同时，也能够推进国际合作与交流、促进文化多样性与交流互鉴、加强国家软实力，为韩国在国际舞台上发挥更大作用奠定坚实基础。

第二，非通用语教育计划的建设能够促进韩国与其他国家的交流，通过掌握非通用语，韩国人能够更直接、更深入地与其他国家的民众进行交流，增进相互之间的友谊和合作。同时，非通用语教育计划的实施为文化产业提供了更多具备多语言能力的人才，为文化产业的发展注入新的活力。

第三，韩国近年来面临着更多人口挑战，这对韩国的社会经济发展产生了深远影响，因此，韩国政府通过非通用语教育计划措施，吸引更多地区的移民，使他们能够更好地理解和适应不同文化背景的人群，从而改善韩国的人口问题，并推动其经济的持续增长。

二　主要目标与实施路径

《非通用语教育振兴基本计划》的教育总体目标为通过非通用语教育振兴事业，将韩国建设成为一个创新、包容的国家。具体目标包括：第一，培养专家人才，即培养教育、文化、产业等领域所需的非通用语种专家人才；第二，扩大语言服务，即为国民提供翻译服务及针对性的教育机会。

《第一个非通用语教育振兴五年基本规划(2017—2021)》的主要实施路径包括以下三个方面。第一，完善培养专业人才的本科教育体系：①提高教学能力，即提高师资的专业性、确保教学人员质量；②改善本科教育环境，即推进本科专业教育的多样化，建立语言实践基地；

③完善课程及评价体系，即开发高标准课程，建立科学的评价机制。第二，重点培养符合社会实际需要的人才：①各大学附属研究所承担韩国政府指定的语言教育与研究，通过校际合作达成既定目标；②以翻译专业研究生院为中心，建立“本硕一体化”培养机制；③反映企业的需求，开设产学合作协同育人课程，制定集中进修制度。第三，扩大非通用语种教育基础建设：① 资助国民、企业及地方自治团体的非通用语教育，如开放非通用语慕课（K-MOOC），定期举行地区市民讲座，运营企业委托教育项目等；②建设国内外教育网络，如通过官方和民间双重渠道，与相关国际机构签订学术交流协议。

《第二个非通用语教育振兴五年基本规划（2022—2026）》的主要实施路径也可以概括为三个方面。第一，深化培养符合社会需求的专业人才。包括资助建设各学业阶段的非通用语教育、培养各领域非通用语种专家、发掘具备非通用语专业潜力的下一代学者。第二，扩大对国民的服务范围。通过韩国政府部门间的协作，扩大非通用语教育及翻译服务范围；加大国内外语言交流合作，建设并运营非通用语教育学习及研究平台。第三，提升非通用语种教育基础建设质量。通过教学实践反馈完善课程及评价体系，提高教育质量与效率。

三　基本内容与规划体系

（一）基本方向

《非通用语教育振兴基本计划》的基本方向主要包括扩大语种覆盖范围、加强师资培养力度、优化课程设置与教材内容、增进国际交流与合作、推广语言文化认知、增强跨文化意识和国际视野等。具体阶段性目标如下：

第一阶段（2017—2021）的发展目标为：以市场为导向，对接中东地区、阿拉伯国家清真市场和南美共同市场，培养能够满足韩国海外市场产业需求的非通用语种人才，抢占商机，拓宽韩国青年人海外就业渠道；在多变化的国际格局下，提升韩国国家竞争力，将非通用语教育作为国家力量的增长点。

第二阶段(2022—2026)的发展目标为：以扩大韩流在海外的影响力为增长点，带动影视剧、漫画、文学等相关产业出海，培养能够满足韩国海外文化发展需求的非通用语种人才；同时，为了应对韩国国内人口结构的变化，满足移民和跨文化家庭对于非通用语服务的需求，培养致力于韩国多元化社会融合的非通用语种翻译人才。

（二）语种布点

表 1　各教育机构非通用语重点建设分布

机构名称	重点建设语言	语种数
檀国大学 青云大学	蒙古语、越南语、阿拉伯语、葡萄牙语·巴西语①	4 个
釜山外国语大学	缅甸语、越南语、阿拉伯语、印尼语·马来西亚语、柬埔寨语、土耳其语、泰国语、印地语、意大利语、老挝语	10 个
韩国外国语大学	蒙古语、斯瓦希里语、乌兹别克语、伊朗语、印尼语·马来西亚语、土耳其语、泰国语、葡萄牙语·巴西语、波兰语、匈牙利语、印地语、意大利语、老挝语、荷兰语、哈萨克语、瑞典语	16 个

（三）重点项目

1. 培养有针对性的非通用语专业人才

(1) 完善不同学业阶段的非通用语教育。第一，针对小学、中学积极开展非通用语讲座及语言文化体验活动。结合小学、中学课后校内兴趣学习班以及高中学分制等已有教育机制，以开展非通用语讲座和文化体验活动等形式，支持非通用语教育。同时，以韩国全国中小

① “葡萄牙语·巴西语”、“印尼语·马来西亚语”均视为一种语言。

学校长为对象，举办研修班，宣传《非通用语教育振兴基本计划》工作。第二，针对大学、研究生院开设多种讲座，增加学生交流、研修的机会。以线上线下相结合的方式，开展各类讲座，通过学分认证、专业拓展等方法，提高学生参与讲座的积极性。与非通用语为官方语言的国家合作，开展学生短期、中长期交流和研修项目，提高非通用语教育的实用性。第三，针对一般国民，通过扩大线上学习的方式，提供各种教育机会。建设非通用语慕课智能访问系统，让对非通用语感兴趣的国民能够更简单地获取到学习各类非通用语的资源。

（2）培养各领域特殊化非通用语专家。第一，培养翻译人才，即培养能够使用非通用语把韩流文化信息传播到世界的翻译人才。第二，通过产业合作计划，培养具备现场实务能力的专家，即以产业合作项目为依托，培养能够在合作现场发挥语言优势，推进项目开展的应用型专家人才。

（3）培养具备非通用语专业潜力的下一代学者。第一，扩大各语言专业有潜力的下一代学者的语言服务；第二，扩大建设具备非通用语外语教育力量的专门教育机关；第三，增设大学中的相关专业及强化研究生升学服务。

2. 扩大语言服务对象人群

（1）通过部门合作，扩大非通用语教育和翻译服务。第一，通过部门间的协作，扩大特殊外语志愿者翻译服务；第二，为多元化的学校成员提供针对性教育；第三，通过专业教育机构与公共机关合作，提供非通用语翻译服务。

（2）推动国内外语言交流合作，促进全球网络化。第一，扩大以特殊外国语专业人才为中心的学术交流合作；第二，加强国与国之间业务领域的交流合作。

（3）构建及运营非通用语学习研究支持平台。改善非通用语教育综合门户网站功能，建设共享非通用语讲座等学习资料的支持平台。

3. 提高教育基础建设质量

（1）以教促改，提高课程质量，完善评价体系。第一，提高各非通用语种标准教育课程与实际教学的匹配度；第二，研发各非通用语种语言能力评价标准，推进评价标准的体系化。

（2）通过系统成果管理，提高非通用语教育工作效率。第一，通过系统绩效管理，验证工作成效，提高工作质量；第二，修订《非通用语教育法定》及同法实施令。

四　实施成效与存在问题

（一）实施成效

第一，韩国国民的非通用语教育机会增加，非通用语专业人才数量、质量明显提升。两个五年计划实施以来，通过韩国政府的规划与资助建设，共计新增荷兰语、老挝语、瑞典语、意大利语、哈萨克语等15种非通用语语种专业，建设多种线下混合学习平台，开展多形式的交流学习，为韩国国民增加了教育机会，同时也培养出一批精通非通用语及对象国文化的专业人才。

第二，各类志愿服务、交流活动、文化讲座增多，非通用语言的服务范围不断扩大。为移民和跨文化家庭成员更好地适应韩国生活、加快与韩国社会的融合提供翻译服务；根据跨文化学生数量的增加，在中小学适当增设非通用语课程，并定期举行语言文化交流讲座；通过政府、地方自治团体、大学（研究生院）、企业之间等多领域的合作，开展针对性非通用语专业人才培养项目。

第三，非通用语教育课程质量明显提升，评价机制趋于完善。实现开放相关语种高标准教育课，编撰出版15种非通用语种教材，研制并发布15种非通用语言能力评价标准。

（二）存在问题

第一，受惠人群范围未能达到预期目标。目前为止，韩国政府已实施的措施主要针对培养非通用语专业学生，缺少对其他人群的非通用语教育资助。另外，教育机构与企业之间的协作不足，非通用语语言服务范围有待进一步扩大。

第二，非通用语教育及评价体系有待完善。目前为止，韩国已经在五所重点大学布点了 15 种非通用语语种专业，并初步建成相对完善的课程体系。但实际上，部分课程和教材还是以研究为主，缺乏实用性和应用性。在评价体系方面，并未出台与国际标准挂钩的语言评价标准。

第三，非通用语专业学生就业前景堪忧。目前为止，非通用语在韩国的适用范围有限，社会对其认知度相对较低，加之 AI 翻译技术不断突破，学科的发展举步维艰。受此影响，非通用语专业毕业生的就业前景也不容乐观，对口岗位一旦饱和，短期内相同语种专业毕业生很难凭借自身专业优势寻找到合适的就业岗位。

俄罗斯英语教育国际化的发展与反思

李华剑*

英语作为俄罗斯的一门主要外语，其重要性不言而喻。由于受到政治、文化等方面因素的影响，俄罗斯对于外语教学的态度是存在阶段性变化的，时而大力支持，时而避之不及。本文将对俄罗斯的英语教学进行研究，探究不同阶段俄罗斯的英语教学政策及态度，从而较为全面地了解俄罗斯总体的语言意识形态。在东北亚语言研究的大背景下，该研究将会在英语教学、课程设置、政策方针等方面提供大量的相关信息及宝贵的经验，有助于在比较中学习交流、获得启发，促进我国英语教育的发展。

英语在俄罗斯的不同时期受到的关注程度有所不同，大体上可以分为三个阶段，从英语教育关注度不高到不支持英语教育，再到如今的重新大力支持英语教育。俄罗斯的英语教学历史较为悠久，通常认为，俄国人和英语本族语者于16世纪首次互相接触。[①] 大体上，可以

* 李华剑，大连外国语大学英语学院2020级英语语言文学专业硕士研究生，主要研究方向为语料库语言学。

① Proshina ZG, Ettkin BP. "English-Russian Language Contacts", *World Englishes*, 2005, 24(4): 439-444.

从三个时期对俄罗斯的英语教育进行研究，分别是俄罗斯帝国时期、苏联时期和当代。

俄罗斯联邦的政治、种族和语言等方面的多样性和国际环境的复杂性在一定程度上影响了俄罗斯英语相关研究关注点。目前关于俄罗斯英语教育的研究大多集中于三个方面：第一个方面是俄罗斯英语的历史发展过程，由于俄罗斯是一个多民族联邦国家，有着众多的方言，因此这一方面的研究也多和方言的历史发展相结合。第二个方面注重近现代俄罗斯英语教育现状和发展，近现代开始，俄罗斯意识到英语教育的重要性和必要性，正在积极地融入全球化和国际化的大潮中。由于客观历史原因的限制，俄罗斯的融入过程也遇到了很多问题，因此在这一方面的研究多围绕俄罗斯目前英语教育的不足和对此的建议。V. 聂霍洛谢夫、E. 科别列娃、A. 科莫科娃以及 E. 克鲁特科①以西伯利亚交通大学为例讨论了当前高校积极融入国际学术环境所采取的措施以及遇到的挑战，国际环境的复杂性使得英语教育全球化依然任重道远。第三个方面更加关注的是不同人群对英语教育和学习的态度，吉尔梅迪诺娃②以俄罗斯喀山一部分小学老师为研究对象，探讨其对多语言使用和语言政策的态度，研究发现教师对多语化的态度在不同的语言学校有不小的分歧存在，对英语教学的支持主要是由于经济和就业方面的益处。

综上所述，目前对于俄罗斯英语教育多以历时或者共时的研究方式进行研究，由于俄罗斯历史和国际环境的复杂性，英语教育的发展历程、现状以及未来的发展三者息息相关，有必要以历时和共时

---

① Nekhoroshkov, V., Kobeleva, E., Komkova, A., & Krutko, E. "Internationalization of Higher Education in Russia: A Case Study of Siberian Transport University", *Proceedings of the Internation Conference on "Humanities and Social Sciences: Novations, Problems, Prospects"*, 2019.

② Gilmetdinova, A. M. "Elementary School Teachers' Attitudes Towards Multilingualism and Language Policy: Tatarstan, Russia", Dissertations & Theses-Gradworks, 2015.

相结合的研究方法来更全面地认识俄罗斯英语教育。本研究以俄罗斯英语教育的国际化发展为切入点，将历史和现状紧密结合，将国家、社会、高校、教师和学生这5个维度相结合，将问题和应对方式相结合，总结其优势和不足之处以期促进英语教育在中国更好地发展。

一　俄罗斯在三个不同历史时期的英语教育发展历程

（一）俄罗斯帝国时期

俄罗斯帝国时期指的是1721年10月22日至1917年3月12日。俄国人首次接触英语普遍认为是在1505年，英国国王爱德华六世派遣一支商队来俄国进行友好的商贸往来。[①] 在俄罗斯帝国时期，英语并不是主流外语。在18世纪，德语是学术通用语，并且只有受过良好教育的精英阶层才会学习德语。之后的19世纪，法语成了人们广泛使用的外语，所以当时的俄罗斯贵族使用的都是俄法双语。[②] 在当时，较为富裕的家庭和贵族阶级都会请家庭教师到家中授课，这些教师大多都是外国人，这样可以确保孩子在正宗外语环境中学习。而在1917年十月革命之后，英俄两国切断了联系。

可以看出，英语作为一门外语在此时期的受重视程度不高，相反，法语、德语较为盛行。这一阶段可以看作多语种外语教育共同发展的阶段，并不存在过分抵制某一外语的情况，但总体来讲，这一时期俄罗斯帝国对于英语教育的关注度并不算高。

---

① 蔡晓明：《俄罗斯英语的演变及其对俄罗斯英语的影响》，《教育现代化》2019年第6期。

② Offord D., Ryazanova-Clarke L., Rjéoutski V., Argent G. *French and Russian in Imperial Russia: Language Use among the Russian Elite*, Edinburgh University Press, 2015.

（二）苏联时期

苏联时期指的是1922年至1991年。十月革命之后，俄国走向了社会主义建设道路，成立了苏维埃社会主义共和国联盟。受到英国工业革命等多方面因素的影响，在19世纪30年代，俄国开始了产业革命，而英语中的一些词语也因此流入俄语中。之后，在冷战的大环境下，英语被认为是“敌人的语言”。[①] 所以，这一时期的英语教学也受到了很大程度的影响。接触外国文化受到了极大的限制，学生和教师只能通过阅读英文文学作品来学习英语，而且由于很难引进国外先进的教学方法，教师们只能自己研究外语教学方法。但在这之后，苏联国内逐渐出现了反对的声音，认为应该以交际导向为目标学习英语。

可以看出，当时的教材政治性很强，意识形态渗透于课本之中。尽管英语被认为是苏联“意识形态上的敌人”，但外语教学仍在中高等教育体系中开放。这种敌对思想在19世纪80年代末仍在持续，后来苏联意识形态逐渐转变，人们对英语的态度也愈来愈包容开放。

在苏联时期，英语在俄罗斯的使用基本上仅限于教育领域，没有走出学校或大学课堂。它的目的是灌输意识形态，也因此传统的苏联教育法在教育过程中所涉及的目标范围十分有限，注重培养阅读、写作、语法、词汇和翻译技能方面的能力，教育实践主要集中在语法模式的记忆上。传统的方法形成了一种形而上学的教育模式，整个过程枯燥乏味，忽视个人以及其在教育过程中的需求和问题是苏联英语教育模式的一个特征。[②]

总的来说，苏联时期的英语受到了很大的抵制，这种现象是受到

---

① Ter-Minasova S. “Traditions and Innovations: English Language Teaching in Russia”, *World Englishes*, 2005, 24(4): 445-454.

② Ter-Minasova S. “Traditions and Innovations: English Language Teaching in Russia”, *World Englishes*, 2005, 24(4): 445-454.

政治文化等多方面因素影响而形成的，这一时期的英语学习资源较为匮乏，教学法受到限制，整体来说不利于英语教育的发展，频繁出现“哑巴英语”的现象。

（三）当代

这一时期的时间界限在不同的研究领域有着不同的划分方法，但大体上就是目前所处的时代。1991 年苏联解体后，俄罗斯对英语的态度有了很大的缓和，越来越多的人开始接纳英语、学习英语，认识到英语的重要性。随着全球化进程的不断推进，英语逐渐成了世界上最广泛使用的语言，在各行业各领域产生了深远的影响，要想学习先进的高新技术知识，就免不了要打破语言壁垒，学习英语。所以在这一阶段，俄罗斯政府是大力支持英语教育的。在一些地区，学生们从小学一二年级就会开始学习英语，可见俄罗斯对于英语的重视程度。2008 年起俄罗斯中小学毕业生均须通过国家统一考试（USE），考试成绩作为大学入学标准。2011 年，参加 USE 考试外语科目的毕业生里，92% 的学生选择英语作为考核科目，可见英语学习在基础教育中的普及程度很高。[①]

在今天的俄罗斯，英语是学校教育的主要外语，英语也被视为跨文化和国际商务交流的语言。英语教育本身也在发生深刻的变化，传统教育模式正在衰落。如今，英语已经渗透到了各行各业，时时刻刻影响着人们的生活，影响着新一代成长起来的年轻人。面对这种情况，俄罗斯政府在当代大力支持英语教育，在当下抓住机遇、迎接挑战，为培养新一代人才做出努力。

但是当代的英语教育依旧存在着一些问题。首先是俄罗斯的传统教育无法充分应对现代世界的要求，缺乏一个全面统一的高等教育国际化国家战略来引导；其次是教育和外语资源不足，无法进行高效的

---

① 蔡晓明:《俄罗斯英语的演变及其对俄罗斯英语的影响》,《教育现代化》2019 年第 6 期。

外语教育。许多高校已经在尝试引入更多的教育资源和不同的教育方法来满足如今的发展需求。

二　俄罗斯英语教育现状

（一）国家层面

举办大型国际型赛事活动不仅可以引进外资和促进新的基础设施建设，大型体育赛事还可以作为国际学术互动交流的契机和高效的语言实践平台。

近年来，俄罗斯积极举办各种大型体育赛事，极大地促进了英语教育的发展。例如 2013 年在喀山举办的世界大学生运动会，这是俄罗斯自 1980 年莫斯科奥运会以来首次举办的全球大型体育赛事。2013 年，世界田径锦标赛在莫斯科成功举办，这是俄罗斯历史上首次举办此类赛事。2014 年，索契 34 年来首次举办了冬奥会。2017 年，俄罗斯在世界杯前一年首次举行了联合会杯足球赛。俄罗斯借助这些大型体育赛事积极融入全球化大潮。

俄罗斯积极举办大型活动也为英语学习者提供了很多实践的机会，每一届世界一流的运动会都吸引着全世界的关注，每次大型体育赛事也都会需要很多志愿者来协助运行，数万名志愿者可以借此机会进一步提升语言能力并充分参与到交流实践中来，可以说把英语教育推向一个新的高度。

然而，尽管俄罗斯联邦政府积极参与重大体育赛事的申办，并提供了充足的资金支持，同时也为语言实践带来了巨大且实用的国际平台，但目前为止仍然缺乏权威统一的国家政策指导①，俄罗斯有效

① Nekhoroshkov, V., Kobeleva, E., Komkova, A., & Krutko, E. “Internationalization of Higher Education in Russia: A Case Study of Siberian Transport University”, *Proceedings of the Internation Conference on “Humanities and Social Sciences: Novations, Problems, Prospects”*, 2019.

融入世界教育环境和扩大教育服务出口的主要障碍就在于此。同时，西方世界目前对俄罗斯的不友好态度也在一定程度上阻碍了国际交流。

（二）社会层面

俄罗斯联邦对各类体育赛事的积极申办无疑为社会上各种培训机构提供了大量的机会。例如，在大型体育赛事中志愿者是绝对不可或缺的，如果没有志愿者，像奥运会和世界大学生运动会这样的大型体育活动将很难组织和开展。2013 年，近 2 万名志愿者积极参与了俄罗斯喀山世界大学生运动会的组织工作，具有较强外语能力、理解各国文化差异的志愿者在世界范围内的活动中受到高度重视。由于在赛事期间大量的国际运动员、公共部门官员和媒体代表涌入，拥有较高语言素质更加重要。此外，很多大型赛事均宣布英语为活动的官方语言，具备英语能力的志愿者能够在很多领域提供广泛的语言服务。

总而言之，英语长期以来一直是许多国家的主要交流语言。由于在苏联时期，民众对英语的知识和理解水平相对较低，俄罗斯的英语基础总体上不太好。尽管自 20 世纪 90 年代俄罗斯对外开放以来，这种情况已经发生改变，但英语志愿者培训项目对俄罗斯来说还是一个相对较新的领域。

社会层面的不同培训机构可以在课后继续满足学习者对不同语言能力的学习需求，国家承办的大型体育赛事也可以为学习者提供充足的实践机会。但是，在缺乏权威统一的国家政策指导的情况下，有时国家和社会机构可能会在具体实践中有所分歧。

（三）学校层面

近年来，随着全球高等教育国际化的趋势日益加快，越来越多的俄罗斯高等教育机构积极主动地扩大其国际性交流活动的规模[①]，许多高校都在积极推行双学位课程和联合研究等项目，这些项目既可以促进更广泛层面的经济发展，也可以极大地推动院校自身和英语教育的发展，例如通过扩大和提升学位课程的范围与质量来提高学术研究产出，提升学术影响力。

所有这些活动都以多样的形式积极融入国际舞台，与来自其他国家的机构、工作人员、教师和学生进行合作或交流。尽管国际联系和伙伴关系的需求日益增长，高校和英语教育的发展仍然面临巨大的挑战。一个关键的阻碍是语言，尤其是英语。一所大学的英语教学方法、师资力量、政策或评估框架都可能对整个英语教育国际化的进程产生影响。例如，用英语发表研究成果意味着它们可以更广泛地传播。以下以西伯利亚交通大学为例，概述俄罗斯当前高等教育机构为应对挑战所采取的不同措施。

西伯利亚交通大学在铁路交通、交通建设、经济与法律、管理与服务、信息技术、环境保护等领域拥有丰富的人才资源。因此，学校结合自身优势，确定了促进教育国际化的途径如下：帮助学生拓展跨文化体验（参加国际会议、学术交流等）；提高学生的外语水平（课外外语课程等）；资助外国学生入学（国际学生流动、实习等）；学校与社会上许多教育机构、社区组织和政府机构建立合作关系，提供学术流动项目（设立双学位项目和国际商务学士学位）。

采取措施三年来，学校取得了丰硕的学术成果，来校攻读学位的留学生人数也逐年增加。然而，国际化战略仍然具有相当的挑战性。除了高等教育国际化的教育规划外，还面临着其他挑战，如国际交流

① Nekhoroshkov, V., Kobeleva, E., Komkova, A., & Krutko, E. "Internationalization of Higher Education in Russia: A Case Study of Siberian Transport University", *Proceedings of the Internation Conference on "Humanities and Social Sciences: Novations, Problems, Prospects"*, 2019.

与合作不足，这可能是受到大学资源缺乏的限制。还有能够提高毕业生在世界市场上的竞争力和创新能力的教育项目和课程数量不足、缺乏外语知识等问题，这些挑战也对学校和教师提出了更高的要求。

（四）教师层面

所有学校都在努力创造独特、创新的教育环境，为大学管理人员和教师提供专门的培训，提高他们的外语水平，加强双语教学，为教师实施外语教学计划和科学监督提供良好的学术环境。

现代教育国际化最重要的是教师队伍的现代化。还是以西伯利亚交通大学为例，该校的教师面临两大挑战，一是教学方法难度大，二是教师能力不足。在教学方法上，西伯利亚交通大学采用 CLIL 语言教学法，CLIL 是一种以外语为基础，学习一门核心学科的双语教学方法。它包括两种模式：面向内容的模式——主体特定优先模式；面向语言的模式——外语优先模式。针对教师能力不足的问题，学校一方面对外语教师进行专业再培训使其能力达到预期水平，另一方面通过组织团队教学，进一步开发外语（以英语为主）课程，提高核心学科教师的外语技能，两种方法并行运用，提高教师的外语能力和专业技能。

（五）学生层面

当前对学生而言最大的困难是自身能力素质不足。俄罗斯目前的英语教育规划进一步提高了对学生的基本素质的要求。大学毕业生在当今全球化大潮中应该将自身定位为有竞争力的专业人士，学生需要掌握不同的技能来帮助自身的成长和再学习。其中，高水平的外语知识，特别是英语和专业沟通能力，可以为学生的国际流动奠定基础；IT 技能可以有效应对现代数字技术的挑战。因此，在国家、社会、学校和老师的帮助下，学生应该努力提高自己的能力素质，促进自己更好地发展。

三　对中国英语教育的启示

回顾俄罗斯英语教育的历史进程，其研究价值及对我国英语教育的启示意义主要体现在以下三个方面：

首先，在俄罗斯帝国时期，对英语的教育关注度不高，同时在大力支持法语或者德语的教育，但也未忽视本族语俄语的教育，注重俄语和外语共同教育，避免出现学生擅长外语而忽视本族语的现象。其次，在苏联时期，英语教育整体上受到了很大的抵制，发展几乎停滞，我们可以通过研究了解这些负面措施并吸取教训。最后，在当代俄罗斯，英语开始受到重视，这也和我国追求的英语教育目标一致，因为英语作为全球最通用的语言，涉及经济社会生活的方方面面，要想走出去，和国际接轨，学习国外的先进技术、文化思想，就离不开英语。而要想破除语言壁垒，最好的办法就是重视英语教育，为一代又一代的学生提供良好的英语学习环境。

综上所述，本研究提出以下两点建议以供参考：

1. 完善语言资源

全球高等教育日益国际化，这个趋势不仅仅在俄罗斯，在中国乃至世界各国都是不可避免的。英语在许多国家与地区已经成为通用语言或官方语言之一，大部分的学术期刊都是用英语撰写的，英语教育与学习的必要性和重要性不言而喻。

对于英语教育和学习而言，最为重要的是全面完善语言资源以充分应对各种不同的需求。以西伯利亚交通大学为例，其在与世界的交流和融合过程中取得了丰富的学术成果，然而在国际交流与合作方面还是会因大学资源的不足受到限制。这启示我们一方面需要准备充足的内部资源（比如不同领域的术语储备等）满足教学与学习需求，另一方面需要足够的外部资源（比如外语教师、外语交流活动等）满足交流和实践的需求。

关于内部资源的准备，以北京语言大学为例，北京语言大学语言资源高精尖创新中心按照不同的领域划分，准备了各种各样的语言资源。例如，在资源战略保有方面，储备了“世界语言基本信息库”、“一带一路国家语言文化核心资源集”、“中国周边国家语言资源集”、“俄汉大规模语汇库与句对库”以及“用于语言识别的世界语言资源集”等；在专用领域方面，储备了语言学习资料库、经贸领域语言资源库、体育领域语言资源库、人文艺术领域语言资源库以及突发公共事件领域资源库等多领域的资源储备，充分满足教学需求。

对于外部资源的准备，俄罗斯的一些举措对我们有着一定的启示。比如设置多样的外语教学课程，培训教师的外语能力或者聘请其他国家的外语教师加强语言学习环境的建设以及实地交流实践活动的组织等。

从俄罗斯的英语教育发展过程可以看出，语言学习有着充分的必要性和重要性，同时语言教学也需要足够的语言资源来支撑。我们可以从内部语言资源的储备和外部语言资源的准备这两方面入手，完善我们的语言资源以充分满足不同的教学与实践需求。

2. 加强语言实践

从俄罗斯英语教育整体的发展过程来看，苏联时期受限于国际环境和教育政策导致英语教与学这两个环节都很僵硬，“哑巴英语”的现象层出不穷。苏联解体后，全球化的趋势不断加强，俄罗斯的英语教育也开始有意识地增强实践环节，比如说积极承办大型体育赛事、借助志愿者活动扩大英语实践。各所高校也积极开展国际交流活动，努力提供更多的语言实践机会。

目前中国各层次的外语学习者规模都十分庞大，受限于语言环境和语言教学模式，也和俄罗斯一样存在“哑巴英语”等问题，许多能够在考试中获得高分的同学常常会出现在语言交际环境中不知所措的情况。在强调国际化视野和跨文化交流的今天，我们可以借鉴俄罗斯在这方面的一些对策来促进我国英语教学更好发展。

结　语

在国际化背景下，在教育全球化的大潮中，外语能力作为一种语用工具在全球学术网络发展中占据至关重要的地位，没有足够的外语水平很难进行有效的国际学术交流。本文首先从历时角度梳理了从苏联时期到俄罗斯联邦的英语教育发展过程，民众的英语水平从苏联时期的普遍低下到如今的整体提高，有了极大的发展。接着本文从共时的角度，分别从国家、社会、学校、教师和学生这五个层面阐述了俄罗斯联邦当前英语教育的现状、遇到的挑战以及不同的应对措施。这些挑战和措施也对当前我国的英语教育有着一定的参考价值和启示。本文结合俄罗斯英语教育国际化过程中体现的优势和不足之处提出两点建议，以推动英语教育在中国更好地发展，一是完善语言资源，二是加强语言实践。

蒙古国英语教育政策研究

葛欣然　张心怡*

语言政策关系到国家语言建设和语言生活的健康和谐，同时对国家稳定、民族团结乃至国际交往起重要作用。全球化区域化发展背景下，英语作为世界通用语，各个国家的英语教育政策规划尤为重要，与其综合发展密切相关。东北亚地区是国际经济最活跃的地区之一，发展基础良好，其中蒙古国是东北亚地区具有较大潜力的发展中国家。目前对东北亚地区中日韩等国的英语教育政策研究较为丰富，但有关蒙古国英语教育的研究仍处于教学实践研究和对教育政策历史的梳理阶段，尚未从宏观层面上对蒙古国英语教育政策的现状与问题进行深入探讨。了解蒙古国的英语教育政策的历史、现状及问题，有助于全面了解东北亚地区国家的英语教育政策，相互借鉴，对本国英语教育政策提供有益启示，促进国际和地区的交流发展。

---

* 葛欣然，大连外国语大学英语学院 2021 级外国语言学及应用语言学专业硕士研究生，主要研究方向为语用学；张心怡，大连外国语大学英语学院 2022 级外国语言学及应用语言学专业硕士研究生，主要研究方向为语用学。

一　蒙古国英语教育政策研究回顾

蒙古国英语教育起步晚，自 20 世纪 90 年代才正式开始。目前学界对蒙古国英语教育政策的研究主要集中在以下三个方面：（1）蒙古国语言教育政策历史梳理[①]，结合政治经济文化等因素，回顾了自 13 世纪以来蒙古国语言教育政策的演变及原因，但其中英语教育只作为蒙古国语言教育的一部分进行回顾，且多是历史事实性的呈现，并未总结英语教育政策发展规划的问题和解决措施；（2）英语教学实践的现状、问题，如教学评估[②]不科学，评估结果作为教师升职和学校竞争的手段，未能达到显著提高学生英语能力的目标，应试教育色彩浓重，教学软硬件设施不匹配，比如小国英语学习具有封闭性，教师国际化和合作意识不强[③]、网络和设备覆盖不充足[④]等；（3）蒙古国英语教育与本国语以及其他语种教育的比重及关系研究（Tsevelsüren & Buyannemekh[⑤]；Marzluf[⑥]），目前在蒙古国英语虽然是第一外语，但是已出现平衡各语种教育的趋势，考虑到地区间发展，开始去英语单一化，鼓励中日韩俄语学习。虽然目前对蒙古国英语教育的研究成果较为丰富，但是研究具有分散性，聚焦于英语教育的某一方面，不利于对蒙古国

① Kirkpatrick, A. & Liddicoat, A. J., *The Routledge International Handbook of Language Education Policy in Asia*, 2019.

② Ragchaa, J. *Teaching, Learning and Assessing Students' English Language Receptive Skills in Mongolia*, Diss. Szte, 2020.

③ Marav, Daariimaa, et al., "Teaching Global English in a Local Context: Teachers' Realities in Mongolian Public Schools", *Asia Pacific Journal of Education*, 2020: 1-14.

④ Marav, D. "Mongolian Students' Digital Literacy Practices: The Interface between English and the Internet", *Papers in Applied Linguistics*, 2016, 55(2): 293-317.

⑤ Tsevelsüren, G. & Buyannemekh, G. Frants khelnii bodlogin talaar [French language policy]. In B. Shirnen and U. Suvdantsetseg (Eds.), Mongol ulsin khelnii bodlogo [Mongolian language policy] (pp. 78-80), Ulaanbaatar: National Academy for Language Policy, 2006.

⑥ Marzluf, P. "Linguistic Landscapes Research and Mongolian Urban Publics", *Central Eurasian Studies Society Conference*. Washington, DC, 2015.

英语教育的历史现状及存在的问题进行全面整体理解。鉴于此，本文将系统地归纳探讨蒙古国的英语教育政策的历史、现状及问题，以期帮助全面理解蒙古国英语教育规划，进而对东北亚地区国家英语教育政策有更深入的了解，并对我国英语教育政策的制定提供有益指导，促进国际和地区间交流发展。

二 蒙古国英语教育规划的历史发展

蒙古国的英语教育规划总体表现出阶段性、及时性和复杂性的特点。在时间上，以1992年为节点，蒙古国英语教育分为两个阶段：苏联附属国时期和完全独立时期。前者以俄语为主导，英语教育规划具有单一性。蒙古国英语教育实际发端于1992年取得完全独立政权初期，受政治、社会和经济等多重因素影响经历了多次改革。在途径上，分为两个阶段，从寻求国际组织合作，到独立自主、因地制宜进行本土化改革；在政策内容层面，经历了从单一到多维的过渡，具体表现在，从初期单一培训英语教师，到后期教材编写、课程设置、教学方法等多层面的改革。

（一）英语教育有限，俄语教育主导

苏联解体前，蒙古国作为苏联的附属国，奠定了俄语“蒙古国第一外语”的地位，虽然蒙古国高等教育自1956年起试点教授英法德等其他语种，但并未动摇俄语的主导地位，英语教育未得到正式发展。此时英语教育处于附属地位，并未被纳入教育政策规划，未形成体系，整体处于初步探索阶段，基础薄弱，影响力极其有限。但是，随着苏联解体，1992年蒙古国取得完全独立之后，情况发生了改变。一是受经济全球化影响，英语作为国际通用语，地位迅速提升，二是综合考量国内国外双重挑战，蒙古国开始大力推行英语教育，英语教育得到

正式发展，经历了多次调整。

（二）大力推行英语教育

苏联解体之后，蒙古国在1992年取得完全独立，摆脱了先前苏联政治经济的制约，但同时，受经济全球化影响，蒙古国面临着国外国内双重困境：国外经济全球化加速发展，蒙古在苏联多年计划经济统治下，缺少市场经济经验，突然被迫进入竞争激烈的全球经济市场后，立即陷入了经济混乱；同时，国内通货膨胀率一度达到了300%，爆发了失业潮。[①] 根据国际形势发展和国内建设需要，蒙古国政府意识到英语语言教育的必要性，亟须大力推行英语教育，俄语逐渐丧失主导地位。但蒙古国英语教育在初期面临诸多难题，因长期依附苏联，一是没有自主规划英语教育的经验，二是英语教师师资力量薄弱。所以蒙古国政府主要从以下3个方面进行改革，推广英语教育，提高教学质量。

1. 壮大师资队伍，提高教学能力

（1）与国际组织合作，实现教师转型

蒙古国英语教育初期规划从储备师资力量开始，此时英语教师师资力量薄弱，一是教师规模小，二是英语能力薄弱，所以在人才储备方面，蒙古国从以下三个方面开展工作：

①“俄语—英语”转型模式，即俄语教师参加英语培训后承担中学英语教学。

② 大学设立文学学士和硕士学位，储备英语专业人才。

③ 与国际组织合作。国外志愿者到蒙古国培训英语教师，教授英语课程。如，美国和平队（The U. S. Peace Corps）与蒙古国中高等院校的英语教师合作授课，帮助编写英语教材，制定课程计划；在各省会

① Cohen, Roger. “The Current Status of English Education in Mongolia”, *Asian EFL Journal*, 2004, 6(4): 1-21.

城市的政府教育中心培训教学技能；负责在英语教师严重短缺的偏远地区对俄语教师进行再培训，实现教师转型。

虽然在短时间内英语教学师资水平得到一定提升，但此阶段英语教育的“拿来主义”问题突出，过度依赖西式教学法，缺少本土化思考，没有在充分了解蒙古语学习和英语学习异同的基础上，根据语言特点，因地制宜地编写教材、制定课程大纲，所以英语教学效果不尽如人意。所以，在意识到这一缺陷后，蒙古国开始了英语教育的本土化改革。

（2）改革转向本土化发展

在教师培训方面，尽管有国际志愿组织协助，但由于培训时间有限，且国际志愿组织的培训理念根植于西方英语教育，与蒙古国自身的教育理念和学习模式有诸多跨文化差异，所以英语教师的语言和教学能力并未得到显著提高，全国英语教师的培训改革势在必行。

为了系统实现全国英语教师的进一步培训，2003 年，教育部从各地各级学校选派教师，组建英语教师专业培训团队，参加为期一年的语言和教学法指导课程。项目结束后，教师回到所在地，承担在职教师培训以及测试和评估的任务。在当时，此项目被认为是在职教师培训方面最成功的尝试之一，因为培训完全由蒙古国本土教师组织，所有研讨会都是专门为当地教育工作者设计的。2014 年至 2018 年，国家教育部门进行了英语教科书的本土化改革。

但是，网络技术发展带来了新的机遇与挑战。在内容上，网络平台为英语教学提供了多样化的教学资源；在方式上，数字化的多模态教学有助于提高教学效果。如何灵活运用网络资源以及将数字化技术融入英语教学，是亟待考虑的问题。

（3）提高英语教师数字化素养

教师是教育的主体。英语教育数字化发展的主要实践者为英语教师，英语教师的数字化素养显得尤为重要。因此，蒙古国设立“国家英语教育专项项目”（The Nationwide Program on English Language Education：2009-2020）[①]，重视数字化英语教育，依托网络资源进行英语教学，提高英语教师数字化教学能力，如对智慧教室设备的灵活运用以及利用网络资源进行教学等。作为英语教师，教学方法和英语能力相辅相成，不仅重视教学方法的数字化智慧化，还需利用数字资源提高自身英语能力。

至此，蒙古国的英语教师师资队伍逐渐壮大，规模可观，无论是在教学方法还是教师语言能力方面都得到显著提升。

2. 将英语教育纳入国家发展战略

英语教育不仅被纳入教育规划中，而且被纳入国家发展战略中，彰显了英语教育对国家发展的重要性。这一发展战略即《蒙古国基于千年发展目标的国家全面发展战略：2007—2021》（the Millennium Development Goals-based Comprehensive National Development Strategy of Mongolia：2007-2021）[②]，最终目标是促进蒙古国在2016—2021年间向知识型经济转型。[③]

3. 重视小语种教育，摆脱英语教育单一性

自20世纪90年代以来，蒙古国在外语教育上过于倾向英语，具有单一性，但是这与其地缘位置以及发展需求相悖。蒙古国在经济和政治上与俄罗斯、中国存在密切联系，此外，大部分在外蒙古国人会选择去日韩和马来西亚等“第三邻国”求学、就业。英语作为国际通用语固然重要，但考虑到地缘位置、国民就业和经济发展等多重因素，外语教育需要因地制宜，注重平衡。为了改变英语教育独大的局面，

① Government of Mongolia., Nationwide Programme on English Language Education in 2009-2020, Ulaanbaatar, Mongolia, 2008b.

② Government of Mongolia., Millennium Development Goals-based Comprehensive National Development Strategy of Mongolia：2007-2021, Ulaanbaatar, Mongolia, 2008a.

③ Marav, D. “Mongolian Students’ Digital Literacy Practices：The Interface between English and the Internet”, *Papers in Applied Linguistics*, 2016, 55(2)：293-317.

自2015年起缩小公立学校英语教育规模，小学五年级之前取消英语课程，七至九年级的学生必修俄语。学生小语种学习的意识增强，调查显示，2014至2015学年，蒙古国首都乌兰巴托中学语言强化班人数最多的前5个语种分别为英语、汉语、俄语、日语及韩语。

三　蒙古国英语教育现状及问题

蒙古国英语教育起步晚，发展至今历经多次改革。与独立初期英语教育水平低、基础薄弱的情况相比，目前蒙古国英语教育无论是在师资力量、教学设施还是教学规划等方面的改革已经取得了相对丰硕的成果，但是在英语教育的政策制定上仍处于摸索前进状态，存在着以下诸多问题亟待解决。

（一）教育资源分配设置问题

蒙古国在英语教育政策的制定上仍存在较为显著的教育教学资源分配设置不合理问题，主要体现在教学规划和教育资源分配的相关政策上。

在教学规划方面，蒙古国在英语教育规划上较晚转向以学生为关注主体，初期并未以学生为主体进行相应的政策规划考量，对学生外语学习积极性和学习倾向性等方面的研究不充分，导致部分学生在英语语言学习中基础薄弱，学习效果低下。同时在2015年，蒙古国教育、文化和科学部依据国际标准制定了自2015—2016学年起生效的“全国中小学英语语言教育核心课程”[①]。近年来蒙古国英语教育政策在课程大纲的制定上更改频繁，教材内容设置也不够合理，教师需要耗费大量时间精力根据课程大纲反复更改教学计划，一是浪费时间精

① Ministry of Education, Culture and Science., The National Core Curriculum, Ulaanbaatar, Mongolia, 2015b.

力，二是受教学计划多次调整压力，对课程内容缺乏深度了解，导致教学效果不理想，以上的政策制定对学生的英语能力提高效果也不显著。

在蒙古国，英语教育资源分配存在明显的地区差异和公立私立差异。调查显示，由于中小学基础英语的教育水平具有地区差异，且受社会经济等因素制约，不平等的资源分配成为学习者英语能力发展的阻碍。① 且因为公立学校与私立学校的教育资源差异②，公立学校毕业生的英语成绩远低于私立学校。③④⑤ 同时，由于缺少国家财政支持，许多公立或边远地区学校存在较为严重的教学资源匮乏现象：（1）教室不足，缺乏资金进行校舍扩建来解决学生人数超过学校容量的问题；（2）教材不足；（3）纸张和打印机供应不足；（4）智慧教室数量有限且使用率低，部分教室内网络未能全面覆盖，致使教师无法在教学中充分进行数字化教学等。

（二）对英语教育和国语教育的平衡问题

研究发现，近年来蒙古国在进行英语教育政策的制定上忽视了本土语言的发展，本国语教育未得到应有重视。目前蒙语已经出现了英语化的非标准使用，蒙古国政府诸多政策文件中都体现了对“失去母语”的恐惧，这也是对一个国家失去民族身份的恐惧。⑥ 为了保护本国

---

① Haidar, S., & Fang, F. “Access to English in Pakistan: A Source of Prestige or a Hindrance to Success”, *Asia Pacific Journal of Education*, 2019, 39(4): 485–500.

② Marav, Daariimaa, et al. “Teaching Global English in a Local Context: Teachers' Realities in Mongolian Public Schools”, *Asia Pacific Journal of Education*, 2020: 1–14.

③ Education Evaluation Centre. The Report on the University English Language Entrance Exam Results, Ulaanbaatar, Mongolia, 2016.

④ Education Evaluation Centre. The Report on the University English Language Entrance Exam Results. Ulaanbaatar, Mongolia, 2017.

⑤ Education Evaluation Centre. The Report on the University English Language Entrance Exam Results. Ulaanbaatar, Mongolia, 2018.

⑥ Marzluf, P. “Linguistic Landscapes Research and Mongolian Urban Publics”, Central Eurasian Studies Society Conference, Washington, DC, 2015.

语言纯洁性和构建民族身份认同，蒙英混用被多数专业人士批评，认为蒙古语的纯洁性受到英语威胁（Jacquemet[①]；Jørgensen et al.[②]）。同时，目前蒙古国英语教育政策制定者对英语使用现状的了解还不够全面，即政策制定过于重视英语的机构性使用，如在教学和官方机构中的使用，忽视了“蒙英混用”这种日常新兴语言对国语学习和民族认同产生的影响及其社会动因和实践意义。目前为止，政策制定者对蒙古国年轻群体新兴语言实践的探索仍处于初步“假设”阶段，并未进行系统性的深入考察。但是，如果不了解英语的非机构性使用现状，就无法准确、全面地阐释英语在蒙古国的地位和功能[③]，也就无法针对性地制定英语教育政策，进而实现蒙古国英语教育同国语教育的平衡发展。

四　对我国英语教育规划的启示

蒙古国英语语言教育政策的演变与其国内外的政治局势和经济形势的发展变化息息相关，各个时期不同的语言政策都体现了蒙古国当时在社会、政治、经济和文化等各方面的实际发展情况。作为历史上受到苏联广泛影响的东北亚国家，其本国语言政策的制定经历了从依附他国到独立自主的阶段变化，并在本国母语与外来语言的融合与博弈中，日渐提高对本国语言的重视程度。该阶段性变化体现出蒙古国国家英语教育政策演变的整体特点：以国家的发展构建为整体目标，旨在通过逐步去殖民化、去英语教育单一性、去政治性等提高国民民

① Jacquemet, Marco. “Transidiomatic Practices: Language and Power in the Age of Globalization”, *Language & Communication*, 2005, 25: 257-277.

② Jørgensen, Jens Normann, et al. “Polylanguaging in Superdiversity”, *Diversities*, 2011, 13: 23-38.

③ Dovchin, Sender. “Language, Multiple Authenticities and Social Media: The Online Language Practices of University Students in Mongolia”, *Journal of sociolinguistics*, 2015, 19 (4): 437-459.

族身份认同感，维护国家稳定发展。

综上，蒙古国英语教育政策的制定顺应了国际和国内发展形势，在强化本国语言、增强民族认同感的同时继续保持对英语语言教育的重视，进而促成多元语言文化的和谐发展。他山之石，可以攻玉。经研究发现，在当前中蒙两国的英语教育发展存在较大相似性的前提下，蒙古国英语语言教育政策演变历程中的经验教训可为我国相关英语教育政策的制定提供有益借鉴。

（一）注重英语教育的本土化发展，坚定文化自信心

纵观蒙古国英语教育政策的演变过程可知，实现一个国家英语教育的本土化发展、正确处理好本国母语与英语的可持续发展关系，都需要语言政策制定者准确把握住国家战略需求和世界局势变化，立足于国家的长期发展。

在现下的第四次产业革命阶段，鉴于蒙古国英语语言教育政策演变历程中的经验教训，我国英语教育政策制定者应在我国广泛的英语学习人群基础及学习者独特的母语背景和外语学习环境下积极整合和优化资源，以实现国外外语教育政策和理论研究的中国化。同时应在政策制定上避免英语教育在中国“一边倒”、国人汉语表达过于英语化等情况，如可以在义务教育阶段的学习纲要、课程设置等方面提高母语教育比重、在英语教育中融入中国传统文化、不断推进英语课程思政建设等，正确处理好母语教育和英语教育的关系，增强英语学习者的文化自信心和民族自豪感，培养“中华文化的传承者、中国声音的传播者、中国理论的创新者、中国未来的开创者”[①②]。

① 吴岩：《新使命，大格局，新文科，大外语》，《外语教育研究前沿》2019 年第 2 期。

② 吴岩：《积势蓄势谋势 识变应变求变——全面推进新文科建设》，《新文科教育研究》2021 年第 1 期。

（二）注重英语教育的地区均衡发展，实现因地制宜

蒙古国英语教育总体水平较低的一个重要原因是社会贫富差距大，教育资源分配不均等，比如首都乌兰巴托和农村偏远地区、私立学校和公立学校，前者的英语教育质量要远优于后者。而我国的英语语言教育也存在和蒙古国相同的问题。我国幅员辽阔，人口众多，在发达地区和欠发达地区，特别是少数民族和边疆贫困地区，英语语言教育都存在较为严重的发展失衡现象。[①] 鉴于此，我国英语教育政策可依据不同区域制定，采取因地制宜、因时制宜的措施，对各区域尤其是欠发达地区的英语教育做出整体规划，如借由信息化建设的契机，实现城乡资源共享，构建外语支教体系，制定激励性的教师支教政策等。

（三）注重英语教育的信息化建设，充分利用现有资源

研究表明，蒙古国政府自 2008 年推行《国家英语教育专项项目》以来，重视数字化英语教育，依托网络资源和平台进行英语教学，提高英语教师数字化培训的能力。21 世纪以来，我国也早已开始注意并顺应信息化发展趋势，在各项教育政策的制定上一直非常重视信息化、智能化建设。但无论是各种长远规划，还是每年的工作要点，各级政府部门都未专门提及英语教育，更未见出台过专门针对英语教育信息化技术建设的文件和规划举措。鉴于此，我国的英语教育政策应顺应产业技术发展趋势，尽快出台专门的信息化发展政策文件以及交叉学科融合计划，对接目前已有的各种信息技术，如线上教学、在线课程建设等；同时制定政策鼓励英语教育从业人员充分利用现有资源，自主创新创造，以促进我国英语教育的信息化建设。[②]

---

① 张天伟：《我国外语教育政策的主要问题和思考》，《外语与外语教学》2021 年第 1 期。
② 张天伟：《我国外语教育政策的主要问题和思考》，《外语与外语教学》2021 年第 1 期。

结　语

中蒙两国英语教育的发展具有较大相似性。蒙古国英语教育的政策、理念和发展历程，为我国英语教育政策的制定提供了宝贵的借鉴。英语教育事关国家语言建设和语言生活的重要方面，对国家经济、政治和文化的发展有重要影响。21 世纪是各国经济和文化软实力博弈的时代，通过语言政策提高文化软实力是国家发展战略的重要一环。在新时期背景下，如何大力发展英语教育，妥善处理英语教育和本国语教育的关系，如何与世界深度接轨并传播中华文化，应该成为相关政策制定者密切关注的问题。

因此，国家职能部门、语言文字工作者和相关领域的专家学者在英语教育政策的制定过程中，要根据我国实际情况，适当参考别国语言政策演变历程中的成功经验，并吸取其失败教训，以避免重蹈覆辙。综上，我国需要早日制定出符合中国国情和顺应时代发展的外语教育政策，从而提高我国英语教育水平，提升国民整体素养，为国家培养出更多更优秀的英语人才。

日本留学生汉语学习风格现状及提升策略分析

曹　波　申丹丹*

一　调查对象基本情况

本次调查的对象是108位日本留学生，他们来自中国国内的4所高校，分别是大连外国语大学、上海师范大学、西安外国语大学和广东外语外贸大学。调查对象中，男生有46人，占总人数的43%，女生有62人，占总人数的57%，男女比例分布较为均衡。调查对象的年龄集中在20—37岁之间，其中20—24岁的人数最多，有66人，占总人数的66.1%，25—30岁的人数次之，有24人，占总人数的22.2%，30岁以上的人数较少，有18人，占总人数的16.7%。

调查对象中，有16人通过了汉语水平考试(HSK)三级考试，14人通过了HSK四级考试，28人通过了HSK五级考试，32人通过了

* 曹波，大连外国语大学汉学院教学副院长、副教授，中国东北亚语言研究中心兼职研究员，主要研究方向为国际中文教育；申丹丹，大连外国语大学2020级硕士研究生，主要研究方向为国际中文教育。

HSK 六级考试，18 人没有参加过 HSK 考试。从学习汉语的时长来看，学习汉语 1—3 年的人数最多，有 52 人，占总人数的 48.1%，学习 4—5 年的有 22 人，占总人数的 20.4%，学习 5 年以上的有 20 人，占总人数的 18.5%，学习汉语不到一年的人数占比 13.5%。从调查对象的性格来看，性格外向的有 36 人，占比 33%，性格内向的比例偏多，有 72 人，占总人数的 67%，较为符合日本人的性格特征。

二　日本留学生主要汉语学习风格

为了解日本留学生汉语学习风格的整体情况，文章采用社会科学统计软件包（SPSS）中描述统计的方法，测出 11 种学习风格类型中的最小值、最大值、平均值、标准差及方差。文章根据 11 种学习风格的单项平均值数据结果对日本留学生的学习风格类型进行主次排序。平均值高的类型即为日本留学生主要倾向的学习风格类型。统计结果如下图：

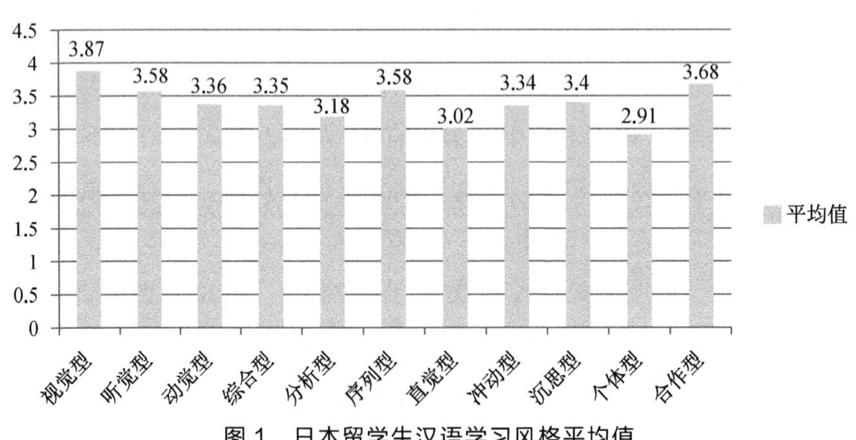

图 1　日本留学生汉语学习风格平均值

如图 1 所示，对日本留学生学习风格的每一类型通过描述统计所得的平均数进行比较，可以得知，调查样本的 11 类学习风格的平均值在 2.91—3.87 之间。其中视觉型的平均值最高（3.87 分），个体型的平均值最低(2.91分)。按平均值由大到小进行排序依次为：视觉型(3.87)>合作型(3.68)>序列型(3.58)=听觉型(3.58)>沉思型(3.40)>动觉型(3.36)>综合型(3.35)>冲动型(3.34)>分析型(3.18)>直觉型(3.02)>个体型(2.91)。

从每个类型的平均值来看，感知类学习风格以视觉型为主，认知类学习风格以序列型、沉思型为主，社会类学习风格以合作型为主。

（一）日本留学生视觉型学习风格

在11类学习风格中，日本留学生视觉型学习风格的均值为3.87，排在感知类学习风格的第1位，同时也是11种学习风格中得分最高的风格类型。说明日本留学生非常喜欢通过视觉感知通道来学习和接收汉语材料。文章认为日本留学生视觉型汉语学习风格的原因可能与汉日两种语言文字的关系有关。

与其他拼音文字不同，日本人在创造本民族语言文字的过程中，将大量的汉字和汉语词汇融入日语中，利用汉字表意性强的优点，在书写时词干用汉字表意，词尾和助词用假名表音。据统计，在汉语的2500个常用字中，与日语常用汉字重合的有1683个，在汉语常用、次常用的3500字中，与日语汉字相同的有1013个字，占26.6%。日语的书写符号52%以上是汉字，日本人从小就开始学习汉字，到高中毕业时起码已经掌握了1945个常用汉字，而日本的教育普及程度在高中以上，这就意味着任何一个日本人在学习汉语之前，就已经掌握了将近2/3的汉字。[①] 相比于欧美留学生，日本学生的汉语阅读速度要快很多。徐子亮通过调查发现有汉字背景的留学生阅读比听说进展快。[②] 对于日本留学生来说更是如此，日语汉字的发音分为“音读”和“训读”，虽然有些“音读”与汉语的发音很相近，但日语和汉语

① 杜君燕:《日本汉语教学中的汉字问题》,《世界汉语教学》1994年第3期。

② 徐子亮:《汉字背景与汉语认知》,《汉语学习》2003年第6期。

的语系完全不同，汉语是汉藏语系，日语是阿尔泰语系，且汉语的声调和某些音素在日语中根本没有，这就导致汉语看起来容易，听懂和会说很难，所以通过辅助书面说明会使他们学起来更快。综上，中日两种语言的相似之处给日本留学生学习汉语带来了极大的便利，特别是以汉字作为媒介和纽带，使得日本留学生更倾向于通过视觉通道来学习汉语。

（二）日本留学生合作型学习风格

日本留学生合作型学习风格的平均值为3.68，在11种学习风格类型中排在第二位，且远高于个体型学习风格的平均值2.91。这说明比起一个人独自学习汉语，日本留学生更倾向于在团体中合作学习。文章认为日本留学生倾向于合作学习的原因可能有以下两个方面：

1. 与日本的自然地理环境有关。按照人类文化学和人类社会学的观点，地理、历史环境会对民族性格带来影响，从而影响人们的行为方式。日本是一个多山的岛国，四面环海，远离大陆，相对来说比较封闭，且地震、海啸等自然灾害频发，所以经常要面对各种突如其来的自然灾害。在灾难面前，只有团结一致、齐心协力才能共同克服困难，这使得他们形成了较强的集体意识，具体表现在工作中团结协作、学习中互帮互助，也表现在社会活动等各个方面。

2. 与日本的社团活动有关。在日本，有很多协会、俱乐部、同窗会等社团活动。这些社团根据学校、地区、兴趣、年龄、职业自发组织，自由结合，定期地开展联谊活动。在日本的大学，每年十一月都会举行“大学祭”校园文化活动，他们喜欢通过这些集体活动，增进彼此之间的了解，加深友谊，在团队中获得归属感。

以上因素导致日本学生喜欢与其他同学一起学习汉语，互相讨论、互相帮助，也愿意参加班级和学校组织的各项集体活动。在活动之前，他们会精心准备，甚至全班齐上阵，他们认为从中不仅能体会到学习汉语的乐趣，同时还能认识更多朋友。

（三）日本留学生序列型学习风格

在11类学习风格中，日本留学生序列型学习风格的均值为3.58，排在第3位，同时排在认知风格的第1位。采用序列型学习风格的学习者有较强的学习计划，喜欢有条理、组织性强的材料，按部就班地进行汉语学习。

日本留学生的学习风格呈现出吸纳积累的特点，他们大多习惯于慢慢吸纳，稳扎稳打，喜爱按部就班、循序渐进的学习方式。① 文章认为，这可能与日本的等级观念有关。《菊与刀》中对日本人进行了这样的描述："日本人在构筑世界秩序时，经常考虑到等级制。在家庭以及人际关系中，年龄、辈分、性别、阶级决定着适当的行为。"② 日本的这种社会制度使日本学生很重视老师的意见和要求。调查发现，大部分日本留学生在上汉语课之前都会按照老师要求进行课程预习，在上课时喜欢讲课条理清楚、课堂安排紧凑的老师，并会紧跟老师的步伐，一步一步地学习课上的内容并认真做笔记。他们喜欢由浅入深、由简单到复杂地进行有序学习，喜欢结构清楚、条理清晰的汉语教材和学习资料。我们还发现绝大多数日本留学生来中国之前都有明确的学习动机，因此，日本留学生也给自己制定了相应的汉语学习目标和计划，有长期计划，也有短期目标，比如通过HSK六级考试、取得硕士学位、能够和中国人顺利交谈、拿到奖学金、参加演讲比赛等，完成程度因人而异。

（四）日本留学生沉思型学习风格

在11类学习风格中，沉思型学习风格的平均值为3.40，排在第4

① 王珊：《日本留学生汉语学习的感知结构分析》，《语言教学与研究》1997年第1期。

② 〔美〕鲁思·本尼迪克特：《菊与刀——日本文化的类型》，吕万和、熊达云、王智新译，商务印书馆2007年版，第66页。

位，且排在6种认知风格中的第2位。说明日本留学生偏向此种学习风格。在汉语课堂上，除非被老师提问，日本学生一般不轻易主动回答问题，也很少主动发表自己的意见，对老师提出的问题总是思考再三，也很少使用不太熟悉的句子，害怕出错。文章认为日本留学生倾向于该学习风格可能与以下原因有关：

1. 与日语本身特点有关。日语中有很多暧昧的表达方式，日本人的表达方式是自省、试探、迂回式的。日语本身就具有这样的特点，他们与别人打交道时，非常注重对方的立场、意见，也会站在对方的角度思考问题，非常委婉含蓄，他们在表达自己观点和立场之前往往要经过深思熟虑，往往采用“…ませんか”“…たほうがいい”“…ましょうか”“…でしょう”“…だろう”等疑问、推测或委婉劝说等表达方式。在拒绝别人时，也不会直接表明自己的态度，往往用“ちょっと…”“え…”拖延时间，尽量采取拐弯抹角、旁敲侧击的方式让对方知道自己的为难，表达自己的意思，也避免将对方置于尴尬的境地。

2. 与民族性格有关。在日本人的生活中，“耻感”有着非常重要的地位，“耻”意识是日本人最强烈的意识之一。日本人非常在意周围人对自己的评价，也非常介意由于自己的言行举止不得体而给周围人带来的不愉快，因此，他们时刻注意自己的言行举行，警惕别人会对自己产生什么看法和批评。只要推测其他人对于自己的评判，就会马上感到不适，调整自己的行为。这种“耻”的文化心理和道德观念，使得他们在自己的言语行为等方面表现得十分谨慎。

三　日本留学生汉语学习风格差异情况

（一）不同性别的日本留学生汉语学习风格倾向差异

调查发现，与男性日本留学生相比，来自日本的女性留学生在汉语课堂上表现得更为内敛含蓄，她们也更在意别人对自己汉语水平的评价。文章认为这可能与日本女性用语的特点有关。

在语音方面，与男性相比，日本的女性大都对语调、声调、发音的正确性保持着较高的敏感度，她们对自己在语音方面的要求也明显高于男性，同时也非常倾向于使用较为标准、权威的发音方式；在词汇方面，和日本的男性相比女性用语显得更加规范、标准和优雅，结尾句多使用柔和悦耳、断定语气较弱、容易博得对方共鸣和好感的“わ”“わよ”“かしら”“の”“のよ”等；在句法方面，女性比男性更注重敬语和委婉的表达。[①] 由此推断，和日本男性留学生相比，日本女性留学生可能对自己的汉语发音等各方面都要求很严格，在和别人进行交流时，特别是在公开场合讲话之前，她们会认真考虑自己的发音是否正确标准，用词是否规范得体，表达方式是否足够优雅和礼貌。调查数据也显示，沉思型男生均值 3.36，女生均值 3.43，因此，日本女生在汉语的学习中更偏向于沉思型学习风格。此外，日本女留学生在听觉感知方面明显优于男生。尽管性别与听觉型学习模式的关系还不太明确，但有关二语听力的一系列研究都显示女生的外语听力要强于男生。

（二）不同年龄的日本留学生汉语学习风格倾向差异

文章将调查对象的年龄分成 3 个阶段，20—24 岁、25—30 岁、30 岁以上。调查发现，年龄与视觉型、沉思型这两种学习风格类型之间有着显著的差异。接下来通过比较视觉型、沉思型学习风格在三个年龄段的平均值分布来比较其中具体差异。

如图 2 所示，我们可以明显看出视觉型平均值随年龄的升高呈下降趋势。20—24 岁的视觉型平均值最高，为 3.97，25—30 岁为 3.63，30 岁以上为 3.44。文章认为，出现这种情况的原因可能和本次调查对

① 谭建川：《语言与性别：日本的相关研究与展望》，《外语研究》2010 年第 6 期。

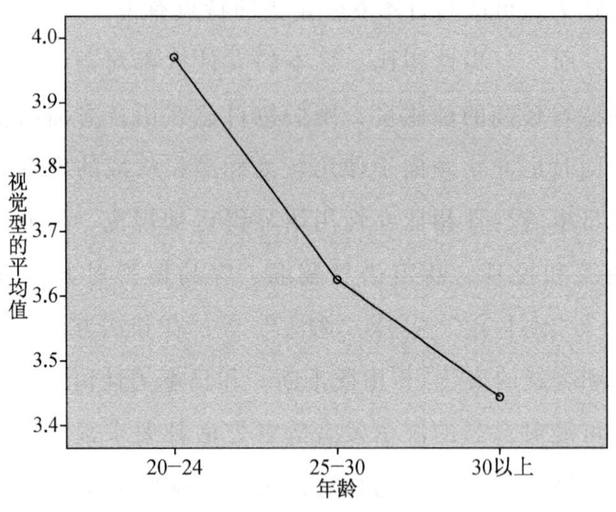

图 2　不同年龄阶段视觉型平均值

象的特点有关。调查对象中，包含有进修生、本科生、研究生，进修生和本科生的年龄大都集中在 20—24 岁之间，而研究生一般都在 24 岁及以上。通常来说，年龄越大，文化水平和汉语水平可能就会越高。如前文所述，日语和汉语在文字上有很多相似之处，但在发音上却有极大的差异。在汉语学习的初始阶段他们虽然听不懂老师在说什么，但会结合自身母语和汉字的特点，通过观察字形、图片等来进行猜测，进而帮助他们更好地理解汉语。而到了本科大三大四和研究生阶段，学习者已经掌握了大量的汉语词汇并具备了一定的汉语听说读写技能，可以正常地进行交际，所以就不再依赖于课堂上的板书等一系列书面内容。

从图 3 中我们也可以明显看到沉思型平均值随年龄的升高而不断下降。20—24 岁的沉思型平均值最高，为 3.50，25—30 岁为 3.17，30 岁以上为 3.00。由此可见，年龄越小的日本留学生在课堂上表现得越谨慎，他们不能对老师提出的问题做出迅速反应，往往需要经过反复思考确认，有了充分的把握之后才能主动回答问题，也很少使用不太熟悉的汉语词语或句子。与此相对，年龄越大的日本留学生在汉语

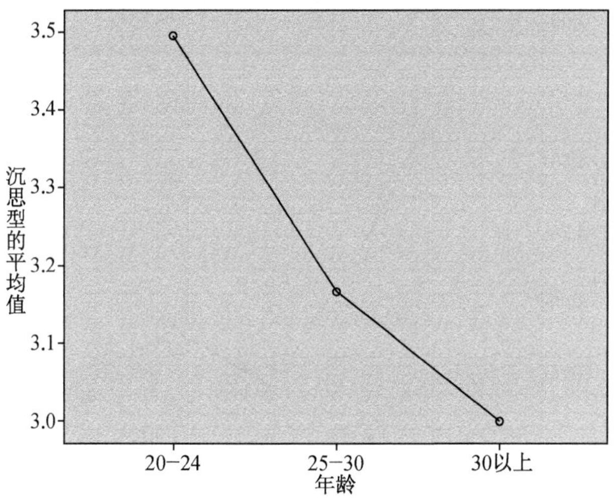

图 3　不同年龄阶段沉思型平均值

课堂上会表现得越活跃，也更容易开口。随着年龄和学历的增长，汉语水平也在不断提高，因此，与年龄小的同学相比，年龄大的同学在回答汉语问题时，往往不需要经过太长时间思考，在说汉语时也会更加有自信。

（三）不同汉语水平的日本留学生汉语学习风格倾向差异

为了检验不同汉语等级的日本留学生在学习风格上是否具有显著性差异，以“HSK 等级”为自变量，“11 种学习风格类型”作为因变量，采用被试间单因素方差分析的方法。结果发现，HSK 等级与视觉型、沉思型这两种学习风格类型之间有着显著性的差异。

由图 4 可知，HSK 三级和 HSK 四级的日本留学生视觉型平均值得分显著高于 HSK 五级和 HSK 六级的同学。因为前两个等级所掌握的词汇量有限，在课堂上，单纯靠听觉通道接收到的汉语信息可能很难做到完全理解。所以，在听力水平有限的情况下，他们往往需要通过视觉通道，借助文字符号、图片等帮助其确认所听到的汉语内容。

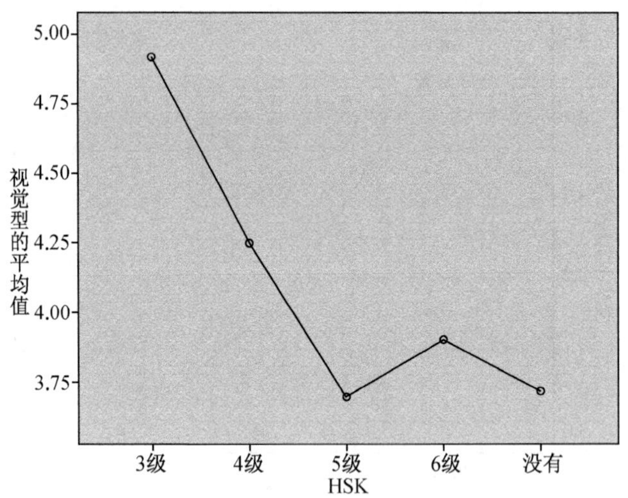

图 4　不同汉语水平留学生视觉型平均值

通过图 5 我们大致可以看出，高级汉语水平的日本留学生更倾向于合作学习。在汉语学习的高级阶段，他们大多能够自如地运用汉语和别人进行交流，因此会更有信心参与各项活动。

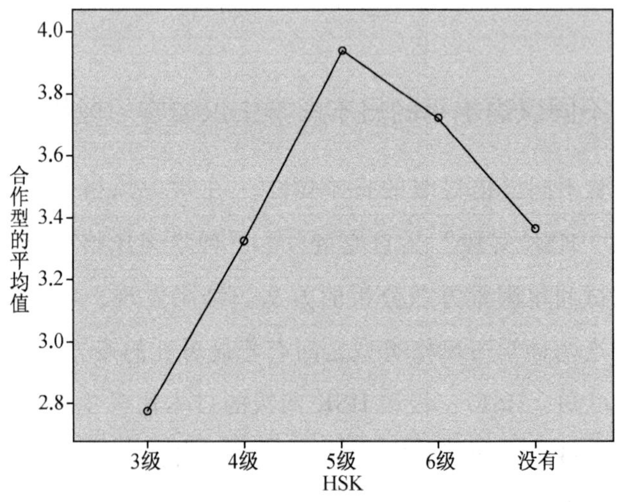

图 5　不同汉语水平留学生合作型平均值

此外，在高年级和研究生的汉语课堂上，老师往往会设定分组讨论、发表展示等环节，这就需要同学们在团体中相互合作，共同讨论，学习对方的长处，取长补短来不断提高自身汉语水平，进而使得汉语水平高的日本留学生更适应小组合作等形式，也更加偏向合作型学习风格。

（四）不同汉语学习时长的日本留学生汉语学习风格倾向差异

文章以“汉语学习时间的四个阶段”为自变量，“11 种学习风格类型”为因变量，采用被试间单因素方差分析方法进行检验。结果发现，汉语学习时间长短对日本留学生学习风格各个维度的影响没有显著性差异。但值得关注的是，学习汉语不到一年的日本留学生在视觉型学习风格中平均值为 4.18，达到了该表的最高值，也明显高于其他汉语学习时间阶段的平均值，证明初级汉语水平阶段的日本留学生更需要通过借助视觉通道来帮助学习汉语。

（五）不同性格的日本留学生汉语学习风格倾向差异

根据个人心理活动倾向性把学生的性格分为内向和外向。为了检验性格在 11 种学习风格类型上是否具有显著性差异。将“性格”作为自变量，“11 种学习风格类型”作为因变量，采用独立样本 t 的检验方式。结果发现，除了视觉型和听觉型以外，性格对其他 9 种学习风格的影响没有表现出显著性的差异。

埃利斯[①]的学习风格研究表明外向型性格的人喜欢冒险和社交，活泼好动，而内向型性格的人则比较沉默，他们往往喜欢安静，不喜欢社交。研究发现，性格内向的日本留学生视觉型平均值为 4.00，大于性格外向的平均值 3.61，说明比起听别人说话，性格内向的日本留学

① Ellis, R. *The Study of Second Language Acquisition*, Oxford: OUP, 1999: 518.

生更倾向于通过视觉来安静地进行汉语学习。在听觉型中，性格外向的平均值为3.83，大于性格内向的平均值3.45。性格外向的日本人更喜欢通过听觉通道来学习汉语，他们对广播、录音等有声学习材料较为敏感，在第二语言学习过程中，听属于输入，而说属于输出，听和说互为一体。在课上性格外向的人喜欢发言和听同学发言，而与此相对，内向性格的同学往往不善表达和交际，害怕被老师提问。

四 日本留学生汉语学习提升策略

学习风格源于学习者的个性，和民族性格也具有很强的相关性。学习风格因个体差异而不同，并无好坏之分，每种学习风格都有各自的独到之处。汉语教师在教学过程中必须承认各国学生之间的学习风格差异，尊重日本留学生学习风格的个体差异，合理安排教学内容，充分利用日本留学生学习汉语的优势，了解他们汉语学习过程中存在的困难，使教学活动能够最大限度地激发日本留学生学习汉语的潜能。本文在了解日本留学生汉语学习风格基础上，针对以上调查结果，我们从以下几个方面提出一些教学建议。

（一）充分利用板书和多种教学手段

在感知类学习风格中，日本留学生非常偏向于通过视觉感知通道来学习和识记汉语知识。日本留学生在汉语课堂上非常依赖老师的板书、PPT等一系列文字图片说明，他们认为这些对他们学习汉语起到了非常重要的提示和促进作用。学生在课堂上接收知识信息的渠道来源有两个，一是视觉，二是听觉。一般而言，视觉比听觉在接收信息时更为快捷和直接，特别是对于汉字文化圈的日本留学生而言，他们通过看比听更容易记住汉语知识。针对日本留学生这一特点，汉语教师在对日汉语课堂上更应重视板书的作用，充分运用板书直观、简洁等特点，标记和展示重要的信息，使得日本留学生更好地对汉语语言信息进行理解、感知和记忆。

此外，教师在讲授汉语知识的同时适当进行板书，流动的视觉形象更容易引起日本留学生的思考。通过对教师的访谈我们也发现，比起使用静态的课件，汉语老师更愿意用板书的方式灵活地展示所讲的重点内容，这样更能启发学生的思维，还能够加深对课堂上所讲内容的理解，给学生留下深刻的印象，同时也能够弥补听课时的遗漏。

对于汉语水平较低的日本留学生来说，在他们汉语听说能力有限的情况下，教师除了在汉语课堂上展示板书之外，还可以采用较为直观的教学手段来辅助教学，例如通过展示实物、图片、动画等来帮助学习者快速地理解中文，或者使用面部表情、手势、行为姿态等一系列较为直观的教学方式，将教学内容和实际生活场景紧密结合。

对于汉语水平较高的日本留学生来讲，他们已经掌握了一定的汉语知识，也了解到了一部分中国文化。教师在课上可以借助现代多媒体等多种教学手段帮助留学生加大汉语信息的输入，在课余时间可以给日本留学生推荐中国的影视作品和文学著作，鼓励他们多听、多说、多看，结合多种感官通道，帮助学生在有声、有色、有图和有字的氛围中快乐地学习汉语。

（二）重视汉语交际能力的培养

在认知类学习风格中，受其民族性格、等级观念等多种因素的影响，日本留学生更倾向于序列型和沉思型学习风格。他们在学习汉语的过程中一般都有各自的学习计划安排，喜欢按部就班的学习方式，做事井井有条，但他们不善于表达自己，虽然受汉字文化圈的影响，在阅读方面占有很大优势，但他们的听说能力较弱。日语中有相当一部分汉字的读音来自中国的古代汉语，部分汉字的发音也与现代汉语比较相近，但日语和汉语是两种完全不同的语系，汉语中的有些音，如儿化音、卷舌音和一些声调变化在日语中根本没有或不能完全对应。这就导致日本人在学习汉语发音方面很困难，在说汉语时“日本味”浓厚，再加上民族性格、心理等各方面的原因，导致他们对自己的汉语发音极其不自信，在课堂上往往不太愿意主动回答问题，在说汉语之前也要经过反复斟酌和思考，形成“目读汉语”和“哑巴汉语”，在汉语听说能力和阅读能力两方面发展极不平衡。因此在汉语课堂上大多数日本留学生都不爱开口，和其他国家的留学生相比更加偏向“沉思型”风格。

语言作为一种交际工具，最重要的功能就是社会功能，也就是要把所学的语言应用于实践，实现和不同社会成员间的交流。外语学习与其他学科学习的不同之处就在于它不仅是知识的获得，更重要的是技能的掌握。而日本留学生受其民族性格等多种因素的影响，在汉语学习的过程中非常认真，在课上服从老师的安排，对自己要求也很严格。但他们在汉语课堂上过于严谨，害怕说错，羞于启齿，这些心理上的障碍减少了他们说汉语的机会，限制了汉语口语能力的提高，这正是日本留学生在汉语学习过程中存在的一大弱点。外语口语能力的提高需要不断大量练习和反复应用，针对日本留学生这一学习风格特点，我们可以适当采取“有意失配”的教学策略，尽量破除日本留学生羞怯的心理，适当给他们创造说汉语的机会，鼓励他们大胆张口。

（三）注重汉语教学的阶段性和系统性

1. 阶段性

在不同汉语水平等级中，除视觉型和合作型两种学习风格以外，其他九种学习风格没有显著性偏好差异。通过进一步比较我们发现，HSK 等级较低的日本留学生在课堂上偏向通过视觉来学习汉语，与此相比，HSK 等级较高的日本留学生已经充分掌握了汉语听说读写的基本技能，而且积累了一定的汉语知识，具有较高的水平，因此，就不再仅仅依赖于板书等书面形式来学习汉语，而到了汉语水平的高级阶段，他们也更倾向于合作学习。对于不同学习阶段的日本留学生来说，汉语教师必须要了解他们在每个学习阶段的学习接受能力，采用不同的方法因材施教。

对于初级阶段学习汉语的日本留学生来讲，汉语教师要考虑到他们的接受能力，尽量采用直观形象的教学手段来帮助他们克服听觉上的障碍。由于日本人对汉字存在较大的依赖性，再加上日语语音的特点及其负迁移作用，使得日本同学学习汉语发音的过程更加艰难，因此，要在汉语学习的初级阶段打下牢固的语音基础，特别是对于日语中没有的音，要训练学生掌握正确的发音部位和口型，在训练的同时给予他们较多的鼓励和帮助。

对于中高级阶段学习汉语的日本留学生来讲，虽然他们对汉语有了一定的认知，在头脑中也有了初步的汉语思维，但实际上他们在理解和接收新的汉语知识时，依然要借助于日语思维。因此，在汉语学习的高级阶段，汉语教师要尽量培养他们运用汉语的思维能力。充分运用日本留学生合作型学习风格的特点，让他们分组进行合作学习。国内的汉语课堂一般采用混合编班制度，汉语教师在分组的过程中也要注意将日本留学生和其他国家的留学生相结合，尽量让他们增加对目的语的使用，脱离对母语的依赖，从而进一步提高他们的汉语思维能力。

此外，在不同年龄阶段，除了视觉型和沉思型两种学习风格以外，其他九种学习风格不存在显著性偏好差异。我们发现日本留学生的年龄越小，视觉型和沉思型学习风格的得分越高，这说明年龄小的日本留学生在课堂上更依赖视觉通道来学习汉语。同时，比起年龄大的日本留学生，年龄小的在汉语课堂上表现得更加谨慎。因此，汉语教师还要关注到不同年龄段学生的汉语学习实际需求，年龄较大的日本留学生往往具有较强的汉语学习动机，教师要了解和关注他们的需求和学习情况，在课上多给他们发言的机会，在遇到问题时及时与他们进行沟通，帮助他们更好地提升汉语学习效率。

2. 系统性

任何学科的教学都要求有严谨的逻辑结构，任何教学内容都要遵照一般语言学习的规律，还要考虑到学生的心理发展顺序和接受能力，是一个由简单到复杂、由浅入深、由易到难循序渐进的过程。

对于日本留学生而言，大部分同学都有自己的汉语学习计划，他们在做任何事情之前都有详细的安排，在汉语学习的过程中也更喜欢组织结构严谨、条理清晰的教学内容。因此，在对日汉语教学活动中，教师必须要有明确的教学计划，每节课的教学内容也要做到层次分明，突出重点和难点。通过对日本留学生的访谈我们发现，他们喜欢老师提前告知他们每学期和每节课的具体安排，特别是和汉语考试相关的安排，这样他们就会根据学校和老师的安排制定自己本学期详细的汉语学习计划，明确什么时候要更加努力学习，什么时候可以放松。实践证明，在事先布置任务的情况下，大多数日本留学生都会在汉语课前进行预习和认真准备，学生发言的质量和教师的教学计划都会比预想好很多。

此外，日本人的说话方式大都比较委婉、客套，汉语教师在教学的过程中可以提前让他们了解到汉语中和他们表达习惯相类似的谦辞、敬语等，帮助他们系统地掌握这方面的表达方式，同时也可以减轻他们口头表达汉语的心理障碍。

日、韩初级汉语学习者汉字学习策略调查研究

唐　雪　陈子骄　陶　艺*

中国、日本、韩国同属于汉字文化圈，三国存在着共用汉字，通过对《中日韩共用常见808汉字表》进行的对比研究发现，日、韩汉字可以从音、形、义方面大致分为与汉语汉字相同、相似、相异三类，日、韩初级汉语学习者识记相似汉字有着先天的优势。奥克斯福德认为学习策略是促进学习者学习的方式，能让学习者把学习变成容易、自主、有效的具体的行动。[①] 汉字学习在汉语学习的初级阶段至关重要，深入了解日、韩初级汉语学习者的汉字学习策略能更好地辅助汉字教学，帮助其进行汉字学习。

本文从汉字学习策略角度出发，通过问卷调查了国内外75位已取得HSK二级证书的日、韩初级汉语学习者汉字学习策略使用情况，多维度对比日、韩初级汉语学习者策略选择差异，提出了针对日、韩两

* 唐雪，大连外国语大学汉学院汉语国际教育硕士研究生，主要研究方向为对外汉语教学；陈子骄，大连外国语大学汉学院院长、副教授，中国东北亚语言研究中心兼职研究员，主要研究方向为国际中文教育；陶艺，大连外国语大学汉学院语言学及应用语言学研究生，主要研究方向为对外汉语教学。

① Oxford, R. L. *Language Learning Strategies: What Every Teacher Should Know*, New York: Newbury House, 1990.

国学习者的相关教学建议。

一　日、韩初级汉语学习者汉字学习策略总体情况

本研究的问卷调查对象是来自韩国仁川大学孔子学院、日本冈山商科大学孔子学院、北京语言大学、大连外国语大学、吉林大学、南京大学、厦门大学的日韩初级汉语学习者，共 75 名。这些被选取的调查对象大致可以分为两个部分：在华的日、韩留学生共 45 人；在日、韩孔子学院学习的学生共 30 人。调查对象包括在校学生、公司职员和其他社会人员，年龄分布较广，学习汉语的动机也较为明确。其中，韩国汉语学习者 35 名，日本汉语学习者 40 名。他们学习汉语的时间均为半年到一年，且通过了 HSK 二级考试，年龄在 18—55 岁之间。

本次调研共计发放问卷 75 份，其中日语问卷 40 份，韩语问卷 35 份；日语问卷回收 39 份，韩语问卷回收 31 份。有效问卷共计 69 份，回收率为 92%。

本文将汉字学习策略分为笔画策略、字形策略、音义策略、母语策略、归纳策略、记忆策略、应用策略、预习复习策略、监控计划策略九类，共包括 44 条策略。

在调查问卷数据的基础上，笔者利用 IBM SPSS 19.0 版本、Excel 对日、韩初级汉语学习者汉字学习策略的整体使用情况进行了整理，日、韩初级汉语学习者汉字学习策略使用情况见表 1、表 2。

表 1　日本初级汉语学习者汉字学习策略使用情况表

汉字学习策略分类	平均值	标准差
笔画策略	2.27	1.28
字形策略	3.25	1.20
音义策略	3.91	0.72
母语策略	3.58	1.03

（续表）

汉字学习策略分类	平均值	标准差
归纳策略	2.83	1.11
记忆策略	2.87	1.06
应用策略	3.48	1.13
预习复习策略	3.30	1.20
监控策略	2.62	1.02

表2　韩国初级汉语学习者汉字学习策略使用情况表

汉字学习策略分类	平均值	标准差
笔画策略	2.70	1.15
字形策略	3.70	1.00
音义策略	3.42	0.98
母语策略	3.60	1.18
归纳策略	3.46	1.07
记忆策略	3.07	1.18
应用策略	2.90	1.33
预习复习策略	3.08	1.15
监控策略	2.65	1.2

根据奥克斯福德的调查研究分值等级划分解释，4.5—5表示“总是如此”，3.5—4.4表示“通常如此”，2.5—3.4表示“有时如此”，1.5—2.4表示“很少如此”，1.0—1.4表示“从不如此”。通过对问卷调查结果的数据整理与分析可以看出，日、韩初级汉语学习者在汉字学习策略的选择上呈现出趋同性。日本初级学习者9类策略中有8类的使用频率均值大于“2.5=有时如此”，韩国初级学习者9类策略的使用频率均值都大于“2.5=有时如此”，说明日、韩初级汉语学习者都在较为积极地使用汉字学习策略。

从统计数据可以看出，两国的初级学习者在母语策略及监控计划策略的使用频率上最为接近，说明两国的初级学习者都比较注重借助母语来学习记忆汉字，而监控计划策略的接近，反映了两国初级学习者学习汉字均缺乏主动规划和反思总结。而在音义策略、应用策略两项中，日本汉语初级学习者使用频率明显高于韩国的汉语初级学习者，尤其是音义策略，反映出日本学习者在汉字的学习中更擅长寻找汉字形、音、义三者之间的联系。而应用策略频率的高值，则体现了日本初级学习者的汉字应用范围较广，不仅将汉字运用于汉语课内部，更可以自主发现、拓展、利用网络和书报等资源应用学习过的汉字。韩国的汉语初级学习者则更善于使用字形策略和归纳策略学习汉字，二者的使用频率明显高于日本汉语初级学习者，反映出韩国初级学习者在学习中更具有主动性，能够更好地对汉字系统进行宏观把握，并更善于通过字形来学习汉字。

二　日、韩初级汉语学习者各策略具体使用情况

（一）笔画策略

笔画策略是学习者为了学习汉字笔画、笔顺，并利用笔画、笔顺识记汉字而设计、使用的方式方法。在问卷中，关于笔画策略的题项一共有 3 条，具体情况如下：

如图 1 所示，日、韩初级汉语学习者使用笔画策略的整体频率不高，其中使用频率从高到低依次是："注重笔画的顺序"、"练习各个笔画"、"数笔画数"。根据笔者了解，汉语学习初级阶段，大部分教师注重笔画教学，会对汉字的笔画和笔顺进行清晰地陈述与强调，并常常采用"书空"的汉字练习方式。此外，通过对调查对象使用教材的了解，发现无论是吉林大学使用的《发展汉语初级综合》、北京语言大学使用的《新实用汉语课本》，还是韩国仁川孔子学院使用的韩国多乐园出版社版《新攻略中国语》，教材的正文内容、课后习题及配套练习册中，都对汉字的笔画进行了讲解，也设置有相应的抄写练习。因此学习者会意识到并相对注重笔画及笔顺学习的重要意义。而这一部

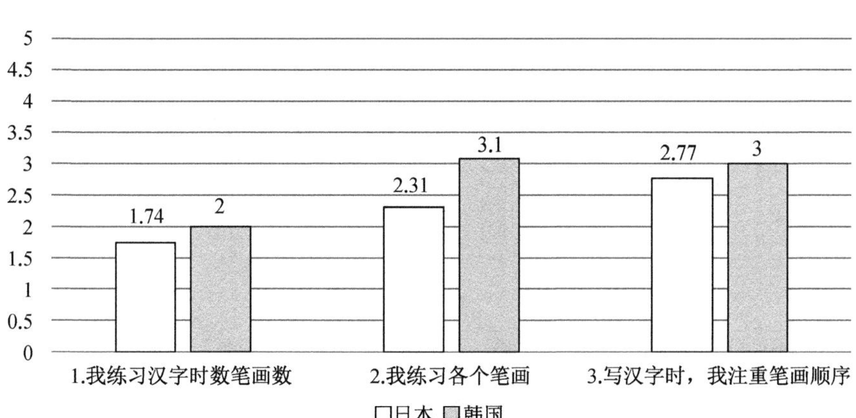

图1　笔画策略均值对比图

分的结果反映出，两国学习者均忽视汉字的笔画数。结合自身教学经历，由于各类教材中，对笔画数的讲解都相对较少，且教师教学中注重笔顺而忽视笔画数的讲解，故此能够理解学习者不常使用这一策略的现象。

在笔画策略中，对于“练习汉字时数笔画数”及“注重笔画顺序”这两条策略，两国学习者的使用频率较为接近，韩国初级学习者更注重练习各个笔画，日本初级学习者则较为忽视笔画练习。进一步了解分析后得知，这与日语本身有较多汉字词，进而对笔画的练习相对较少有关。相对来说两国学习者都非常重视笔画的顺序，而韩国初级学习者则比日本初级学习者更加注重笔画的练习。

（二）字形策略

字形策略是学习者在记忆和练习汉字字形时所采取的各种方法。问卷中，字形策略一共有8条，如图2。

在8条字形策略题项中，日本初级学习者有5条使用频率均值接近和超过“3＝有时使用该策略”，韩国初级学习者有7条使用频率均

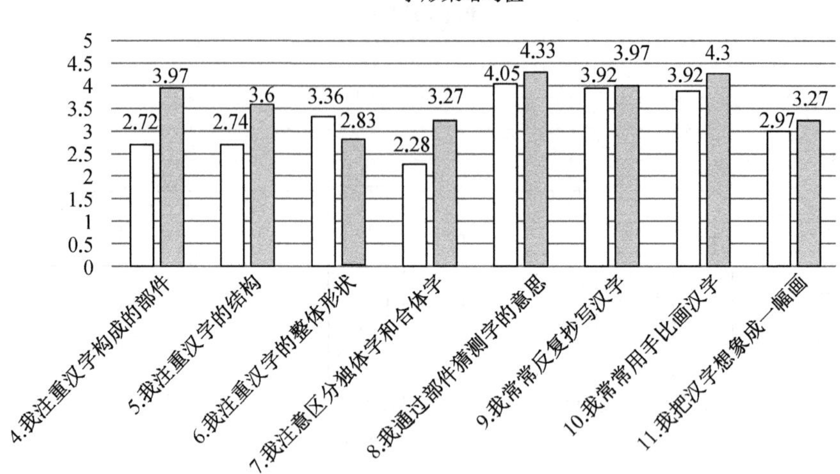

图 2　字形策略均值对比图

值超过“3 = 有时使用该策略”，代表日、韩初级汉语学习者喜爱使用字形策略，且“通过部件猜测字的意思”的使用频率明显高于其他的字形策略，反映出两国学习者均习惯于利用偏旁部首对汉字字义进行猜测，说明学习者能抓住汉字的表意特征进行学习、记忆。此外，日、韩初级汉语学习者还常常使用“反复抄写汉字”“用手比画汉字”的策略，反映出学习者习惯于用该机械式训练方式练习、记忆汉字。

将两国学习者字形策略使用情况进行对比，可见韩国初级学习者更偏爱使用字形策略进行汉字学习。两国学习者使用频率存在较大差异的是“注重汉字构成的部件”和“注重汉字的结构”，韩国初级学习者在学习过程中更重视部件和结构。

（三）音义策略

音义策略是学习者为学习汉字字音、字义并利用汉字字音、字义识记生字而设计的学习计划和具体方法。问卷中，音义策略有 4 条。

从图 3 可以看出，除“我可以不看拼音，只看意思写汉字”外，

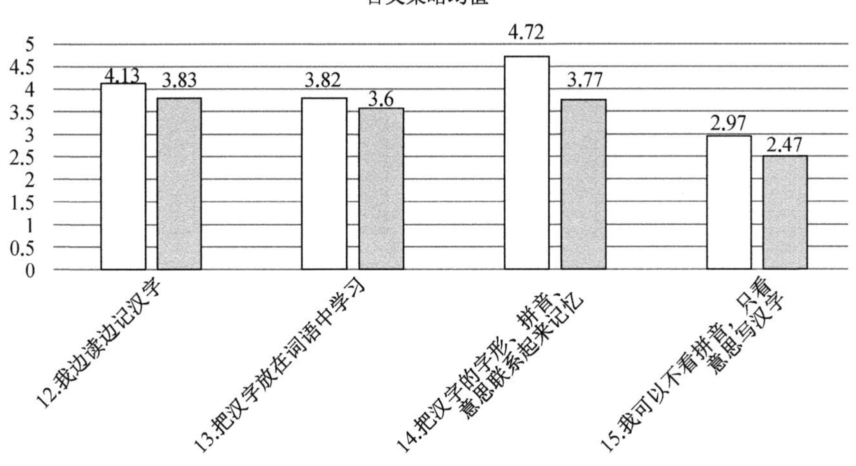

图 3　音义策略均值对比图

日、韩初级汉语学习者整体音义策略使用频率较高，反映了学习者建立汉字字形与字义间联系的意识比较强，并且将读和写联系起来学习汉字。而日、韩初级汉语学习者对“我可以不看拼音，只看意思写汉字”的使用频率不高，证明学习者更加依赖拼音与汉字之间的联系，而不是字形与字义之间的联系，仍需要拼音的辅助进行汉字学习。

通过对比可以发现，日本初级学习者音义策略的使用频率比韩国初级学习者的更高，大多数日本初级学习者比韩国初级学习者更习惯于将汉字音形义结合起来进行记忆。

（四）母语策略

母语策略是学习者利用母语中与汉字相似的字形、读音进行汉字学习的方法。问卷中，母语策略共有 3 条。

由图 4 可以明显看出，日、韩初级汉语学习者运用母语策略的频率高。从统计数据中也可以看出，日本初级学习者的母语策略使用频率排在第 3 位，韩国初级学习者的母语策略使用频率排在第 4 位，这

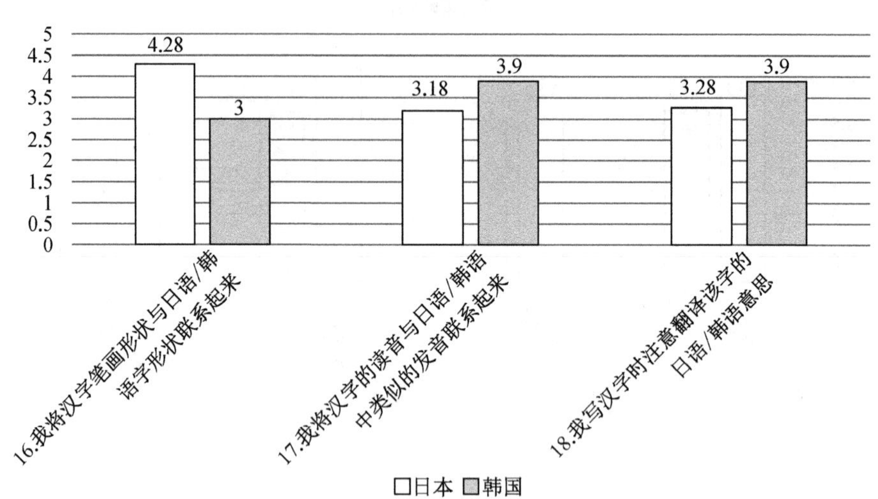

图 4　母语策略均值对比图

与叶雯那[①]针对秘鲁学生汉字学习策略研究的结果差异很大，秘鲁学生的母语策略使用频率总体很低，这也更加说明比起非汉字文化圈学习者，汉字文化圈国家的学习者利用母语进行汉字学习具有先天的优势，教师应该更有针对性地进行引导。

（五）归纳策略

归纳策略是学习者主动对字音、字形、字义相近或相同的汉字进行归纳总结的具体方法，同时还包括学习者利用汉字声旁和形旁记忆汉字的具体方法。问卷中，归纳策略共有 6 条。

由图 5 可知，学习者整体归纳策略使用频率较高，韩国初级学习者的使用频率略高于日本初级学习者，且 6 条归纳策略使用频率均值差异较小，这是因为汉字音、形的异同较易被学习者观察到，另一方面也因为汉字音、形结合具有一定的规律，例如读音相似的汉字，它

① 叶雯那：《秘鲁学生汉字学习策略研究：以秘鲁天主教大学孔子学院学生为例》，上海外国语大学硕士学位论文，2019。

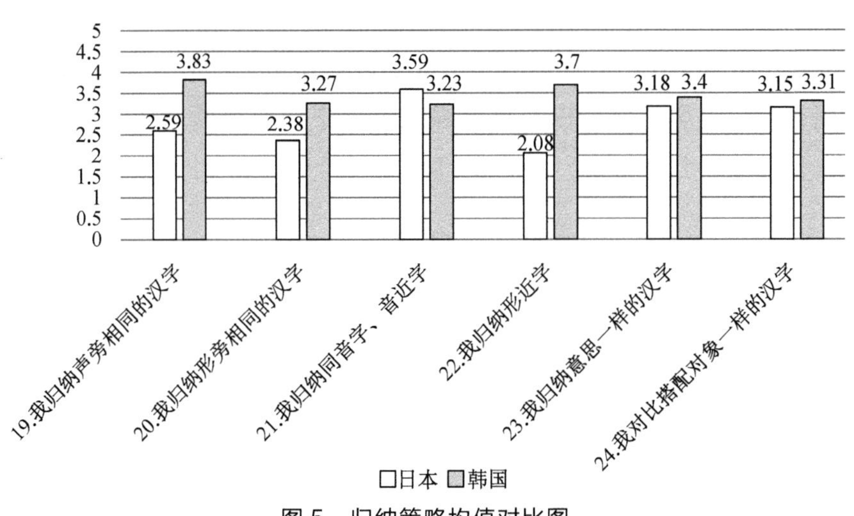

图 5 归纳策略均值对比图

们的声旁很多都相同。归纳策略的使用需要对汉字有一定的积累储备，并且对汉字系统有一个较为明确的全局认识。在江新、赵果[①]的调查研究中，发现归纳策略是初级留学生最不常使用的策略，这与本研究的结果差异较大，也就更加说明了日、韩汉语初级学习者作为汉字文化圈的学习者，其汉字学习使用策略不能与其他国家留学生混为一谈。

调查结果显示，日本初级学习者更习惯于“归纳同音字、音近字”，而韩国初级学习者更习惯于“归纳形近字”，日、韩初级汉语学习者对于“归纳意思一样的汉字”“对比搭配对象一样的汉字”两条策略的使用频率差异小，说明日、韩初级汉语学习者都喜欢使用这两条策略。由此可知，在日、韩学习者掌握一定数量的汉字后，学习者便能运用表层的汉字使用规律。但如果教师没有在汉字归纳方面对学习者加以指导、对汉字规律进行总结和深化，便不能够很好地利用日、韩初级汉语学习者善于归纳的特点帮助他们进行汉字学习。

① 江新、赵果：《初级阶段外国留学生汉字学习策略的调查研究》，《语言教学与研究》2001 年第 4 期。

（六）记忆策略

记忆策略是学习者课后对所学汉字进行强化记忆时所采用的方法，包括对课堂内容的回忆以及巩固强化汉字学习利用的其他手段。问卷中，记忆策略共有 7 条，如图 6。

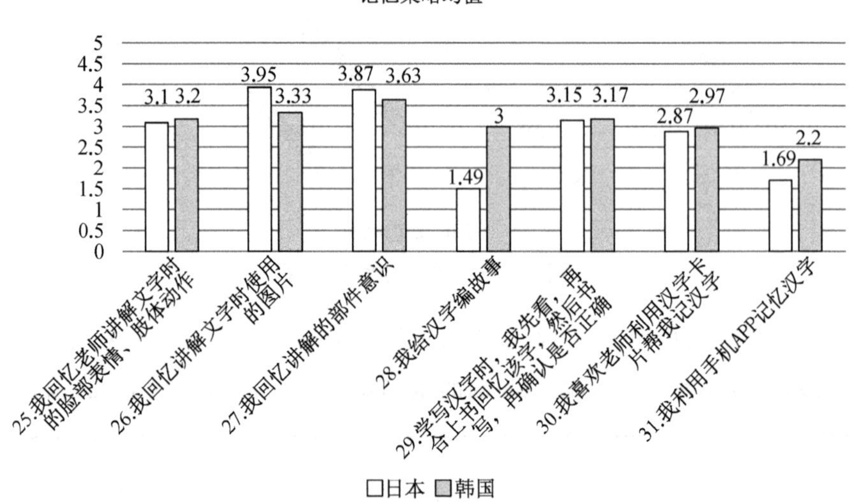

图 6　记忆策略均值对比图

总体来说，日、韩初级汉语学习者记忆策略的使用情况较为积极，且各项策略使用的频率差异不大。其中日、韩初级汉语学习者最常用的三条记忆策略都是“回忆老师讲解汉字时使用的图片”“回忆老师讲解的部件意识”“回忆老师讲解汉字时的脸部表情、肢体动作”，说明学习者对于汉字的记忆大多依赖于教师的课堂讲解，且都非常喜欢“老师利用卡片帮我记汉字”，可见学习者们喜爱教师在课堂教学中用一些生动的辅助工具配合教学内容。此外，日本还有韩国初级学习者都较少地利用 APP 学习汉字，这与缺乏汉字学习类手机 APP 有关。

记忆策略中，日、韩初级汉语学习者使用频率存在较大差异的策略是“给汉字编故事”，比起日本初级学习者，韩国初级学习者更喜欢利用给汉字编故事的方法记忆汉字，使用这一策略需要学习者的想象力丰富，对汉字有浓厚的兴趣。

（七）应用策略

应用策略是学习者利用汉字进行阅读、写作、社交等活动时运用汉字的方法。问卷中，应用策略共有 5 条，如图 7。

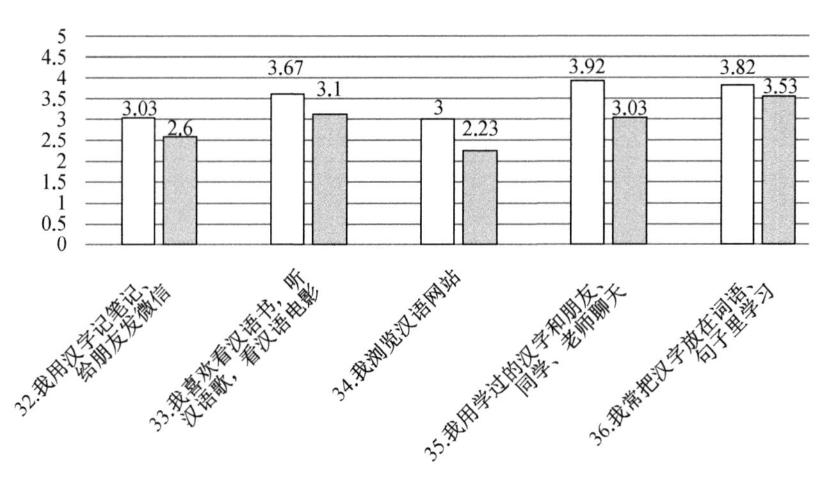

图 7　应用策略均值对比图

总体而言，日、韩初级汉语学习者最喜欢的应用策略是“把汉字放在词语、句子里学习”，说明学习者具有将汉字、词语、语句建立联系的能力，并能利用这些联系扩大汉字的应用范围，但是汉字的应用范围局限于和老师、同学聊天等，“浏览汉语网站”是使用频率最低的策略，说明学习者们还不能够很好地利用汉语网站资源进行扩展学习，这一点也是值得教师关注的。

日本初级学习者和韩国初级学习者在初级阶段汉字学习应用策略上的选择具有趋同性，但日本初级学习者的应用策略使用均值要略微高于韩国初级学习者，这也说明了日本初级学习者在课后对于所学汉字的应用范围要更广一些。

（八）预习复习策略

预习复习策略是学习者在课后有意识地对汉字进行预习和复习的一般方法。问卷中，预习复习策略共有 4 条，如图 8。

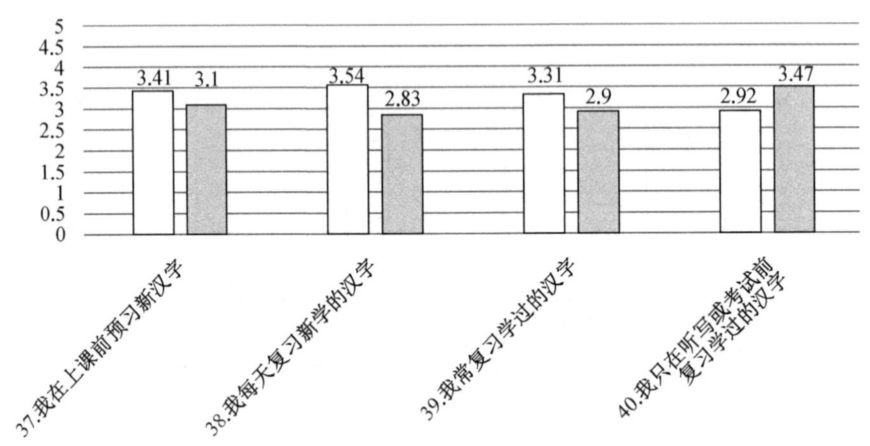

图 8　预习、复习策略均值对比图

根据统计数据，日、韩初级汉语学习者预习、复习策略使用频率较高，可见日、韩初级汉语学习者的学习习惯良好，能意识到预习、复习的必要性。

日本初级学习者预习复习策略整体使用均值高于韩国初级学习者，而韩国初级学习者使用该策略情况的内部差异大，反映出韩国初级学习者部分人常使用该策略，而部分人很少使用该策略；日本初级学习者的课后复习执行得更为及时，而韩国初级学习者更习惯于在考试前进行复习。

（九）监控计划策略

监控策略是学习者汉字学习过程中进行计划、自我评价、反思及自我检测的方法。问卷中，监控计划策略共有 4 条，如图 9。

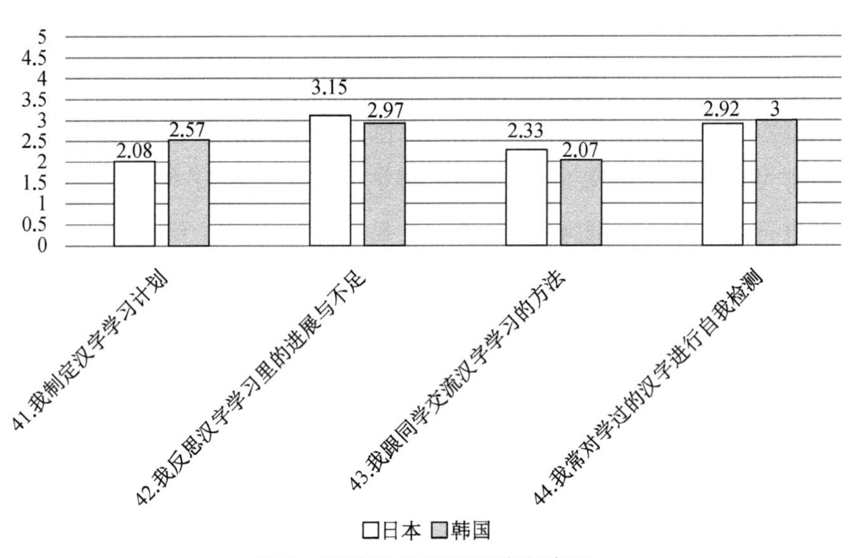

图 9　监控计划策略均值对比图

根据调查数据，可以基本判断日、韩初级汉语学习者对监控计划策略的使用较为消极，其中使用频率最低的是“跟同学交流汉字学习的方法”，这与日、韩初级汉语学习者的性格、学习风格有着一定的关系。在四条策略中，日、韩初级汉语学习者相对较为常用的是“反思汉字学习里的进展与不足”，说明学习者具有一定的汉字学习自主性和反思能力。

日、韩初级汉语学习者在监控计划策略选择中的差异性很小，学习者们都具有一定的反思能力但缺乏主动规划汉字学习的能力，不具有制定汉字整体学习计划并将计划分割成阶段性目标的意识，在缺乏教师的指导和监督的情况下，很容易影响汉字的学习、复习效率。

三　日、韩初级汉语学习者汉字教学建议

柳燕梅、江新、陈泽文、詹晓、田佳欣等人的研究发现汉字学习策略的使用与汉字学习效果之间存在着显著的相关性[①]，合理地选择汉字学习策略能有效提高汉字学习的效率。[②] 对于日、韩初级汉语学习者汉字学习策略进行研究的目的是了解汉字文化圈内日本、韩国初级汉语学习者汉字学习策略使用的基本情况，为学习者利用自身优势进行汉字学习提供更为有效的教学模式和学习方法；将日本、韩国初级学习者进行分别研究，能够提高教学上的国别针对性。结合日、韩初级汉语学习者汉字学习策略的使用情况，笔者对教师面对日、韩初级汉语学习者进行汉字教学提出了建议。

（一）日、韩初级汉语学习者共性化建议

通过对日、韩初级汉语学习者九类汉字学习策略的使用情况进行的调查和分析可以明确，日、韩初级汉语学习者对大部分调查中的汉字学习策略的使用都较为频繁，学习者们最常用的策略是字形、音义、母语策略，而应用、监控计划等策略的使用情况则不容乐观。此外，日、韩两国学习者之间也存在着策略选择倾向的差异。学习者使用汉字学习策略较为频繁但未达到普遍使用的理想程度，为了提高学习者汉字学习的有效性，应采取适当的方式鼓励、指导学习者使用汉字学习策略。

1. 树立汉字学习策略观念

教师和学生都应该首先树立起运用汉字学习策略的意识，包括以

---

① 罗卢娇：《中泰学生汉字学习策略调查研究》，南京师范大学硕士学位论文，2017。

② 田佳欣（Popova Kristina）：《非目的语环境下俄罗斯初级汉语学习者汉字学习策略研究：以西伯利亚联邦大学为例》，北京外国语大学硕士学位论文，2016。

下两个方面：一是帮助学习者认识到学习策略的有效性和必要性，让学习者明白汉字学习有方法可依；二是选取真正行之有效的学习策略进行传授，因为学习者个体之间存在差异，教师一方面要对其教授的学习策略进行多方比较、科学筛选，另一方面也应该鼓励学习者结合自身情况找到适合自己的方法。

2. 对汉字学习策略进行必要训练

日、韩两国学习者如果能在汉字学习的初级阶段合理地使用汉字学习策略，对他们的汉语学习将大有裨益，因此，教师可以根据教学内容以及学习者的特点，对学习者进行使用学习策略的训练，帮助学习者进行策略内化，进而达到自主学习的目的，策略训练可以从计划、介绍开始，初期可以进行一些简单策略的训练。

3. 重视笔画、笔顺教学，提高归纳总结能力

笔画是组成汉字字形的最小单位，笔顺是把字写好、写快的重要因素之一。在笔画策略的使用调查中，日、韩初级汉语学习者表现出重视练习笔画和笔顺的特点，而不能充分利用汉字笔画、笔顺帮助识记汉字，为此教师在教学时除了继续加强对笔画、笔顺的讲解和练习外，还可以主动帮助学习者归纳笔画相近、笔顺相同的汉字，从而帮助学习者总结汉字笔画书写的一般规律。

4. 重视字音、字形、字义教学，突出汉字三要素特点

在音义策略的调查分析中，日、韩初级汉语学习者表现出建立汉字与词语之间联系的意识比较强，并且能将读和写联系起来学习汉字，但将汉字音、形、义整体联系起来进行学习的能力不强。为此教师可以利用课堂复习时间或布置课后作业帮助学习者对音近字、近义字、形近字等进行总结归纳，帮助学习者整体识记，而不是采用机械练习的方式识记单个汉字。

5. 引导学习者利用汉语社交平台、汉语学习 APP 学习汉字

在应用策略的调查中，日、韩初级汉语学习者几乎都不使用社交

平台或 APP 学习汉字，这与缺乏对相关 APP 的了解有关。目前国内汉语学习 APP 种类繁多，社交软件如：微信、QQ、新浪微博等，汉字学习的软件如：Train Chinese、有道、语文达人、Pleco、汉语词语双语字典、Art of Chinese Charaters、Chineasy Cards、Handy Chinese 掌中汉语等。教师应该多了解此类学习软件，对比其功能，选取合适的向学习者们介绍，并常常引导学习者进行合理利用，培养使用习惯。

6. 利用“雨课堂”“学习通”布置分时段课后任务，提高复习效率

日、韩初级汉语学习者虽然学习习惯良好，有复习预习意识，但总体还是有复习时间不固定的特点。根据艾宾浩斯遗忘规律，遗忘在学习之后立即开始，且最初时遗忘的速度最快，之后逐渐缓慢。因此教师可以利用“雨课堂”“学习通”等教学软件挑选时间发布作业任务并且规定作业的完成时间、方式，以此促进学习者有计划地进行汉字复习，养成课后在规定的时间内及时复习、有规律有计划复习的习惯。

7. 明确学期汉字教学计划和课堂汉字学习计划，培养学习者计划意识

调查显示，日、韩初级汉语学习者监控计划策略使用频率最低，为此，从教学角度出发，教师可以通过制定有效的学期总体教学计划及每一节课的汉字教学目标，提高汉语学习效果并在每学期课程开始之初告知学习者，便于没有具体汉字学习计划的学习者参考。学习者可以根据汉字学习水平制定个人学习计划，教师定期对学习者计划的完成度进行检查，鼓励学习者养成自觉学习的好习惯。

（二）日本初级汉语学习者汉字教学建议

1. 强化笔画训练

日本初级学习者相对而言忽视笔画练习，笔者猜测是由于日语中存在大量与汉字字形相似的字，形似字能够很好地帮助日本初级学习者进行汉字学习，但如不加以区分，也容易产生母语负迁移，因此更

加需要培养学习者注重两者之间细微差异的意识。在教学过程中应不断加强笔画策略的训练，将笔画策略贯穿汉字教学的始终。在进行笔画教学时，教师要强调笔画在构字中的重要性，增加学习者对汉字笔画规则的重视度。

2. 加强汉字音形义联系教学

在音义策略的分析中，日本初级学习者表现出更能将汉字音、形、义结合起来进行学习的意识，因此教师在进行教学时，可以有自己的一套音形义教学流程。例如首先带拼音朗读，学习者熟悉汉字后去拼音认读，解释字义后，可让学习者带读，再提问别的同学字义。

3. 侧重形近字的归纳总结

日本初级学习者更善于归纳同音字、音近字，对于他们来说，形近字的学习较为困难。为了培养日本初级学习者对形近字的归纳能力，教师可以将字形相似的汉字进行比较讲解，让学习者去主动发现形近字在字形及笔画上的细微差别，帮助学习者在书写汉字时自觉注意形近字的差异。

4. 扩展汉字教学多样性

日本初级学习者不善于使用“给汉字编故事”的策略学习汉字，而更喜欢使用“反复抄写汉字”“用手在空中比画汉字”，侧面说明了汉字教学方式较为单一。因此，教师在教学汉字过程中可以适当补充汉字字源的相关知识，或者在课堂中适当添加书法、绘画等文化活动，提高学习者对汉字学习的兴趣，加深学习者对所学汉字的印象。

（三）韩国初级汉语学习者汉字教学建议

1. 加强部件教学

调查结论显示，韩国初级学习者表现出更喜欢使用字形策略进行汉字学习，且在学习过程中更加注重结构和部件，因此教师应该充分使用字形策略辅助教学。随着汉语教学的深入，韩国初级学习者也容易产生别字增多、形似部件的混淆现象，因此要从初级阶段开始不断地强化学习者的汉字形体意识，培养韩国初级学习者对汉字的结构观。学习者在熟悉掌握笔画、笔顺后，教师可以向学习者讲解如何划分基本部件，以记忆基本部件来帮助学习者更好学习和掌握汉字。

2. 重视字音教学

韩国初级学习者喜欢利用韩语中类似的发音学习汉字，由于母语优势，学习者能在更短的时间内记忆汉字读音，但也常常出现开口读音不准确的现象，因此需要格外关注字音教学，鼓励学习者学习、复习时开口多读，给予学生一定的时间思考该字读音与母语发音的异同，必要时也可进行字音教学效果检测。

3. 采用多样化讲解方法

韩国初级学习者比日本初级学习者更善于“给汉字编故事”，反映出韩国初级学习者学习汉字的方法更多样化。学习策略本身并不具有优劣之分，相同水平学习者在学习策略使用方面的差异在于掌握方法的多少以及方法使用的灵活性，掌握的方法越多，灵活性越强，在学习中遇到问题的解决能力也就越强。教师应根据韩国初级学习者特点，采取多样化汉字教学方法。

4. 丰富课后任务形式

在汉字应用策略的调查中，韩国初级学习者呈现出汉字应用较为局限的特征，大部分学生汉字应用范围局限在汉语课内部，不善于自主发现、拓展、利用网络和书报等外部资源。教师除了要求学习者在课堂内使用全汉语，用汉语与老师、同学进行日常交流外，可以常常与学生分享汉语热门电视剧、综艺节目、歌曲等，调动学习者的积极性。

结　语

本文从汉字学习策略角度出发，通过问卷调查了国内外 75 位已取得 HSK 二级但未取得 HSK 三级证书的日、韩初级汉语学习者的汉字学习策略使用情况，对比日、韩初级汉语学习者策略选择差异，提出了针对日、韩两国学习者的相关教学建议。研究表明：日、韩初级汉语学习者对汉字学习策略的使用呈现积极趋势，且对字形策略的使用最为频繁；日、韩初级汉语学习者均习惯于机械式抄写训练方式练习、记忆汉字；日本学习者普遍认为汉字难度适中，但字音较难，韩国初级学习者则普遍认为汉字学习较难，尤其字形部分最难。基于以上调查情况，可以得出日本初级学习者需强化笔画训练、加强音形义练习教学、侧重形近字的归纳总结，韩国初级学习者则需加强部件教学、重视字音教学。在今后的教学中有意识地采用适合的汉字学习策略，能帮助汉语学习者更好地进行汉字学习，从而达到更好的汉语学习效果。

俄罗斯中文教育发展现状与前景*

汪　磊**

俄罗斯的中文教育始于彼得大帝时期，迄今已有300余年的历史。早在2017年，俄罗斯的中文学习者已达5.6万，较1997年增长近10倍。2018年，俄罗斯教育科学部[①]宣布，自下一年度起中文将被纳入（中学生）国家统一考试，与英文、法文、德文、西班牙文一样，成为俄罗斯中学毕业生的外语选考科目。2019年，在全俄首次举行的“汉语高考”中，莫斯科第1517中学学生阿纳斯塔西娅考出100分满分的成绩，得到莫斯科市长索比亚宁的祝贺并被俄罗斯人民友谊大学录取，“中文热”在俄罗斯急遽升温，学习中文俨然成为俄罗斯人的一种时尚。俄罗斯专家估计，2019年本国的中文学习者数量为6万—8万。[②] 为

* 该文在发表于《西伯利亚研究》2020年第1期的《俄罗斯汉语教育现状与发展趋势》的基础上更新补充。

** 汪磊，南京大学外国语学院俄语系主任，副教授，研究方向为中俄文化交流、俄罗斯文学。

① 2018年5月15日，根据俄罗斯第215号总统令，俄罗斯教育科学部分为俄罗斯科学与高等教育部和俄罗斯联邦教育部。

② Констатин Волков：Интерес к русскому языку в Китае и китайскому в России вырос в разы，Российская газета，11. 02. 2021，https：//rg. ru/2021/02/11/interes-k-russkomu-iazyku-v-kitae-i-kitajskomu-v-rossii-vyros-v-razy. html，17. 06. 2023.

了摸清俄罗斯中文教学的真实状况，笔者在莫斯科、圣彼得堡等城市进行调研，对部分学生作了课堂教学观察与问卷调查后发现：俄罗斯的中文学习呈现出前所未有的发展势头，俄罗斯对中文人才的需求大幅上升。

一　中小学教育机构

自 1998 年莫斯科建立全俄首所现代中文学校——第 1948 教育中心以来，2017 年，俄罗斯有 24 个地区 40 余座城市的 168 所中小学开设中文课程，学习中文的中小学生超过 1.7 万，2021 年这一数据达到了 9.17 万[①]，莫斯科大学和线上第一中学最新调查结果显示，有一半以上的俄罗斯高年级学生想学习中文。[②] 2015 年 3 月，俄罗斯教育科学部决定启动全俄中小学生汉语奥林匹克竞赛[③]，该项赛事每年举办一次，优胜者在大学录取时可享受加分甚至免考的政策，并有机会获得政府奖学金赴中国留学。自中文被纳入国家统一考试以来，俄罗斯参加中文考试的学生人数逐年增加。俄罗斯教育科学监督局数据显示，2022 年国家统一考试的中文考生数量较 2019 年增长了 66%，考区从 3 年前的莫斯科、圣彼得堡、符拉迪沃斯托克（海参崴）和新西伯利亚发展到全俄 60 个地区。[④] 如今，在俄罗斯中小学外语教育中，中文已超越西班牙文，成为继英文、法文、德文之后的第四大学习语种，各中

---

① Китайский язык в России, Коммерсант, 23. 04. 2023, https: //www. kommersant. ru/doc/5941668, 15. 07. 2023; Евгения Савченкова: Китайский язык покоряет сердца россиян, Российская газета, 19. 12. 2022, https: //rg. ru/2022/12/19/kitajskij-iazyk-pokoriaet-serdca-rossiian. html, 17. 05. 2023.

② Евгений Одинцов: Больше половины российских старшеклассников хотели бы выучить китайский язык, Газета. Ru, 13. 07. 2023, https: //www. gazeta. ru/social/news/2023/07/13/20862044. shtml, 29. 07. 2023.

③ 首届全俄中小学生汉语奥林匹克竞赛于 2015 年举办，来自 19 个地区的 500 余名 5—11 年级学生参加了初赛，近 100 名选手进入决赛。

④ Китайский язык в России, Коммерсант, 23. 04. 2023, https: //www. kommersant. ru/doc/5941668, 15. 07. 2023.

小学校依据自身条件在不同年级将中文设为第一或第二外语进行教授。社会调查还显示，就职业重要性和子女教育前景而言，中文在俄罗斯的地位仅次于英文。近年来，俄罗斯教育部曾多次收到将中文列为中小学必修科目的提案。

2022—2023 学年度，莫斯科开设中文课程的中小学校近 140 所，学习中文的中小学生超 1.6 万人。① 以笔者了解的 20 余所中学②为例，这些学校均为传统的 11 年制学校，其中第 1948 教育中心、莫斯科实验学校教育中心、第 548 教育中心、第 1555 莫斯科语言大学附属中学、第 1535 莫斯科国立大学亚非学院附属中学、第 1223 中学属于专门的外国语学校，其余均为普通中小学。自 1—2 年级就开设（第一外语）中文课的学校仅第 1948 教育中心、莫斯科实验学校教育中心、第 1482 中学、第 11 汉语寄宿中学等少数学校，大多数学校都是自 5 年级开设（第二外语）中文课，而对于几所只招收 9—11 年级学生的高级中学而言，一般是自 9 年级才开始教授中文。除此之外，部分学校由于师资、生源等多方面原因，采取隔年招生的办法，自 7—8 年级开设（第二外语）中文课，例如第 1555 中学、第 1535 中学等。与莫斯科情况相类似的还有俄罗斯另一教育文化中心圣彼得堡市，截至 2022 年，该市开设中文课程的中小学约 20 所③，学习中文的中小学生 4000 人左

---

① Сергей Буланов：У московских школьников растет популярность уроков китайского，Российская газета，05. 10. 2022，https：//rg. ru/2022/10/05/reg-cfo/iazyk-budushchego. html，12. 12. 2022；Число изучающих китайских язык школьников в Москве за год выросло почти на 12%，Агентство городских новостей Москва，29. 04. 2023，https：//www. mskagency. ru/materials/3295647，06. 06. 2023.

② 主要包括第 1948 教育中心、莫斯科实验学校教育中心、第 548 教育中心、第 11 汉语寄宿中学、第 1209 文科中学、第 1415 英语中学、第 1535 莫斯科国立大学亚非学院附属中学、第 1555 莫斯科语言大学附属中学、第 1223 中学、第 1246 英语中学、第 627 教育中心、第 547 中学、第 1263 中学、第 1549 中学、第 1497 中学、第 1788 中学，“新教育”私立中学、第 1482 中学、第 2104 中学、第 1358 中学、第 1389 中学等。

③ 如第 652 中学、第 32 中学、第 547 中学、第 630 中学、第 446 中学、第 163 中学、第 377 中学、第 80 中学、第 574 中学、第 663 中学、第 50 中学等。

右，在编中小学中文教师 50 余人。[①]

俄罗斯远东地区与西伯利亚地区学习中文的中小学生人数要远多于其他地区，俄罗斯各主要地区学习中文的中小学生人数不断增长（见图 1）。与我国联系紧密的俄远东第一大城市符拉迪沃斯托克（海参崴）教育局规定，自 2018 年 9 月 1 日起，中文成为全市中小学生的一门必修课。[②] 早在 2016 年该市第 6 中学[③]校长琳娜·苏沃洛娃就曾称，其校 650 名学生中就有 350 人都在学习中文，占比 53.8%，并且中文学习者的人数在逐年增多。[④] 据了解，符拉迪沃斯托克（海参崴）有大量中国务工人员，中俄通婚现象较多，跨国婚姻家庭子女学习中文的愿望十分强烈，因而该市中小学乃至学前教育对中文课的需求也非常迫切。

如今，俄罗斯已将中文教育正式纳入国民义务教育体系，所有开设中文课程的学校均须按照俄教育科学部制定的教学大纲授课并对学生进行考核，中文考试成绩记入学籍档案。

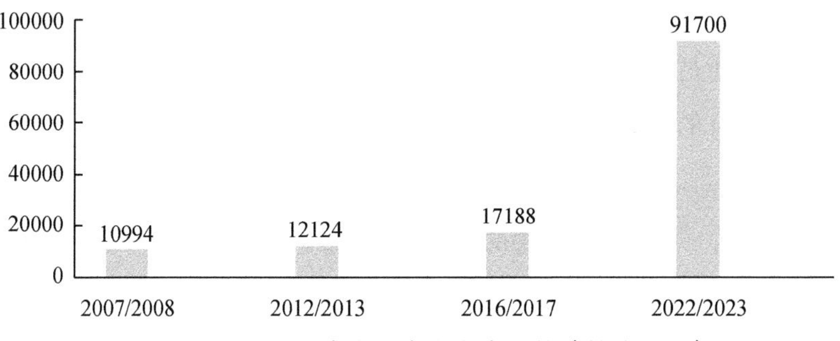

图 1　俄罗斯学习中文的中小学生人数（单位：人）

---

① Китайский язык изучают в 20 школах Петербурга, Конкретно. ru, 21.01.2022, https://konkretno.ru/sity_obshestvo/142071-kitajskij-jazyk-izuchajut-v-20-shkolah-peterburga.html, 08.03.2023.

② Виталий Манн: В школах Владивостока изучение китайского языка сделают обязательным, Панорама, 15.01.2018, https://panorama.pub/767-v-shkolah-vladivostoka-izuchenie-kitajskogo-yazyka-sdelayut-obyazatelnym.html, 05.08.2019.

③ 符拉迪沃斯托克（海参崴）较早开设中文课程的几所学校分别为：第 6 中学、第 9 中学、第 63 中学、第 58 中学。

④ Во Владивостоке выросло число школьников, изучающих китайский язык, Тихоокеанская Россия, 25.02.2016, http://to-ros.info/?p=33593, 18.06.2018.

二　高等教育机构

苏联解体时，学习中文的大学生不足1000人。21世纪初，得益于中俄经济贸易的良好发展，通晓中文的大学生增至3000余人。2005年以来，中文在高等教育机构中的地位进一步提升，中文相关专业发展迅速，2010年学习中文的大学生（学制4—5年）和研究生（学制2—3年）约有1.5万，2017年达到2.2万人，年均增长5.6%。20年来，高等教育中中文学习者的人数增长了7倍多。与此同时，俄罗斯培养中文人才的高校数量也显著增加，从1997年的18所增至2017年的179所，主要分布在莫斯科、圣彼得堡、西伯利亚以及远东地区的其他几座城市。设有中文教研室的高校超60所，莫斯科国立大学亚非学院、莫斯科国际关系学院、圣彼得堡国立大学、远东联邦大学、俄罗斯人民友谊大学、赤塔国立大学、新西伯利亚国立大学、伊尔库茨克国立大学等都是中文教学与研究的重镇。

需要说明的是，俄罗斯高等教育本科培养方向目录中并未设有“中文”方向，甚至连“外国语言文学类”也未设立，这一点不同于我国普通高等学校本科专业的设置。我国《普通高等学校本科专业目录》中，“外国语言文学类”专业按语种下设62个有代码的专业名称。《俄罗斯高等教育本科培养方向目录》中列有180个培养方向及其代码。多数俄罗斯高校将中文设为“国外区域学”（代码：41.03.01）、“东方学和非洲学”（代码：41.03.03）、“语文学”（代码：45.03.01）、“语言学”（代码：45.03.02）这几个培养方向的必修科目。俄罗斯高校本科教育的“培养方向”即相当于我国普通高校本科教育的“专业”。换言之，俄罗斯高校注重“基础专业+语言技能”的人才培养模式，将中文作为必修课纳入“国外区域学”“东方学和非洲学”“语文学”“语言学”等专业的人才培养框架，这样学生既可以掌握某领域的专业理论知识，又可以将中文作为第一外语学习进而深入了解中国的历史与文化。除上述专业以外，其他专业的中文学习者通常选修中文作为第二或第三外语，他们占高校中文学习者总人数的近40%。中文作为选修课的教学大纲、培养目标与必修课并无明显差异，区别仅在于课时数量、结业证书等方面。

就具体教学情况而言，课时安排上，高校“国外区域学”“东方学和非洲学”“语文学”“语言学”等专业的中文课每周约20课时，设有精读、语法、翻译、口语等课程，第二或第三外语为中文的专业中文课平均每周4课时，仅开设精读这一门课程。但俄罗斯高校中文教育的师资力量不容乐观。

三　社会培训机构

近年来，开设中文课程的语言培训机构数量快速增长，目前在俄罗斯此类机构达300余家。分析人士指出，近年来此类机构的中文教学正在经历一场真正的复兴。较高的薪酬吸引着富有教学经验的教师不断涌入这一行业，而学习需求的增加也进一步促进了此类机构对新课程的开发。如今在语言培训机构“最受欢迎的语种”排行上，中文继英文、法文、德文、西班牙文之后稳居第五位。

笔者在莫斯科地区调研发现，该市开设中文课程的社会培训机构早已超过50家(包括专门的中文培训班与多语种培训学校)。这些中文培训机构在师资力量、课程设置、学员数量等方面均存在较大差异。规模较大的有10余位中文教师，学员达百人，并在圣彼得堡等大中城市设有连锁机构；规模小的仅有几位中文教师，学员10余名。在多语种培训学校，中文课程已逐渐成为吸引生源的一大“亮点”。这些培训机构主要坐落在居民区内，生源多为周边的中小学生以及从事中俄贸易的公司职员。从学习中文的动机上看，小学生通常是因为家长的意愿（如外语能力开发），大中学生多与个人兴趣及未来就业有关，社会人士则主要出于工作需要和职业发展的考虑。

根据学员们的不同需求，社会培训机构开设的中文班可谓形式多样，不一而足。面授教学包括儿童班、成人班、大学生班、商务班、口语速成班；网络教学包括 SKYPE 视频一对一辅导、空中教室等；此外，还有暑期班、专题（书法、翻译）班、强化班、语言俱乐部、国外夏令营等。根据学员人数，专业中文授课分为大班（4—8 人）、小班（2—3 人）以及一对一教学。大班每小时费用约 100 元，小班每小时约 150 元，一对一辅导每小时约为 200 元。一般而言，中国教师的授课费比俄罗斯本土教师高出三分之一左右。显而易见，可观的经济收益和巨大的市场需求令各家社会培训机构都想分一杯羹，这也是近年来中文培训机构在莫斯科等大中城市如雨后春笋般出现的主要原因。需要指出的是，由于缺少统一的市场监管，面对激烈的竞争以及高昂的房屋租金、人工成本，不少社会培训机构为了抢占市场往往在尚未取得教育培训资质与营业许可的情形下便进行中文教学，因此俄罗斯中文培训机构的教学质量良莠不齐，存在中文教师整体水平不高、教学计划不够完善、教材使用较为随意、教学方法系统性不足等诸多问题。

四　孔子学院（课堂）与俄罗斯的中文教材

作为中外文化交流的重要桥梁，孔子学院在增进世界人民对中文和中华传统文化的了解方面发挥着重要作用，目前我国已与 159 个国家和地区合作举办了孔子学院（孔子课堂）。[①] 自 2006 年 11 月圣彼得堡大学建立俄罗斯第一所孔子学院以来，目前俄罗斯共有 19 所孔子学

① 怀进鹏：《推进高水平教育对外开放，为构建人类命运共同体贡献力量》，《教育国际交流》2023 年第 1 期。

院，4 所孔子课堂[①]，遍布 17 座城市。学员构成方面，孔子学院（课堂）的教授对象既有大中小学生，又有各类社会人员，涵盖 7 至 70 岁各个年龄段。他们学习中文的原因主要包括：学业需要、工作需要、对中国语言文化感兴趣、希望到中国旅游等。教材使用方面，孔子学院（课堂）大多采用我国出版的各类中文教材。供中小学使用的有《跟我学中文》《轻松学汉语》《汉语乐园》《快乐汉语》《中文会话 301 句》《汉语教学》《汉字学入门》，供高校使用的有《新实用汉语课本》《汉语初级教程》《新编汉语新目标》《博雅汉语》《商务汉语》《体验汉语》等。此外，各学院（课堂）还针对实际情况选用《每日汉语》《当代汉语》《我说汉语》《集中识字》《长城汉语》《阶梯汉语》，以及其他自编教材（如梁赞国立大学编《成人对外汉语教材》、喀山联邦大学编《汉语阅读及翻译》、圣彼得堡私立补充教育“孔子”东方语言文化学院孔子课堂编《实用汉语语音教材》等）。社会评价及影响方面，每年孔子学院（课堂）都会联合当地使领馆、市政部门和文化教育机构举办演出、展览、艺术节、夏令营、中文比赛、教师培训等各类活动，得到当地各界人士的尊重和认可。毋庸置疑，俄罗斯的孔子学院（课堂）在传播中国语言与文化、培养本土中文教师、开展中文考试和教师资格认证、提供中文教学资源等方面发挥着重要作用。

目前，随着“中文热”的急遽升温，俄罗斯图书市场上的中文教材品类十分丰富，多达数百种，在专业图书销售网站上我们可以找到针对不同年龄群体以及不同课程类别的教材，例如供大学生使用的教辅书籍包括精读、听力、口语、语法、阅读、汉字及写作、翻译、语音、书法、成语俗语、国情文化、科技汉语（专业术语）、词典工具书以及音像教学资料。此外，还有 HSK 标准教程、中文等级考试各种真

---

① 2018 年新西伯利亚国立大学和新疆大学共建的孔子课堂升级为孔子学院；2019 年，俄罗斯新增 1 所孔子学院，承办机构与合作机构分别为克拉斯诺亚尔斯克阿斯塔菲耶夫国立师范大学和内蒙古师范大学。

题和模拟题集等等。

据笔者调查，各高校普遍使用的教材是俄罗斯著名汉学家、莫斯科国际关系学院汉语教研室前主任孔德拉舍夫斯基等编著的《实用汉语教科书》[①]和莫斯科大学教授扎多延科、黄淑英主编的《汉语入门》。部分高校甚至将《实用汉语教科书》作为唯一指定的教材用于精读、口语、阅读、视听说等多门课程。其他常用的教材还有供大学生使用的《基础汉语》《实用汉语新编》等，供儿童使用的《轻松学汉语》《幼儿识字》等。这些教材均用俄语讲解知识点，配有发音示意图、汉字偏旁部首表、笔顺规则表等，有利于学习者直观、正确地学习发音和拼写。从教材编者来看，“目前俄罗斯使用的中文教材主要有以下几种情况：（1）俄罗斯人自己编写；（2）与中国人合编；（3）使用中国出版的俄语教材”[②]。

需要指出的是，虽然俄罗斯中文教材的数量众多，但真正好用、合适的教材并不丰富，并且存有一些典型问题，例如：（1）部分内容比较陈旧，缺乏时代感，不能直观地反映现代中国的社会面貌和鲜活的语言气息；（2）未充分考虑到俄罗斯宗教文化、生活方式、价值观念的独特性，缺乏俄罗斯本土化特征；（3）多数教材过于注重语音训练、语法讲解，实践性不强，形式较为单一，口语交际方面的内容略显欠缺等。因此，在中文教材编撰方面，中俄两国具有广阔的合作空间。

五　中文教育发展趋势和未来服务需求

中俄是彼此最重要的紧密邻邦和战略伙伴，两国关系已进入全面

① 该教材以 1986 年我国商务印书馆出版的《实用中文课本》（刘珣著）为蓝本，对其进行翻译和改编而成。全书共两册，上册 30 课，下册 20 课，是目前俄罗斯高校中文专业使用最为普遍的教材。

② 崔钰：《俄罗斯汉语教材问题研究》，《黑河学院学报》2011 年第 2 期。

发展新时代。在两国元首的战略引领下，中俄各领域合作亮点纷呈，双边贸易额再创新高，人文交流方兴未艾，因此中文学习在俄罗斯拥有巨大的需求潜力和广阔的开拓空间。可以预见，随着“一带一路”建设力度的不断加大和“一带一路”与欧亚经济联盟对接效果的不断凸显，未来很长一段时期，中文教学在俄罗斯将保持健康、稳定的发展势头，其发展趋势主要包括：

第一，中文学习人数将会持续攀升，市场对俄罗斯的中文人才需求量将逐年扩大。目前俄罗斯人力资源市场中文人才缺口明显，尤其亟需复合型中文人才。据俄媒报道，“猎头网”（Headhunter）2022 年发布与中文相关的招聘岗位共计 7600 个，而今年一季度，这一数字已达 3800，与去年同期相比增长了 42%。[①]

第二，在中文教学过程中，除帮助学生掌握传统的语言技能（听、说、读、写、译）外，将进一步增进他们对中国文化的了解和认知，“中文热”将逐渐转为“中国文化热”；另一方面，将更加注重传授经贸、法律、旅游、工商等方面的知识，以更好地适应俄罗斯社会对“中文+专业（技能）”的复合型人才的需求。

第三，中文教学方式和手段趋向多样化和现代化，由传统的课堂教学向视频网络化自主学习的方向发展。多媒体教材、中文学习网站、手机 APP 软件，网络远程授课、中文培训班等多种教育资源将大大丰富学习者获取信息的渠道和自学语言的方式。

一路高涨的中俄经贸合作和人文交流不仅激发了俄罗斯国内中文学习的热情，同时也促进了相关的语言服务需求，这一点在中文人才培养、中文学习政策、语言学习资源与信息平台、中文咨询服务需求等方面都将有所体现。

---

① В России резко вырос спрос на владеющих китайским языком специалистов, The Moscow Times, 29. 03. 2023, https://www.moscowtimes.io/2023/03/29/v-rossii-rezko-viros-spros-na-vladeyuschih-kitaiskim-yazikom-spetsialistov-a38358, 07. 06. 2023.

首先，在人才培养方面，除中文翻译、导游、教师等传统的中文人才之外，还应培养各类复合型中文人才。俄罗斯市场需要大量熟悉法律政策、财务会计、项目管理等专业知识，从事基础设施建设、科学技术研发、计算机网络应用等工作的复合型中文人才。以中俄携手共建“冰上丝绸之路”为例，该建设的实施与推进需要大量既懂中文又懂港口设施建设、引航破冰技术、北极环境保护的专业人才，而此类人才的奇缺也是造成工程项目进展缓慢的重要原因之一。因此在人才培养中应尽快弥补这方面的不足。

其次，在中文教育政策与规划方面，中俄政府需加强合作，教育部门应放眼全局、制定一系列政策，以解决中文教学所面临的现实问题，如建立完善的师资培养和中文教学评估体系、提高教师福利待遇和社会地位、编写符合各类中文学习者需求的本土化教材，促进孔子学院（课堂）中文教学进入俄罗斯国民教育体系，采取措施妥善处理教育资源分布不均、生源质量参差不齐、教学手段单一等问题。

再次，在语言学习资源与平台方面，应以先进的技术理念、创新的思维方式开发利用中文教学资源和语言应用平台。中文教学可挖掘影视、音乐、文学、民俗、书法、旅游、武术、饮食等多方面资源，通过现代技术手段和不同的表现形式展现语言文化魅力，打造内容丰富、生动有趣的产品。如俄罗斯旅游部门开发的万里茶道国际旅游品牌，带领旅游爱好者寻访茶叶之路的遗址遗迹，了解茶叶贸易的形式以及与茶叶有关的故事和民俗；再如 Talkinglearn（手机 APP 软件）从发音技巧、声调辨认、汉字识别到汉字书写、词汇练习一应俱全，给学习者带来全新的学习体验。

最后，在中文咨询服务方面，应鼓励语言服务机构面向市场开发中文技术服务、中文工具服务、中文使用服务等一系列应用产品，提供语言咨询、文字策划、信息编辑、智库支持、情报分析、在线翻译

（语联网）等服务。语言在构建国家形象、提升文化软实力、服务经济建设中具有重要作用，只有各类咨询公司、科技公司、翻译公司、信息机构、政府部门、新闻媒体共同发力，才能打造出形式多样、功能互补、协调发展的中文应用服务体系。

新西伯利亚国立技术大学孔子学院中文教学情况调查

〔俄〕奥利亚　陈子骄　马　茜*

本次调查通过师生问卷、教师访谈等方法分析俄罗斯新西伯利亚国立技术大学孔子学院的教学情况，发现该孔院存在学生分班不合理、教材单一、教师经验较浅、教学方法缺乏针对性、课程安排不够合理、课外文化类活动参与度低等六个方面的不足。针对上述不足，从学员情况、教材使用、教师结构、教学方法、课程设置、文化体验等角度提出具体建议，以期改善当地的孔院建设水平和中文教学能力。

一　研究过程

（一）研究背景

据俄罗斯语言研究中心 2017 年 7 月发布的报告，1997 年后的 20

* 奥利亚（Mamonova Olga），大连外国语大学汉学院硕士研究生，研究方向为国际中文教育；陈子骄，大连外国语大学汉学院院长、副教授，中国东北亚语言研究中心兼职研究员，主要研究方向为国际中文教育；马茜，大连外国语大学汉学院硕士研究生，研究方向为语言学及应用语言学。

年间，俄罗斯国内汉语学习者人数从5000人增加至5.6万人。[①] 到2019年，汉语正式纳入俄罗斯全国统一考试，成为外语选考科目。[②] 新西伯利亚作为俄罗斯人口第三多的城市，与中国在经贸文教等方面接触交流较多，目前俄罗斯的21家孔子学院（分布在16座城市）中有两个就建在新西伯利亚，其中俄罗斯新西伯利亚国立技术大学和大连外国语大学于2007年9月合作成立的新西伯利亚国立技术大学孔子学院（以下简称“新西孔院”），是俄罗斯中部地区首个孔子学院。成立以来，两校通力合作，不断加强孔院制度建设、规范管理工作、提升办学水平；孔子学院学生人数稳步增加，教学质量不断提高，文化活动日益丰富；孔子学院逐步融入当地社会，影响力不断扩大，实现了稳定快速的发展。2010年，新西孔院被孔子学院总部/国家汉办评为“先进孔子学院”。基于新西孔院的影响力和未来的发展趋势，对此处使用的教材、教学法、课程设置和师资力量等情况进行细致的调查研究，可以摸清当地的中文教学方式、学习者情况，为本地区孔院和其他中文教学机构的发展提供助力。

（二）研究对象、研究方法

研究主要采用问卷调查法，基于调查结果，对其中的典型样本进行深入访谈。调查问卷针对不同调查人群分别设计：教师问卷设19问，包括教师基本情况、对教材的评价、对学生动机的评价、使用的教学法等四个部分；学生问卷根据塔吉娅娜[③]调查研究设计，部分问题有调整，共设25个问题，分为学生基本情况、教材情况、师资情况、

① Китайский язык становится популярным в России, http://russian.china.org.cn/exclusive/txt/2017-07/29/content_41309901.htm.

② Рособрнадзор: введение ЕГЭ по китайскому языку повысит уровень его преподавания в школах, https://tass.ru/obschestvo/5580589.

③ 塔吉娅娜：《俄罗斯远东地区孔子学院汉语教学现状调查研究》，黑龙江大学硕士学位论文，2017。

课程安排、课外教学活动等五个部分。师生问卷分别在课间发放 9 份、150 份，回收率分别为 100%、76.7%。在后续访谈中，主要了解师生对中文教学的认识、认为目前中文教学存在的问题，以及一些问卷未涉及的细节，对调查得出的结论进行补充。

二　俄罗斯新西孔院中文教学现状

（一）孔院概况

新西伯利亚国立技术大学是西伯利亚地区规模最大的大学之一，成立于 1950 年，至今开设本科与硕士专业 95 个，其中国际关系与区域学教研室下设亚洲研究，包括汉语专业。2007 年 9 月，新西伯利亚国立技术大学与大连外国语大学合作，开始建设新西孔院。2008 年 1 月，新西孔院成为 HSK 正式测试中心，每年 3 月、12 月举行汉语水平考试。2018 年 3 月，考生人数 10 年以来首次超过 400 人，考生来自新西伯利亚和西伯利亚地区其他城市。[①]

2007 年以来，新西孔院已经举办了 300 多场与中文和中国文化相关的活动，参与人次超过两万。这些活动包括庆祝春节、中国国庆等中国节日，举办各类比赛，组织教师资格培训、国际科学实践会议等职业和学术活动。

在孔院课程设置上，孔院的一对一个别教育课程全部根据学生的要求安排，没有固定的课程表。书法课、HSK/HSKK 辅导课作为专题课程，上课时间短，上课的学生较少。能相对全面反映孔院中文教学一般情况的，是学习人数较多的暑期课程和夜班课程。

以夜班课程为例，夜班中文教学计划以培养学生良好的语言能力、进一步了解中国文化为目标，主要分四个阶段教学：初级阶段、中级

① 参见 http：//www.confucius.nstu.ru。

阶段、高级阶段、高级继续阶段。计划内课时数逐级递增。

根据新西孔院官网数据，夜班课的人数为每班8—12人，根据学生汉语水平分班。2020年前，该孔子学院每年大概有39个班，每个班学生数约为13人，每学期的学生总人数都超过200人。

（二）孔院中文教学情况分析

根据调查结果，我们从以下六个方面分析新西孔院的中文教学情况：

1. 学员情况

孔院学员的职业和年龄结构并不平均。职业结构上看，大学生占比相对较多，达40%，中小学生、职工分别占比30.4%、29.6%，这些人群都存在汉语学习需求。但考察学员年龄结构，可以发现其中10—20岁的有58.3%，占一半多，21—30岁的占23.5%，31—40岁的仅占10.4%。

学员汉语学习时间大多不长，学习意愿较强。到孔院学习前，56.5%的学员完全没有学习过汉语，60%的学员在孔院学习时间不到半年，有83.48%的学员计划在学期结束后继续在孔院学习汉语。

学员学习动机多样，兴趣驱动占主导。在调查中，半数以上学员都表示个人兴趣是学习汉语的一大原因，其他的常见原因还有工作需要（40%）、留学需要（35.7%）、旅游需要（33%）。对文化或艺术的兴趣会促使提高学习外语动机，我们也因此调查了学员对武术（13.9%）、太极拳（10.4%）、剪纸（10.4%）、中国结（8.7%）需要更专门的训练，但这些不如书法和茶艺流行，也有学员写出了自己的答案，如国画、中国文学、建筑艺术、中国菜、电影、漫画等。受访教师则一致对学生积极性给出了较高评价，认为学生上课很活跃，能够积极参加课堂活动。

2. 教材使用情况

新西孔院使用的教材种类比较多，有《新实用汉语课本》、《汉语新目标》、*Advanced Spoken Chinese* 等，每学期每班根据实际情况选择一种教材进行教学。调查涉及的教材有不同等级水平的《HSK 标准教程》和《新编汉语新目标》。

《HSK 标准教程》由北京语言大学姜丽萍主编，全套教程对应汉语水平考试的六个等级，教学内容的编排针对考试，其中一到四级课本出版于 2014 年，五级课本出版于 2015 年，六级课本出版于 2016 年，一律配有英文注释。《新编汉语新目标》出版于 2012 年，由俄罗斯汉学家易福成主编，配有俄语注释，面向俄语为母语的学生。

从调查结果来看，孔院师生对两套教材都比较满意。《HSK 标准教程》考试重点、知识点详细，备考针对性强，这套教材的课本结构也很受好评，通过热身、课文、注释、练习、运用、扩展，可以让学生一步一步地学习每一课的内容，教师根据课本内容可以循序渐进引导学生学习，课堂教学过程有的放矢，讲练结合。但在当地使用过程中，课本的生词翻译和相关解释都只有英语、没有俄语，仍为教学带来了一些不便，另外，也有师生在调查中反映了口语实践和课后练习少、词汇量较小、汉字教学针对性不足、语法例句解释较难等问题。而对本土教材《新编汉语新目标》，其“课本结构”也是师生评价中的一个突出优点，每课都编排有课文、新词语、注释、语音、汉字、语言点、练习、语言知识，很清楚全面。比较两套教材，教师指出《新编汉语新目标》存在系统性更强、有俄语注释这两大优势。

课本结构和语法解释，是学生学习和教师授课过程中都非常注重的因素，而增加俄语翻译，提高教材的国别针对性，在学员中也有较高的呼声。这都是国内研发中文教材、中文教学资源时需要注意的问题。

3. 师资情况

新西孔院 77.8% 的教师持有硕士学位，22.2% 的教师有本科学位，所有教师都具有语言类教育背景，其中 55.6% 的教师专业是俄语，其他大多毕业自汉语言文学、汉语国际教育、对外中文教学、外国语言学及应用语言学(英语)等专业。大多数教师的教学经验在1—3年，孔子学院每年都为汉语教师组织教学培训，培训的内容包括汉语基础知识、中国文化技能等。

除了学习中文本身以外，老师向学生介绍中国文化的能力也很重要，熟悉文化有助于保持学生对所学习语言的兴趣。66.7%的教师掌握剪纸和编中国结，22.2%的教师掌握武术、太极拳、书法、茶艺。跟学生对中国才艺的兴趣偏好对比，教师掌握的才艺与学生的期待尚不完全一致，学生最感兴趣的书法与茶艺，只有两位老师掌握。

4. 教学方法

A. R. 阿里克贝罗娃[①]在中俄人文关系调查中发现，一半多受访者倾向于传统学习形式，即老师讲授和解释。她推测因为汉语文字和语音系统与俄语和其他欧洲语言系统不同，所以汉语学习形式中，创新的教学法、电子教育资源的使用仅适合作为传统形式的补充。

上课时，教师根据不同的课堂教学场景选择多种多样的教学方法。最常用的教学方法是听说法，可以有效促进学生口语水平的提高；88.9%、55.6%的教师常用翻译法和讲授法；同时66.7%的教师积极使用实物、图片展示等教学技巧。为了保持学生的积极性，教师常常在课堂上组织展开讨论(77.8%)、玩游戏(55.6%)，有时也为学生播放视频、进行课堂提问。

此外，教师使用的教学语言以汉语为主，其中三位老师在课上完全使用汉语；而在调查学生期望时，初级阶段的学生也比较期待老师多用汉语。从课堂师生互动来看，新西孔院为学员学习提供了良好的语言环境。

---

① Alikberova A. R., Mukhametzianov R. R. "Humanitarian Relations in the Russian-Chinese Communication System: Outcomes of the Research", *The Institute of Oriental Studies of RAS*, 2016.

5. 课程安排

每个等级课程的学习时间为三个半月(90 学时)，一个星期有 2 节课，每节课为 3 小时，通常 18：30 上课，21：00 下课，课间休息时间为 15 分钟。大体上，学生对汉语课数量是满意的，也有部分学生觉得课程进度太快，来不及掌握全部的教学内容。

6. 课外活动

参加调查的学员中，有 53.91% 从未参加过孔子学院组织的课外活动，而学生参与度较高的孔院活动主要有孔子学院日、汉语比赛、春节活动、音乐会等。此外，为帮助学员提高口语水平，孔院还开设了会话俱乐部，有 13% 的受访学员参加过俱乐部活动。课外活动的参与度主要受到孔院宣传力度、学员自由时间安排等两个因素的影响。

三　新西孔院的个性优势、现实挑战及相关建议

（一）新西孔院中文教学优势

新西孔院在中文教学方面具有以下几个方面的优势：

该孔院一大显著优势在于它能够吸引不同职业与年龄的学员。孔院的中文教学吸引了中小学生、大学生与在职人员，年龄跨度从 10 岁到 70 岁以上，这从侧面说明许多人都希望到孔子学院学习汉语，而新西孔院有条件能够保证满足社会的汉语学习需求。新西伯利亚人认可新西孔院，信任该学院的教学，对一半被调查者而言，新西孔院是他们学习汉语的首选。从调查结果来看，上课时孔子学院的学生学习汉语的积极性高，对中国文化也感兴趣，几乎所有的学生都有喜欢的中国才艺，具有较高的学习汉语动机，大部分学生对孔院中文教学内容和学习条件很满意。

在教材使用上，孔院的教材种类多样、体系完整，能够有针对性

地满足不同学员的学习需求。以广泛使用的《HSK标准教程》为例，尽管需要翻译成俄文并调整部分细节，但总的来说，孔院师生非常认可这套教材的课本结构和语言解释，辅助的视频、生词卡、网络教材也大大丰富了教师的教学手段和方式。

师资队伍具备教学优势。一来，教师受教育程度高，都有语言教育经历并接受过汉语教师培训。学生对教师的知识讲授、课堂趣味性和互动性等的评价都很高。二来，教师队伍中，除一名俄籍教师外，所有教师均为中国教师，孔院有良好的汉语语言环境和中国文化氛围。

孔院使用的教学方法生动多样。上课时教师使用的教学方法偏重听说法，注重课堂讨论，关注提高学生的口语水平。面向中小学生的授课中，教师则经常通过游戏进行教学，让学生通过竞争和互动一边学汉语，一边保持学习的兴趣。另外，中文教学主要用汉语进行，这不仅满足了学生期待，而且大多数学生也能够理解授课内容。

孔院课程设置合理。学生大体上对汉语课的数量安排很满意，认为作业量是合适的，61%的学生每次作业的完成时间为1—2小时，包括通过自主学习在课后进行语言实践。

孔院为当地中国文化活动和语言类赛事提供平台。这些活动通常都是城市性或区域性的，除了孔子学院的学生，新西伯利亚地区的所有居民都有机会通过这些活动了解孔子学院、了解中国。每年孔院还会庆祝中国传统节日，这些活动让学生更深入地了解中华文化，学习新词汇，通过汉语结交新朋友。

（二）新西孔院中文教学面临的挑战

孔院在以下几个方面还可以继续改进：

从现有学员群体的特点看，学员的班级分配方式和他们对中华才艺的兴趣是孔院需要关注的。孔院吸引的学员结构比较复杂，管理人员如何合理分班也因而成为一个问题，个别班级学员人数过多，教师对学生的关注不足，有的班级学员年龄跨度较大，共同话题很少，不利于良好的课堂互动。再者，对中国文化的兴趣是许多学生的汉语学习动力之一，但教师在课堂上所教授的中国文化知识并不能够达到他们的预期。学生对中国才艺的认识也不够深入，往往局限于书法和茶艺，中国优秀传统文化的方方面面，例如中医、武术、京剧、太极拳等，还需要教师带领他们去深入探索和发现。

从教材的针对性和适用性来看，尤其是引进教材仍需改进。国人编写的教材因其编排体例、母语编著而受到认可，但在海外使用时会面临当地教学的实际问题。《HSK 标准教程》是新西孔院最常用的引进教材之一，但这套教材只有英语翻译，部分学员看不懂注释，还需要去查英语词典，增加了学习负担。而教材书后练习不能满足实际的训练需求，又要求教师自己补充练习，或自编新题，或从其他教材、习题册中摘取，增加了备课负担。

从师资结构来看，部分教师教学经历仍显不足，本土教师的力量尚未得到充分发挥。孔院教师的教学经验基本在三年以内，其中只有两位毕业自汉语国际教育和对外中文教学专业，其他老师并没有在国际中文教育方向得到过体系化的专业训练。另外，教师掌握的中国传统艺术技能跟学生的兴趣不一致，只有两位老师掌握茶艺与书法，而学生对这两种技能的期望值是最高的。此外，俄罗斯本土教师数量远远不及中国籍教师，这一方面确实有利于学生学习地道的汉语、了解中国文化，但是，中国师资缺乏稳定性，公派教师和汉语志愿者一般都有 1—2 年的任期，最多只会在一个教学机构停留 4 年，中方教师在教学安排和教学方法、教学目标的达成等具体问题上，常常是不连贯的。

在教学方法上，课堂教学方法的针对性有待提高，对读写能力的培养略弱于听说训练。受对外中文教学传统影响，教师主要使用听说法进行中文教学，重视听说训练，强调句型的机械训练，尽管有

55.6%的教师认为写作是学生的弱点，但学习过程中仍然缺乏读写操练。另外，我们了解到有成年学员并不适应在课堂中通过游戏练习方式进行学习。

现行的课程设置并不完全适应学员需求。孔院会在工作日的晚上安排课程，对于刚下班、刚放学的学员来说，这一时段的学习效果不尽如人意；兼之课程时间安排不灵活，基本没有调课空间，让那些有学习意愿、但工作时间与上课时间冲突的潜在学员，无法参加孔子学院晚上的课程。此外，也有学生在回答问卷时提出了其他意见，如认为15分钟的课间休息时间短，还有18.3%的学生希望每个星期多设置一些汉语课，让他们有更多的时间消化和掌握教师所授的内容。

孔院活动的学员参与度低。虽然孔子学院举办了许多语言和文化活动，但是大部分学生没有来参加课外活动，以会话俱乐部为例，调查显示87%的学生因为没有时间或者没收到任何通知等原因，从未参加会话俱乐部，这就使得会话俱乐部的活动没有起到应有的作用。究其原因，可能是教师对于活动的宣传、引导不够，学生不了解活动的内容和趣味，参与的积极性不高。

（三）几点建议

基于调查分析所得新西孔院的优势和现阶段的不足，对新西孔院乃至该地区或其他地区的同类中文教学机构，给出以下几条参考建议：

1. 控制班级人数，增加班级数量。目前已有的班级人数应该尽量减少，一个班最好有6至12个学生，以保证学生在课堂上的练习机会。分班的时候应该考虑到学生的年龄，年龄相近的人更易交朋友，更容易开展互动和组织活动。按照年龄和汉语水平组织在一起的班级，老师也可以使用更有针对性的教学方法，按照学习者年龄制定汉语课程，包括选择适宜的教材、教学法，安排课程时间等。

2. 在现有教材基础上，应增加写作练习用的内容，加强对数字资源的利用，着手本土教材的编写。课外，教师可以给中级、高级班的学生提供一些课外阅读材料，比如《中国日报》等，学生在课后也可以继续练习书面汉语，接触正式的汉语写作规范，了解当代中国的情况。新西孔院学员规模较大，如有条件，孔院中俄教师可以合作编写出俄罗斯学生喜闻乐见的、符合他们学习目标和学习需求的本土化教材。当下中文教育类数字资源和线上平台建设迅速，教师可以选取合适的手机应用和电脑教学软件介绍给学生，让学生在空闲时也可以通过游戏、练习来学习汉语。电子词典应用能快速查词、创建抽认卡练习生词，许多应用还都配有详细的汉字笔画与笔顺讲解，可以让学生更快更好地掌握汉字的写法，提高练习汉字书写的兴趣。

3. 在师资力量建设上，一要提高教师队伍专业能力，二要多培养合格的本土汉语教师。现任教师大部分并非中文师范类（对外中文教学、汉语国际教育）毕业生，可以多组织这些教师参加技能培训，积极参与学科内的学术讨论会，提高自身的教学能力和科研能力，研讨新的教学方法、教学和课堂管理等技巧，结合当地学员需求，也建议教师深入学习中国文化知识，至少掌握一门中国才艺。而本土汉语教师的培养，是解决汉语师资问题的根本办法，可以从两个方面入手：一是挑选合格的高中生或本科毕业生，通过孔子学院奖学金送到中国攻读汉语国际教育本科专业或硕士专业，毕业后回到孔子学院担任本土汉语教师；二是选拔优秀的本土汉语人才，通过培训提高知识理论水平和教学水平，使其成为合格的本土汉语教师。

4. 合理安排课堂读写操练，鼓励课后读写训练和日常生活中的汉语使用。孔院课程以综合课为主，课上的阅读任务有时会占据过多的宝贵时间，这种情况下可以布置为课后作业；写作任务则可以适当引入课堂，教师关注写作训练的方法，运用生动有趣的练习，循序渐进地训练，逐步提高学生的写作能力。不过，课上时间是有限的，写作练习也可以以作业形式留给学生，比如写短文或对话、段落仿写、自由日记等。此外，要鼓励学生在日常生活交际中多使用汉语，主动为自己创造有利的语言环境，如多接触中国文化类的书籍、观看中国电影、参加各种跟中国有关的文化活动等，教师应做好介绍引导的工作，帮助学生全面认识中国文化。

5. 课程设置上，在排课时需要了解学员需求。当前汉语夜课上课的时间较晚，不适合有些想学汉语的人，建议增加上午和周末课程，让更多学生容易找到适合自己的上课时间；休息时间也可以按照学生的要求延长一些，让学生在一个半小时的课程后有更多的缓冲和休息时间。学期排课之初，可以对有汉语学习需求的学生进行调查，从学员的学习目的、学习需求、学习时间、可以接受的学习方法等方面，深入和全面了解学生的需求，根据学生的具体情况和学习需求，进行教学的整体设计，以增加学员数量和设立适合学生需求的课程安排。

6. 课外组织的各类活动对内对外都应加大宣传力度，针对当地人兴趣开设更受欢迎的文化体验课程。鉴于过往经验，建议孔院在活动之前，做好宣传和告知工作，给学员们介绍目前举办的活动，不仅要向学习汉语的学生宣传，也需要通过媒体向社会和社区受众进行宣传，扩大活动的受众面。可以继续利用孔子学院在当地和周边地区的影响力，定期举办“汉语周”“中国文化节”“中国电影节”等活动，吸引更多的人参与其中，增加中国文化宣传和推广的机会，扩大中国文化在当地社会的影响力，提升孔子学院的知名度，促进中文教学的发展和中华文化的传播。加大中国才艺的推广力度，如剪纸、中国结、武术、太极拳、中医等，按照学生兴趣邀请专业中国才艺教师或者专家参与课堂教学、开设专题课程，汉语教师随堂翻译、解释，让学生有机会跟艺术家交流，了解文化知识。

本次调查仅针对新西伯利亚国立技术大学孔子学院，从学员情况、教材使用、教师结构、教学方法、课程设置、文化体验等几个主要维度分析其优势和不足，可供相关人员参考。凭借在当地的影响力，新西孔院可以在继续保持当前中文教学优势的基础上，适应当地需求、扩大本土化优势。中文教学是因地而异、与时俱进的，在今后研究中，不论是对当地中文教学情况的分析，还是对其他地区孔院教学工作的探讨，都需要继续结合新的发展建设情况，以动态眼光深入考察。

蒙古国立大学孔子学院中文教学研究*

秀　云**

蒙古国很早就开始关注外语研究，尤其是汉语、满语、藏语等东方语言的研究，近年来有不少蒙古国学者运用汉语等东方语言撰写著作。早在1949年，中华人民共和国与蒙古人民共和国(现蒙古国)建立了外交关系，蒙古国派遣乔伊·拉乌桑加布、齐·达来、德·班迪呼、敖·阿迪亚、日·尼玛苏荣和列·满拉加布6人到中国学习中文，成为第一批中文学习者，奠定了蒙古国汉学研究的基础。蒙古国学者的《蒙古国汉语教学现状及展望》一文中把蒙古国的汉语教学历程分成3个发展阶段。第一阶段为1957—1964年，此阶段蒙古国立大学外语系首先开设了汉语课程，培养了蒙古国最早一批汉学家和汉语人才。第二阶段是1975—1990年，由于中蒙关系在20世纪60年代初陷入了“严寒”，汉语教学也被迫停止，直到1973年汉语教学才逐渐恢复。1975年蒙古国立大学外语系正式开设汉语班，至此蒙古国的汉语教

---

* 本篇文章已发表于《赤峰学院学报》(社会科学版)2023年第4期。

** 秀云，大连外国语大学中国东北亚语言研究中心研究员，副教授，主要研究方向为蒙古国国别研究、少数民族文献研究。

学逐渐发展起来，汉语学习者的规模不断扩大，师资力量也越来越雄厚。第三阶段为1990年以后，随着中蒙两国友好关系的进一步发展，蒙古国的汉语教学事业也快速发展。中国大力支持蒙古国的汉语教学事业，不断给予人才、设备、资金等方面的支持，推动了蒙古国汉语教学的发展。

随着中蒙两国关系的日益密切，蒙古国的中文教学也不断深入，汉语已经开始成为重要的外语。蒙古国汉学家于2003年成立蒙古国汉语教师协会。2004年，经蒙古国教育文化科学部批准，中小学汉语奥林匹克比赛列入蒙古国家级外语奥林匹克比赛。

本文选取了蒙古国立大学孔子学院作为研究的个案，梳理了蒙古国的中文教学现状，研究了中华文化传播的途径和成效，详细分析了其文化传播的主要领域。蒙古国立大学是蒙古国最早建立的大学，也是从事中文教学较早的学校。孔子学院是非营利性教育机构，致力于满足世界各国人民对汉语学习的需要，加深世界各国人民对中国语言文化的了解，加强中国与世界各国文化交流合作，发展与外国的友好关系，促进世界多元文化的发展，进而推动构建和谐世界。[①] 因此，孔子学院不仅仅是国际汉语教学的教育机构，更是一个文化传播和交流的中心。

蒙古国立大学孔子学院的中文教学，其目的是介绍中文和传播中国文化，培养汉语人才。语言是文化的载体，中蒙两个国家有着不同的语言环境，每个词语因语境不同，可能有着更深层次的含义。中文教育让中蒙两国人民更加亲密，让蒙古国人更深入了解中国，也给蒙古国人民提供了教育、文化、经济、贸易的平台。但是蒙古国的中文教育也面临着各种难题，比如文化活动重于中文学习、没有明确的培养目标和完整的教学大纲、学生重口语轻汉字等。文中通过梳理蒙古

① 见国家汉办/孔子学院总部网站，https：//ci. cn。

国立大学孔子学院的中文教学现状，研究中文教育的困境和未来发展的方向。

一 蒙古国立大学孔子学院简介

位于蒙古国首都乌兰巴托的蒙古国立大学孔子学院，成立于2007年6月，于2008年5月正式揭牌，是与山东大学合作的、蒙古国唯一一家孔子学院，也是目前规模和影响力最大的孔子学院。虽然是蒙古国立大学直属教学机构，但在人员聘用和财务管理方面相对独立。其具备多年文化传播的经验，开展了多项中国文化传播、中蒙文化交流项目，是一所综合性的孔子学院。2010年和2012年，学院两度被总部评为“全球先进孔子学院”。2011年12月11日，蒙方副院长其米德策耶荣获“全球孔子学院先进个人”奖。2014年3月12日，朱军利院长荣获蒙古国教育部嘉奖。2014年8月，国家主席习近平访蒙，接见了蒙古国立大学孔院代表。2015年3月，蒙古国立大学孔院主办的《蒙古国汉学研究》创刊号发行仪式成功举行。2016年7月，李克强总理访蒙，接见了蒙古国立大学孔院代表。[①]

历经多年的积累与建设，蒙古国立大学孔院招生规模扩大了数倍，现下设有5所教学点，即希望中学、国立二十三中学、贺希格中学、达尔汗彩虹中学和国立十八中学，还设有11个孔子课堂，现有5000余名学生在学习中文，有14位中国公派专家教师和47名汉语教师志愿者，师资队伍逐渐壮大，教学水平持续提高，已发展成为蒙古国汉语教学与师资培训基地、汉学研究与文化传播基地、HSK考试与奖学金推荐中心，在蒙古国享有广泛的知名度，赢得了良好的口碑和信誉，成为中蒙两国人文交流的楷模。

---

① 见内蒙古国立大学孔子学院官网，https：//www. confuciusinstitute-num. org/。

蒙古国立大学孔子学院下设办公室、汉语教学部、志愿者管理部、学术研究部、媒体宣传部、汉语人才就业服务中心、孔院艺术团等机构。其中汉语教学部主要负责孔院本部的课程设置、分班测试、教材选用、教学计划制定、教学管理、教学评估、教学质量提升及教学档案管理，并且要跟进各个下设课堂和教学点志愿者的教学管理，对每学期开设的课程进行课堂旁听、指导和考核。孔院艺术团主要负责开办中国舞蹈、武术、书法、曲艺等文化兴趣班，培养艺术团骨干力量，承接对外的公益性质的演出等。

二　蒙古国立大学孔子学院教学力量

蒙古国立大学孔子学院的教学力量体现在教师、教学点、学员、课程设置四个方面。

（一）教师

孔子学院中文教学中教师起着主导性作用，中文教师既是孔子学院这个组织的教师，更是文化大使，传播着中华文化，肩负着推广中文与弘扬中华文化的光荣使命。在此过程中，中文教师一方面要具备中文基本理论知识，掌握一定的课堂教学技巧，另一方面，也要具备丰富的中蒙两国的文化知识。

蒙古国立大学孔子学院教师由公派专家、汉语教师志愿者、蒙方教师组成，其中汉语教师志愿者占总数的一半以上。在选拔汉语志愿者教师时，要求其为汉语国际教育（对外汉语）专业或中文等其他相关领域专业，具有本科及以上学历，志愿者教师团队整体偏年轻化，从事汉语教学、组织文化活动等。部分师资情况见表1。

蒙古语言表达能力不足是蒙古国立大学孔子学院教师的共同难题，大部分公派教师只掌握了少量蒙古语言文化，课堂教学中不能使用蒙汉双语讲解，而辅助语言只能用英语代替。

公派汉语教师是教育部和中华人民共和国语言合作中心根据外国教育交流协定和对外教育机构对汉语教学的需求，派遣的汉语顾问和汉语教师。为了补足各国汉语教师的短缺，教育部从2004年开始一直在实施汉语教师志愿者招募计划。为了满足学院业务的需求也在当地聘用蒙方教师，协助汉语教师完成教学任务。

表1　蒙古国立大学孔子学院部分师资情况表

性别	学历	教师类别	专业	教龄(年)	研究方向
女	研究生	公派专家教师	亚非语言文学	28	比较语言学
男	研究生	公派专家教师	汉语言文学	—	汉语国际教育
女	大学	公派专家教师	思想政治教育	29	中小学课堂管理及汉语言教育
男	研究生	公派专家教师	汉语言文学	12	汉语言学与文学
男	研究生	公派专家教师	汉语国际教育	7	汉语国际教育
男	大学	公派专家教师	体育教育	9	体育与健康教学
女	研究生	公派专家教师	英语语言文学	8	英美文学
男	研究生	公派专家教师	民族传统体育学	8	太极拳、健身气功、舞狮
女	大学	公派专家教师	对外汉语	8	对蒙汉语教学
女	研究生	公派专家教师	汉语国际教育	7	汉语国际教育
女	大学	公派专家教师	汉语言文学	9	汉语国际教育
女	研究生	公派专家教师	汉语国际教育	9	对外汉语教学
女	大学	公派专家教师	对外汉语	7	汉语语法学
男	大学	志愿者教师	戏剧影视导演	7	戏剧导演
男	大学	志愿者教师	汉语国际教育	3	对外汉语教学
男	大学	志愿者教师	汉语国际教育	5	对外汉语教学
男	研究生	志愿者教师	太极拳与传统体育教学	3	中华武术(太极拳)
女	大学	志愿者教师	学前教育	4	学前教育
女	研究生	志愿者教师	汉语国际教育	3	汉语国际教育

（续表）

性别	学历	教师类别	专业	教龄（年）	研究方向
女	研究生	志愿者教师	中国古代文学	4	元明清文学
女	研究生	志愿者教师	汉语国际教育	7	汉语国际教育
女	研究生	志愿者教师	汉语国际教育	5	汉外语言对比和跨文化交际
女	研究生	蒙方秘书	蒙汉语研究专业	11	对外汉语
女	研究生	蒙方秘书	对外汉语	8	对外汉语教学

（二）教学点

自2010年与达尔罕彩虹中学、国立二十三中学、希望中学、贺希格中学、国立十八中学建立合作以来，蒙古国立大学孔子学院一直支持他们的汉语教学，并且提供汉语教师和汉语教材。蒙古国汉语教师志愿者大都任教于3—12年级，“贺希格”“希望”“达尔罕彩虹”等双语学校本土教师教中年级班和高年级班的汉语课程。这三所双语学校跟国立十八和国立二十三中学比较起来，汉语教学内容较丰富，汉语教师队伍也更稳定。

（三）学员

蒙古国立大学孔子学院是中蒙合作办学的教育文化机构，因此和蒙古国教育系统有着密切的联系，面向的群体主要是蒙古国大学生、中小学生。近年来，学院没有局限在教育机构的框架内展开教学活动，已开始越来越注重融入当地社会和本土文化，面向蒙古国普通民众授课。每年的招生范围也拓展到了全社会。如每年春季、秋季两次招生，招生对象为不同性别、年龄、职业、汉语水平的蒙古国长期汉语学习者，每班招收7人以上就可开课，由孔子学院的中方教师授课。面对常规汉语学习班的学员，参照不同等级的HSK教学内容标准，全面学习各等级词汇、语法、阅读、书法等方面知识，逐渐提高学习者的中文水平。还设有新 HSK 线上培训班，主要招收拟参加新版 HSK 四级、五级、六级的考试者，讲解和训练答题技巧，提高考试成绩。

（四）课程设置

根据孔子学院章程，其业务范围包括如下五方面：开展汉语教学；培训汉语教师，提供汉语教学资源；开展汉语考试和汉语教师资格认证；提供中国教育、文化等信息咨询；开展中外语言文化交流活动。

所设置课程有汉语基础课、汉语口语课、汉语词汇课、汉语读写课、汉语语音课、翻译理论、社会政治翻译、HSK 辅导课。针对 HSK 初高等考生，根据蒙古国考试需要，设置相应的课程。除此以外，还开设商贸汉语培训班、蒙汉翻译及公文读写班、汉语师资培训班、中华文化课等。中华文化课又包括风俗习惯、文学艺术、历史地理、价值观等内容。

按照蒙古国教育部门发布的中小学分班制度，1—4 年级是低年级，5—9 年级是中年级，10—12 年级是高年级。蒙古国大部分中小学汉语教学当中，蒙方教师教授 1—2 年级的基础和口语课程，因为低年级学生接受能力较差，蒙古语水平较低的汉语志愿者教师来教授汉语课程时存在沟通障碍。

总体来说汉语教师志愿者教授 3—12 年级的汉语课程时基本不会出现教学方面的问题。虽然 3—4 年级也算是低年级，不过他们的接受能力与 1—2 年级学生相比有很大的提升。5—12 年级学生除了汉语课程以外还要学习英文，所以蒙古语水平较低的汉语教师志愿者可以把英文当成他们的辅助语言。

蒙古国学生注重汉语的语法、口语，认为熟练运用汉语就可以跟中国人无阻碍地交流，而忽视了汉字的运用，导致汉字知识薄弱。教材使用方面，汉语教学大部分使用中国国内高校专门为外国留学生编写的对外汉语系列教材，比较常用的是《对外汉语本科系列教材》《实用汉语课本》《初、中、高级口语》《汉语口语教程》《速成汉语基础教程》等。

文化内容在汉语课堂教学中的传播是一个极富挖掘价值的教研、科研课题，而在非汉语文化语境下的文化教学，则更具挑战和新意。一次完善的文化教学，应该涵盖纸质文本的介绍、传授者的口讲指画、实物的展示、学习者的亲身体验、影像资料、虚拟网络等多种方式。

三　蒙古国立大学孔子学院中文教育特点

（一）中文教学

孔子学院主要承担推广汉语和传播中华文化两个并行的重要职能。蒙古国立大学孔子学院的汉语教学，其实质就是在传播中华文化，提出内容设置、传播理念、模式探索等一系列传播策略，力求提升中华文化的传播效率和国际竞争力，培养欣赏、认同中华文化并致力于中外文化交流的友好力量，推动汉语国际推广事业的可持续发展。

学院汉语教学方面主要开设非学历教育和学历教育课程。非学历教育长期开设初/中/高级汉语综合课、蒙汉翻译、商务汉语课程，满足各层次汉语学习者的需要，并为成绩合格者颁发结业证书；学历教育有涵盖从小学到大学完整的学历教育课程体系。

学院设有中国政府奖学金和孔子学院奖学金项目，中国政府奖学金是每年3—4月通过考试从孔子学院优秀学员中择优推荐赴华留学，孔子学院奖学金是每年4—5月通过考试从孔子学院优秀学员中择优推荐赴华留学。

学院每年举行本土师资培训与国际汉语教师证书考试，每年的7月至8月份组织蒙古国本土汉语教师赴山东大学进行为期3周的沉浸式培训。蒙古国立大学孔子学院作为蒙古国唯一的汉语教师证书考点，每年举办国际汉语教师证书考试，方便教师们在教学过程中更好地实现“教考结合”，提升自我综合能力。学院还举办汉语水平(HSK)培训和考试。帮助考生深化所学知识，提高应试技能，针对性强，效果显著。作为蒙古国最大的HSK考点，学院每年定期举办三次汉语水平和汉语水平口语(HSKK)考试。

“汉语水平考试”是赴华留学的敲门砖，也是中蒙企业人才招聘的重要标尺。作为蒙古国历史悠久的汉语水平考试服务机构，而且是能成规模持续提供考试服务的蒙古国考点，蒙古国立大学孔子学院秉承“以考促教、以考促学”的原则，积极推行汉语水平考试，并促进下设课堂和教学点将其纳入本校的中文教学质量评估体系。2021年12月15日，蒙古国立大学孔子学院的学术课题“HSK三级近义词辨析”在线课程开发项目由教育部中外语言交流合作中心批准立项。

2020年以来，为服务蒙古国广大考生，蒙古国立大学孔子学院积极尝试线上考试，并逐渐摸索出一套成熟的线上服务流程，培养了一批相对稳定的本土监考教师队伍。仅2021年就举办线上考试8次，全年考生达4100多人，极大地满足了蒙古国考生的考试需求[①]，并荣获2021年度全球“中文考试优秀考点”称号，证明蒙古国立大学孔子学院考试服务工作得到了充分肯定和高度褒奖。

学院还定期举办学术会议、学术调研活动。先后出版了《蒙古国汉学研究》《翻译学研究》等国际期刊，致力于本土汉语教材研发和中国文化典籍翻译工作，出版发行了《中文典籍译丛》(含《论语》《孙子兵法》《大学》《中庸》)、《简明常用汉字字典》(蒙文本)、《我们知道又不知道的中国：思维和文化》等书籍，还承担了“一带一路”课题研究项目，积极促进中蒙学术交流与合作。

（二）文化活动

每年的农历二十四节气之谷雨是“联合国中文日”。2023年是

① 见蒙古国立大学孔子学院官网，https：//www. confuciusinstitute-num. org/。

“联合国中文日”启动以来的第13个年头，也是“国际中文日”设立以来的第3个年头。为了庆祝这一节日，蒙古国立大学孔子学院策划举办了系列活动，如汉语节、中学生汉语桥大赛、大学生汉语桥大赛、汉字硬笔书法比赛和汉语故事会等。

蒙古国立大学孔子学院热衷于教育文化交流活动，数次成功派出优秀学员赴华参加夏令营和冬令营，组织赴华师资培训团、蒙古国教育官员访华团、蒙古国大中小学校汉语教学负责人访华团、山东大学校长和蒙古国立大学校长互访团、蒙古国汉学家访华研修团等到华交流学习。

学院还举办丰富多彩的文化活动，如：中华传统文化体验讲座；“汉语桥”世界大、中学生中文比赛蒙古大区赛；蒙古国大、中学生汉语征文比赛；蒙古国大、中学生硬笔书法比赛；蒙古国中学生中国民族舞蹈大赛；蒙古国大学生中文歌唱比赛；蒙古国中学生中华典籍朗诵比赛；等等。

蒙古国立大学孔子学院举办过多届蒙古国中学生汉语奥林匹克竞赛，旨在通过比赛为蒙古国广大青年提供一个切磋与交流的平台，激励学生学习汉语的热情，增进学生对汉语和中华文化的理解，加强中蒙两国人民的友谊，还为蒙古国中学生“汉语桥”大区赛选出30名选手。

学院已成功举办以“追梦中文·不负韶华”为主题的第十四届“汉语桥”世界中学生中文比赛蒙古大区赛、以“天下一家”为主题的第20届“汉语桥”世界大学生中文比赛蒙古大区赛线上决赛。大赛包括：自拟题目脱稿演讲；限时1分钟的现场问答，展现汉语表达能力；中华才艺表演，可以任选书法、绘画、剪纸、武术、音乐、舞蹈、曲艺、杂技、乐器等富有中华文化特色的项目。

在第十四届“汉语桥”世界中学生中文比赛演讲环节中，蒙古国学生以《我的汉语梦·我的中国梦》《追梦中文·不负韶华》《我学中文我骄傲》《汉语情·中国梦》《我的中文情愫》等为题进行了精彩的演讲，表达了对学习汉语的热情和对中华文化的热爱。客观知识作答中，选手们通过赛前的充分准备，准确回答了有关中华文化、文学、艺术、科技、教育、生态环境以及国情的知识。对“十二时辰”“八大菜系”“新四大发明”“博鳌亚洲论坛”“粤港澳大湾区”“孙子兵法”“世界杂交水稻之父”“中国生态环境保护吉祥物”“精准扶贫”等知识的作答，展示了他们对中华文化与中国国情的深刻了解。主观题问答中，选手们以扎实的语言能力和灵活的应变能力，展示出他们对学习、生活和当下热点问题的深刻理解。设置了“请你用‘学习、老师、同学’这三个词语展开联想，说一段话”“如果让你为大家推荐一种蒙古的特产，你会推荐什么?”“压力过大时，你会如何减轻自己的压力?”“最近一年来很多学校开展了线上教学，你喜欢上网课吗？为什么?”等问题，选手们的答案言简意赅而又颇有见地。在中华才艺表演中，选手们结合自身特长，以巧妙的创新，将评书、相声、快板、中国画、乐器弹奏、民族舞蹈等节目精妙地展示在“云端”。扣人心弦的评书《赤兔之死》、朗朗上口的快板《绕口令》、声情并茂的相声《我的烦恼》、赏心悦目的歌伴舞《花儿为什么这样红》、人剑合一的古典舞《问剑》等节目精彩纷呈，展现了中华文化的博大精深。

2021 年通过院方和各级单位的努力，学院荣获驻蒙使馆“汉语桥”最佳组织单位奖。2021 年还举办过中国民族舞线上大赛。蒙古舞蹈《鸿雁》跳出了每个人心中对家乡最柔软最美好的眷恋；《千年的祈祷》中眼波流转，摇曳生姿，满满的敦煌文化溢出屏幕；《傣族风情》让人仿佛看到一群翩翩起舞的孔雀，完美诠释了傣族姑娘们的气韵；《花木兰》演绎“巾帼英雄”，舞出家国情怀。学院还成功举办了汉语演讲线上比赛、中华典籍朗诵线上大赛，在 2021 全球“最孔院”短视频征集活动中喜获多项荣誉。

中国驻蒙古国大使馆文化参赞兼乌兰巴托中国文化中心主任陈霜

一直以来高度重视并支持蒙古国立大学孔子学院的文化活动，如在2022年5月29日举办的首届蒙古国中学生“汉语故事会”决赛现场，他指出中蒙两国一直以来都有着讲故事的优良传统，古代先贤文人也留下了数不胜数的典籍佳作。此形式的“故事会”不仅能够提高蒙古国学生对中文的感知和表达能力，也能够加深对中国语言和文化的理解。

结　语

孔子学院是中国文化传播的重要机构，建立以来一直致力于增进世界各国人民对中华文化的了解，加强中外文化交流。孔子学院不仅仅是一个国际汉语教育机构，更是一个文化传播、文化交流的中心，它承载着传播中华文化和促进世界多元化发展的历史使命。蒙古国立大学孔子学院通过中文教学和多姿多彩的文化活动，有效传播了中文和中华优秀文化，使蒙中关系更加友好融洽。

中文逐渐成为国际交往的重要工具，意味着作为其母体的中华文化以及其价值观念在全球范围内获得了越来越多的认同。中文的国际推广是传播中国语言、弘扬中华优秀文化、推动中华文化走向世界的过程。中文的国际推广，也是“文化中国”的世界化历程，它是在民主、平等、理解、宽容的基础上，以文化为内容展开的国际对话，有利于维护安全的国家文化，有利于世界文化的生态平衡和多元价值的协调发展。

中文教学过程中组织开展文化活动，让学习者对中文、中华文化有了更全面的了解，从而更好地学习语言知识、运用语言。为推动文化的传播，可以加强网络建设，加大网络传播力度，优化汉语教师的队伍，让更多优秀的人士加入中文教学的事业中，多方协作使中文教学更上一层楼。

国际中文教育视域下汉韩“的”字结构对比研究

安晓燕*

在汉语“N1+的+N2”结构中，N1 和 N2 具有述谓关系，但表示此述谓关系的谓词被隐含在结构语义中。根据“N1”和“N2”之间的成分语义，隐含的谓词存在多种解释。韩国语中的助词“의”被称为冠形格助词，它连接前后两个体词，表现其意义关系。“의”结构也同样隐含了谓词，且该谓词存在多种解释的可能性。因此，无论是汉语的“N1+的+N2”结构还是韩国语的“N1+의+N2”结构都隐含了谓词，这种现象在生成词库理论中被称为“事件强迫”。

本文将从生成词库理论的角度分析汉语“N1+的+N2”和韩国语“N1+의+N2”的事件强迫现象，并探讨它们的共同点和不同点。在生成词库理论的背景下对汉语的“N1+的+N2”结构与韩国语的“N1+의+N2”结构进行研究，可以从对比语言学的角度对该结构的语义进行补充和还原，这可以更好地指导韩国汉语学习者“的”字结构学习，

* 安晓燕，大连外国语大学讲师，中国东北亚语言研究中心兼职研究员，主要研究方向为国际中文教育。

促进学习者的跨文化交际能力。

一 生成词库理论

生成词库理论(Pustejovsky)①是基于计算和认知的自然语言意义模型，关注词义的形式化和计算。该理论框架主要包括两大部分：词项的词汇语义表达和语义生成机制。词项的词汇语义表达包括四个层面：论元结构(argument structure)、事件结构(event structure)、物性结构(qualia structure)和词汇类型结构(lexical typing structure)。物性结构(qualia structure)是生成词库理论的核心内容，最能体现多义词的各种意义和它们之间的关系，由表达词义本质四个方面的形式角色(formal quale)、构成角色(constitutive quale)、功用角色(telic quale)、施成角色(agentive quale)组成。这些物性结构特征体现人们如何认识事物、理解事物之间的关系。构成角色描写事物与其组成部分之间的关系，包括材料、重量、部分和组成成分等，例如杯子有玻璃杯、纸杯等。形式角色描写事物区别于其他事物的属性，包括方位、大小、形状和维度等。功用角色描写事物的目的和功能，也表现人具有某种社会功能，分为直接功用角色和间接功用角色，直接功用角色是与人直接相关的功能，直接功用角色是某种事物协助动作完成的功能。例如，啤酒的直接功能是“喝”，而刀的间接功能是“切”，司机的功用角色是提供驾驶服务的人。施成角色描写事物是怎样形成或产生的。因此，物性结构对名词的描绘是具体且具有常识性的，一个词背后的隐含知识可以通过结构化的方式表达出来，这可以增强词语在句子中的解释力。通过物性结构，可以更好地解释词语搭配的现象。

① Pustejovsky, James, *The Generative Lexicon*, Cambridge: MIT Press, 1995.

二　汉语的“N1+的+N2”结构与韩国语的“N1+의+N2”结构

汉语的“N1+的+N2”结构与韩国语的“N1+의+N2”结构均具备以下的共同特征。

（1）a. 鲁迅写的书—鲁迅的书
　　b. 鲁迅收藏的书—鲁迅的书
（2）a. 이선생님이 제기한 의견—이선생님의 의견
　　b. 이선생님이 발표한 의견—이선생님의 의견

在上述例句中，意义不同的结构均可表达为汉语的“N1+的+N2”结构与韩国语的“N1+의+N2”结构。但是，并不是所有汉语的和韩国语的类似结构都可以省略其谓语转换为汉语的“N1+的+N2”结构与韩国语的“N1+의+N2”结构。

（3）a. 我买的衣服—我的衣服
　　b. 我喜欢的衣服—＊我的衣服
（4）a. 내가 산 책—나의 책
　　b. 내가 버린 책—*나의 책

因为（3）a“我的衣服”、（4）a“나의 책”是表达所属关系的结构，N1和N2要表现“所有者—所有物”的意义，（3）a“我买的衣服”和（4）a“내가 산 책”表示所属关系，因此可以分别用“我的衣服”、“나의 책”来表达。但是（3）b“我喜欢的衣服”、（4）b“내가 버린 책”不属于“所有者—所有物”的意义范畴，因此不能用

“我的衣服”、“나의 책”来表达。

在本文中，为了更好地对比汉语的“N1+的+N2”结构与韩国语的“N1+의+N2”结构，只将存在事件强制现象的结构纳入对比范围。

（一）非固有所属关系

非固有所属关系是指前一名词对后一名词具有所有权，并且该所有权可以转让。

（5）a. 鲁迅的书—鲁迅拥有的书

b. 鲁迅的书—鲁迅写的书

c. 鲁迅的书—鲁迅收藏的书

（6）a. 这家工厂的铅笔—这家工厂拥有的铅笔

b. 这家工厂的铅笔—这家工厂生产的铅笔

c. 这家工厂的铅笔—这家工厂使用的铅笔

（7）a. 北京市的计划—北京市拥有的计划

b. 北京市的计划—北京市制定的计划

c. 北京市的计划—北京市执行的计划

在汉语表示非固有所属关系的“N1+的+N2”结构中，所隐含的谓词一般解释为“拥有”，该谓词是N2的施成角色或功用角色。上述例句中的(5) b“写”、(6) b“生产”、(7) b“指定”分别是“书”、“铅笔”、“计划”的施成角色；(5) c“收藏”、(6) c“使用”、(7) c“执行”分别是“书”、“铅笔”、“计划”的功用角色。

（8）a. 나의 책—내가 가진 책

b. 나의 책—내가 쓴 책

c. 나의 책—내가 소장한 책

(9) a. 철수의 옷—철수가 가진 옷
b. 철수의 옷—철수가 만든 옷
c. 철수의 옷—철수가 입은 옷

(10) a. 이선생님의 의견—이선생님이 가진 의견
b. 이선생님의 의견—이선생님이 제기한 의견
c. 이선생님의 의견—이선생님이 발표한 의견

韩国语表示非固有所属关系的“N1+的+N2”结构中，隐含的谓词一般解释为“가지다”，该谓词是N2的施成角色或功用角色。上述例句中的(8) b“쓰다”、(9) b“만들다”、(10) b“제기하다”是“책”、“옷”、“의견”的施成角色；(8) c“소장하다”、(9) c“입다”、(10) c“발표하다”分别是“쓰다”、“만들다”、“제기하다”的功用角色。

（二）质料

质料关系是指前一名词是组成后一名词的材料，构成“材料—产品”的结构。

(11) 木头的房子—用木头制作房子
(12) 呢子的衣服—用呢子做的衣服
(13) 铁的书架—用铁制作的书架

在汉语表示“材料—产品”的结构中“N1+的+N2”的结构存在事件强迫现象，隐含的谓词“做”“制作”是房子、衣服、书架的施成角色，且该结构中包含的谓词只能解释为N2的施成角色。

(14) 순금의 보석—순금으로 만든 보석

（15）나무의 의자—나무로 만든 의자

（16）알루미늄합금의 창틀—알루미늄합금으로 제작하는 창틀

（17）가죽의 구두—가죽으로 만든 구두

在韩国语表示“材料—产品”的“N1+的+N2”的结构中，包含的谓词可以释义为“제 작하다”、“만들다”这种含有“制作”含义的动词，并且像汉语一样，也只能解释为N2的施成角色。在汉语和韩国语中，该结构中的谓词只能是N2的施成角色，否则与质料关系的语义产生冲突，该结构就不能成立。

（三）场所

场所关系是指前一名词是表示后一名词的场所。

（18）a. 街口的茶馆—位于街口的茶馆

b. 街口的茶馆—在街口的茶馆

（19）a. 南门的警卫室—位于南门的警卫室

b. 南门的警卫室—在南门的警卫室

（20）a. 停车场的车—位于停车场的车

b. 停车场的车—在停车场的车

c. 停车场的车—停车场停的车

（21）a. 钱包里的钱—位于钱包里的钱

b. 钱包里的钱—在钱包里的钱

c. 钱包里的钱—钱包里装的钱

汉语表示场所的“N1+的+N2”的结构中，隐含的谓词可以解释为“位于”、“在”或者N1的功用角色。（20）c“停”、（21）c“装”分别是“停车场”、“钱包”的功用角色。

（22）a. 학교 앞의 문방구—학교 앞에 위치한 문방구
　　　b. 학교 앞의 문방구—학교 앞에 있는 문방구
（23）a. 책상의 꽃—책상에 위치한 꽃
　　　b. 책상의 꽃—책상에 있는 꽃
（24）a. 책상의 책—책상에 있는 책
　　　b. 책상의 책—책상에 진열되는 책
（25）a. 옷장의 옷—옷장에 있는 옷
　　　b. 옷장의 옷—옷장에 걸리는 옷

韩国语表示场所的“N1+的+N2”结构中，隐含的谓词可以解释为“에 위치 하다”、“있다”或者 N1 的功用角色。（24）b“진열되다”、（25）b“걸리다”分别是“책상”、“옷장”的功用角色。

（四）时间

时间关系是指前一名词是后一名词所处的时间。

（26）昨天的报纸—昨天出版的报纸
（27）清代的家具—清代制作的家具
（28）今年的运动会—今年举办的运动会

汉语表示时间的“N1+的+N2”的结构中，隐含的谓词为 N2 的施成角色。（26）“报纸”、（27）“家具”、（28）“运动会”的施成角色分别为“出版”、“制作”、“举办”。

（29）정오의 뉴스—정오에 방송하는 뉴스
（30）고대의 문화—고대에 발원한 문화
（31）어제의 신문—어제에 출판한 신문

韩国语表示时间的“N1+的+N2”的结构中，隐含的谓词为N2的施成角色。(29)“방송하다”、(30)“발원하다”、(31)“출판하다”分别是“뉴스”、“문화”、“신문”的施成角色。

（五）属性

属性关系是指前一名词表示后一名词的事物特征。

（32）历史性的机遇—具有历史性的机遇
（33）敌意的目光—带有敌意的目光
（34）创造性的成果—具有创造性的成果

汉语表示属性的“N1+的+N2”的结构中，隐含的谓词可以解释为“具有”、“带有”，并且应位于N1前面。

（35）불굴의 투쟁—투쟁에 불굴하다
（36）불후의 명작—명작이 불후하다
（37）유명의 작가—작가가 유명하다

韩国语表示属性的“N1+的+N2”结构的释义方式有多种，可以解释为“명작이 불후하다”或“유명의작가”这样的主谓结构，也可以解释为“투쟁에불굴하다”这样的“N1 에+N2 하다”结构。

（六）出处

出处关系是指前一名词是后一名词的产地或来源。

（38）a. 绍兴的黄酒—绍兴出产的黄酒
b. 绍兴的黄酒—在绍兴酿造的黄酒

（39）a. 新疆的棉花—新疆出产的棉花

b. 新疆的棉花—在新疆种植的棉花

（40）a. 上海的衬衣—上海出产的衬衣

b. 上海的衬衣—在上海生产的衬衣

上述例句中(38）b“酿造”、(39）b“种植”、(40）b“生产”分别为“黄酒”、“棉花”、“衬衣”的施成角色。汉语表示出处的“N1+的+N2”的结构中，隐含的谓词可以解释为“出产”，也可以作N2的施成角色来解释，此时需要在前面使用介词“在”。

（41）삼성의 냉장고—삼성에 생산하는 냉장고

（42）한국의 화장품—한국에 생산하는 화장품

（43）국민의 소리—국민들이 내는 소리

上述例句中“생산하다”是(41）“냉장고”、(42）“화장품”的施成角色，(43）“내다”是“소리”的施成角色。韩国语表示出处的“N1+的+N2”的结构中，隐含的谓词是N2的施成角色。

（七）比喻

比喻关系是指前一名词是后一名词比喻的对象。

（44）铁的纪律—像铁一样的纪律

（45）大海的胸怀—像大海一样的胸怀

（46）钢铁的长城—像钢铁一样的长城

汉语表示比喻关系的“N1+的+N2”的结构中，隐含的谓词可以解释为“像……一样”。

（47）철의 여인—여인이 철과 같다

（48）무쇠의 주먹—주먹이 무쇠처럼 강하다

（49）갈대의 마음—마음이 갈대처럼 흔들리다

韩国语表示出处的“N1+的+N2”的结构，可以解释为“N2+N1과 같다”或“N2+N1 처럼+N1 的特征”这样的句式，因此隐含的谓词是“와/과 같다”、“처럼”。

（八）同一

同一关系是指前一名词与后一名词在意义上具有同一性。

（50）教师的职业—作为教师的职业

（51）股东的身份—作为股东的身份

（52）共同富裕的目标—实现共同富裕的目标

上述例句中，“作为”是（50）“教师”、（51）“股东”的施成角色，（52）“实现”是“共同富裕”的施成角色。汉语表示同一的“N1+的+N2”的结构中，隐含的谓词是N1的施成角色。

（53）각하의 칭호—칭호가 각하이다

（54）국토 통일의 위업—위업이 국토 통일이다

（55）질투의 감정—감정이 질투이다

韩国语表示同一的“N1+的+N2”的结构，可以解释为“N2이+N1 이다”，隐含的谓词是“이다”。

（九）关联

关联关系是指后一名词表示的事实、状态等与前一名词相关。

（56）拆迁的事情—关于拆迁的事情

（57）毕业的会议—有关毕业的会议

（58）火车的记忆—关于火车的记忆

汉语表示关联的“N1+的+N2”的结构中，隐含的谓词是表示关联语义的“关于”、“有关”。

（59）대회의 소식—대회에 관한 소식

（60）논문의 일—논문에 관한 일

（61）낙타의 이야기—낙타에 관한 이야기

韩国语表示关联的“N1+的+N2”的结构中，隐含的谓词是表示关联意义的“에 관하다”。

（十）数量

（62）a. 五万字的论文—论文是五万字

b. 五万字的论文—论文有五万字

（63）a. 37 度的体温—体温是 37 度

b. 37 度的体温—体温有 37 度

（64）五斤的棉花—棉花重五斤

（65）一小时的电影—长达一小时的电影

在汉语表示数量关系“N1+的+N2”的结构中包含的谓词解释为“是”、“有”或 N1 的构成角色。“五斤重的棉花”中“重”是“五斤”的构成角色，“一小时的电影”中“长达”是“一小时”的构成角色。

（66）100℃의 끓는 물—끓는 물이 100℃이다

（67）45kg의 몸무게—몸무게가 45kg이다

（68）10년의 세월—세월이 10년이다

韩国语表示数量关系的“N1+의+N2”的结构均可表述为“N2+N1+이다”的形式，该结构隐含的谓词是“이다”。

三　汉语“N1+的+N2”与韩国语“N1+의+N2”结构的对比

本文从生成词库理论视角入手，对汉语“N1+的+N2”与韩国语“N1+의+N2”结构从非固有所属、质料、场所、时间、属性、出处、比喻、同一、关联、数量十个角度进行对比分析。结果如表1所示。

表1　汉语“N1+的+N2”与韩国语“N1+의+N2”结构的对比

分类	汉语	韩国语
非固有所属	拥有，N2的功用角色， N2的施成角色	가지다，N2的功用角色， N2的施成角色
质料	N2 의 작인역	
场所	位于，在，N1的功用角色	위치하다，있다，N1的功用角色
时间	N2 의 작인역	
属性	具有/带有	하다
出处	“出产”，在+N2的施成角色	N2的施成角色
比喻	像……一样	와/과 같다，처럼
同一	N1的施成角色	이다
关联	有关，关于	에 관하다
数量	是/有，N1的构成角色	이다

汉语“N1+的+N2”和韩国语“N1+의+N2”结构中隐含的谓词

与N1和N2的意义关系具有同质性和相似性。因为N1和N2所具有的意义有关联性，所以在语言表层结构上，没有谓词，只要是“N1+的+N2”和“N1+의+N2”，就可以表达N1和N2包含的意义。同时，“N1+的+N2”和“N1+의+N2”结构中包含的谓词增强了N1和N2的意义关系。例如，在表现非固有所属关系的结构中，N1的所有关系可以用汉语的“N1+的+N2”和韩国语的“N1+의+N2”来表达，通过“拥有”和“가지다”可以确认两种结构的所有关系是能转让的。在质料关系的结构中，N1是N2的材料，因此从材料到产品的变化过程只能表现为“制作”“만들다”“제작하다”等N2的施成角色。在场所关系的结构中，“학교”“南门”即使是有关空间的表述，也可以以拟人的方式来拥有某种事物，这种关系可以用“位于”“在”来更加明确。在表现时间关系的结构中，N1代表N2的发生时间，因此将隐含的谓词解释为N2的施成角色是自然的。虽然表现属性关系的结构中N1是名词，但由于N1显示了N2具有特征的含义，所以包含的谓词是N1描述N2特征的成分。在表现出处关系的结构中，N1是N2的产地，因此结构中包含的谓词只能作为N2的施成角色。在表现比喻关系的结构中，N1是N2比喻的对象，因此包含的谓词都是关于“比喻”的表达。在表现同一关系的结构中，N1和N2在意义上是同格，韩国语“N1+의+N2”结构中隐含的用语是“이다”，汉语“N1+的+N2”结构中，隐含的谓词是N1的施成角色。在表现关联关系的结构中，N2所表示的事实与N1相关，因此隐含的谓词应为“关联”意义。在表现数量关系的结构中，N1代表N2的数量，包含的谓词也增强了N1和N2的数量特征。同时，韩国语“N1+의+N2”和汉语“N1+的+N2”结构中包含的谓词与结构的意义有关联。在生成词库理论视域下，汉语“N1+的+N2”与韩国语“N1+의+N2”的结构歧义，是源于N1和N2的物性结构的多样性。

结　语

从生成词库理论视角，探索汉语和韩国语中“N1+的+N2”结构的内涵，可以发现这一结构在两种语言中都具有多重意义，这主要源于N1和N2物性结构的多样性。例如，在非固有所属关系、质料、场所、时间、出处、比喻、关联等七类结构中，隐含的谓词类型是相似的，而在属性、同一、数量等三种结构中，隐含的谓词类型则有所不同。

在教学实践中，教师应重视汉韩两种语言的对比分析，让学生意识到两种语言在表达相同概念时的差异和相似性。针对韩国学习者的汉语教学，教师可以设计对比练习，突出两种语言在“N1+的+N2”结构中的异同；通过比较和转换练习，帮助学生理解和掌握汉语特有的用法；注重模拟真实交流的场景，让学生在实际对话中使用“N1+的+N2”结构，增强其语境运用能力。如此不仅能更深入地理解汉语和韩国语的语言结构，还能在跨文化交流中更准确地使用这些结构，以减少误解、提高交流效率。

图书在版编目（CIP）数据

东北亚语言生活状况报告 . 第二辑 / 刘宏主编 ; 彭文钊副主编 . -- 北京 : 商务印书馆 , 2024. -- ISBN 978-7-100-24363-6

Ⅰ . H0-05

中国国家版本馆 CIP 数据核字第 2024A0Z402 号

东北亚语言生活状况报告

第二辑

主编　刘宏　副主编　彭文钊

商务印书馆出版

（北京王府井大街 36 号　邮政编码 100710）

商务印书馆发行

江苏凤凰数码印务有限公司印刷

ISBN 978-7-100-24363-6

2024 年 8 月第 1 版　　开本 700 × 1000　1/16

2024 年 8 月第 1 次印刷　　印张 19¾

定价：98.00 元